WEBER'S

GRILLEN MIT HOLZKOHLE

WEBER'S GRILLEN MIT HOLZKOHLE

Autor: Jamie Purviance
Fotos: Tim Turner und Studio L'EVEQUE Tanja und Harry Bischof

I

INHALT

G 8 GRILLEN MIT HOLZKOHLE
W 30 WÜRZMISCHUNGEN, MARINADEN UND SAUCEN
V 36 VORSPEISEN
R 52 RIND UND LAMM
S 100 SCHWEIN
G 134 GEFLÜGEL
F 168 FISCH
B 188 BEILAGEN
D 206 DESSERTS
G 218 GRILLPRAXIS
R 233 REGISTER

Dieses Symbol weist auf besondere Tipps für das Grillen mit Holzkohle hin

LIVE FIRE WISDOM · WEBER'S CHARCOAL ·

VORWORT

Liebe Leserin, lieber Leser, lieber Holzkohle-Fan,

meine Begeisterung für das Grillen mit Holzkohle begann im Alter von zehn Jahren in einem Ferienlager in New Hampshire. Eines Abends lud unser Jungenlager die Mädchen vom Ferienlager an der anderen Seeseite zum Grillen ein. In jener Zeit löste der Gedanke an einen geselligen Abend mit Mädchen ein beunruhigendes Gefühl von Aufregung und Angst in mir aus, und als mich daher mein Lagerbetreuer bat, dem Koch dabei zu helfen, einige Sachen vom Wagen zu laden, kam mir die Ablenkung gerade recht.

»Verstehst du etwas vom Grillen?«, fragte der Koch.

»Nein«, sagte ich.

»Na, dann setz dich mal«, meinte er und drehte eine Kiste für mich um. In seinem Grill brannte bereits ein Holzkohlefeuer. Er erzählte mir etwas über die verschiedenen Grillmethoden, während die rotorangen Flammen hell gegen den dunkler werdenden Abendhimmel loderten. Es fiel mir schwer, ihm aufmerksam zuzuhören, da die tanzenden Funken, die zu den Baumwipfeln hinaufflogen und dann spurlos verschwanden, mich fest in ihrem Bann hielten.

Er begann, das Feuer mit einer langstieligen Eisenhacke zu bearbeiten, zerkleinerte einige der größeren Kohlen und harkte die Kohlenstücke zu einer gleichmäßig ansteigenden Glut. Je geringer der Abstand zwischen Glut und Grillrost, um so heißer wurde der Grillrost, auf dem der Koch für uns die Hamburger zubereitete. Immer dann, wenn sie zu verbrennen drohten, verschob er sie scheinbar spielerisch von einem Platz zum anderen. Die ganze Zeit über ließ er sich von dem prasselnden Feuer und den immer wieder hochschlagenden Flammen nicht aus der Ruhe bringen, und jeder seiner Handgriffe saß mit offenbar traumwandlerischer Sicherheit. Hier draußen in der Natur, die an diesem lauen Sommerabend ganz erfüllt war vom Duft des Hickory- und Eichenholzes, spürte ich, dass er sich zutiefst wohlfühlte.

Die Hamburger schmeckten außergewöhnlich gut. Ich erinnere mich noch genau, wie mir der Fleischsaft am Kinn hinunterlief, und an die Stille, die plötzlich eintrat, weil jeder nur noch mit Essen beschäftigt war. Eine große Zufriedenheit hatte sich ausgebreitet, die keiner Worte mehr bedurfte. Wenn ich heute brennende Holzkohle rieche, denke ich an jenen Abend zurück und an viele andere Momente in meinem Leben voller Lebensfreude: Sommerferien, Straßenfeste, Klassenfeiern, Picknicks im Park und Grillfeste in meinem eigenen Garten.

Ich werde oft gefragt, ob man besser mit Gas oder Holzkohle grillen sollte. Ein Gasgrill hat attraktive Möglichkeiten, antworte ich dann, ein Feuer mit Holzkohle jedoch bietet ganz eigene Erlebnisse. In der Welt der Holzkohle haben zeitlose Methoden Vorrang vor der Bequemlichkeit eines Knopfdrucks. Die Unstetigkeit eines »lebenden« Feuers wird der Vorhersehbarkeit von Propangas vorgezogen. Wir, das sind alle leidenschaftlichen Holzkohle-Fans, die in diesem Buch zu Wort kommen und denen ich herzlich danke, begeistern uns für die rustikal rauchigen Aromen, die der neutrale Brand eines Gasgrills niemals hervorzubringen vermag. Mit anderen Worten, wir begeistern uns für die fast archaisch zu nennenden Wahrheiten beim Grillen über offenem Feuer.

Jamie Purviance

DIE 3 EINFACHEN WAHRHEITEN ÜBER HOLZKOHLE

1 Die Urbefriedigung, mit der wir über knisternden Flammen und glühenden Kohlen unser Essen zubereiten, scheint in der menschlichen DNS angelegt zu sein. Ein offenes Feuer verbindet uns offensichtlich mit Generationen von Ahnen bis zum Ursprung der Zivilisation.

2 Jedes Feuer ist wie eine Schneeflocke – einzigartig, und seine Anziehung liegt nicht zuletzt in der Herausforderung, auf sein besonderes Brennverhalten zu reagieren. Ein Teil der Befriedigung für uns liegt darin, dem Feuer jeweils unsere eigene Grilltechnik anzupassen.

3 Das Aroma von über glühenden Holzkohlen zubereiteten Speisen ist mit nichts zu vergleichen. Die dabei verwendete Holzkohlesorte beeinflusst den Geschmack des Essens mindestens ebenso sehr wie Gewürze oder Saucen.

MASTERING THE FIRE

GRILLEN MIT HOLZKOHLE

Vor Hunderttausenden von Jahren hat wahrscheinlich einer unserer Urahnen sein Stück Fleisch über einem Feuer gebraten und anschließend Erde auf die Glut gestreut, um sie zu löschen. Es ist gut möglich, dass er wenige Tage später zurückkam und feststellte, dass sich die Glut in schwarze Klumpen verwandelt hatte. Als er dann herausfand, dass er diese Klumpen wieder anzünden konnte, hat er das Kochen im Freien für immer verändert.

Heute nennen wir diese schwarzen Klumpen Holzkohle. Für das Grillen birgt Holzkohle bedeutende Vorteile gegenüber Holzscheiten. Sie brennt nicht nur heißer und entwickelt weniger Rauch als Holz, sie brennt zudem gleichmäßiger, was sowohl dem Urahnen als auch dem modernen Gartengriller ungeahnte Möglichkeiten eröffnet hat.

G

Brennmaterialien

Holzkohlestücke

Die traditionelle Herstellung von Holzkohlestücken beginnt üblicherweise damit, dass in einer unterirdischen Grube Holzscheite aufeinandergestapelt und dann mit Blech und Erde abgedeckt werden. Die Scheite werden anschließend an einem Ende angezündet und glimmen nun einige Tage lang, währenddessen das Feuer in der sauerstoffarmen Umgebung viele der im Holz befindlichen flüchtigen Substanzen verbrennt. Übrig bleibt nahezu reines Karbon, mit anderen Worten Holzkohle.

Das Grillen über einem Feuer mit Holzkohlestücken ist eine Erfahrung voll spannender Herausforderungen und tiefer Befriedigung. Wenn die Kohlen zu brennen beginnen, sprühen sie Funken, knistern und knallen manchmal explosionsartig, wenn sie ihre Höchsttemperatur erreicht haben. Dann werden die im Holz eingeschlossenen Gase freigesetzt. Holzkohlestücke werden schnell sehr heiß, üblicherweise innerhalb von 10 bis 15 Minuten; ihre intensive Hitze führt zur Krustenbildung des Grillguts, verleiht der Oberfläche eine appetitliche Bräune und dem Grillgut wunderbar saubere Raucharomen.

Das Raucharoma rührt in den meisten Fällen von nur einer Holzart her, etwa Mesquite oder Hickory. Ein Sack mit Holzkohlestücken enthält allerdings häufig auch eine Mischung verschiedener Harthölzer: Eiche, Hickory, Ahorn, dazu können tropische Hölzer aus Südamerika oder Asien kommen. Was die Aromen betrifft, sind die Unterschiede zwischen den Harthölzern fein, aber wichtig. Nicht so stark wie die von Äpfeln und Orangen, aber immerhin so unterschiedlich wie die Aromen verschiedener Apfelsorten.

Haben Holzkohlestücke einmal ihre Höchsttemperatur erreicht, geht ihre Temperatur schnell nach unten. In den meisten Fällen verläuft die Kurve von stärkster zu mittlerer Hitze in weniger als 30 Minuten. Wenn die Temperatur beim Grillen konstant bleiben soll, müssen frische Kohlestücke nachgelegt werden. Von Vorteil ist, dass sie leicht entzündbar sind und sich schnell erhitzen: innerhalb von 5 bis 10 Minuten nach Zugabe der Kohlen steigt die Hitze der Glut wieder an.

Holzkohlebriketts

Einen Schritt weiter gehen die Hersteller von Holzkohle bei der Produktion von Briketts aus Hartholz. Sie pressen die Kohlestücke mit einem Bindemittel, gewöhnlich mit einer natürlichen Stärke, zu kompakten kleinen »Kissen«. Briketts ohne weitere Zusatzmittel werden im Handel in der Regel als »natürlich« oder »aus Hartholz« bezeichnet. Sie brennen fast so heiß wie Holzkohlestücke, aber ebenso schnell ab. Ihr Vorteil ist die Gleichmäßigkeit ihrer Größe und Form. Mit ihnen lässt sich relativ einfach ein glattes Glutbett herstellen, während dies mit den verschieden geformten und großen Holzkohlestücken kaum möglich ist.

Weber®-Briketts

Der Vorzug von Weber®-Briketts besteht darin, dass sie die Temperatur über einen langen Zeitraum, bis zu 4 Stunden, halten. Damit lässt sich zum Beispiel eine große Gans ohne weiteres Nachlegen von Briketts grillen. Auch der Temperaturverlauf von Weber®-Briketts ist im Vergleich sehr viel gleichmäßiger. Die Hitze der Glut bleibt über einen längeren Zeitraum nahezu konstant und sinkt nur langsam ab. Beachten Sie dabei auch, dass sich die Hitze in einem Weber®-Kugelgrill mit geschlossenem Deckel besser verteilt als bei einem offenen Grill, zudem werden bei geschlossenem Deckel weniger Briketts benötigt. Über die Menge der verwendeten Briketts können Sie auch die Höhe der Temperatur im Grill beeinflussen. Wie viele Briketts Sie benötigen, können Sie der Bedienungsanleitung entnehmen.

LIVE FIRE WISDOM · WEBER'S CHARCOAL ·

Briketts brennen in der Regel länger als Holzkohlestücke, sodass seltener nachgelegt werden muss. Kohlestücke brennen jedoch heißer und entwicklen mehr Aromen. Viele Holzkohle-Griller machen sich beides zunutze: Sie starten ihr Feuer mit langsam brennenden Briketts und legen nach Bedarf Holzkohlestücke nach.

Holzkohle anzünden

Mit Hilfe eines Anzündkamins (siehe Abb. rechts) lässt sich einfach und zuverlässig jede Art von Holzkohle anzünden. Er besteht aus einem Zylinder aus Stahlblech mit Griff, in dem innen ein Drahtrost befestigt ist. Nehmen Sie den Grillrost Ihres Grills ab und stellen Sie den Kamin auf den Kohlerost. Legen sie 2–3 Anzündwürfel mittig auf den Kohlerost. Stellen Sie den mit Briketts gefüllten Anzündkamin darüber. Zünden Sie die Paraffinwürfel durch die seitlichen Löcher des Kamins an. Holzkohlestücke werden innerhalb von etwa 15 Minuten brennen und an den Rändern mit Asche überzogen sein: ein Zeichen dafür, dass Sie die Kohlen auf dem Holzkohlerost verteilen können. Briketts benötigen zwischen 25 und 30 Minuten, bis sie von einer feinen Ascheschicht überzogen sind und auf den Kohlerost geschüttet werden können.

Alternativ zu einem Anzündkamin legen Sie einige Paraffinwürfel mittig auf den Holzkohlerost, schichten pyramidenförmig Holzkohle darüber und zünden die Würfel an. Wenn sich die Kohlen in der Mitte entzündet haben, stapeln Sie die unangezündeten Kohlen mit einer Grillzange obendrauf. Sobald alle Kohlen brennen, können sie nach Belieben auf dem Holzkohlerost verteilt werden.

Paraffinwürfel garantieren ein geruchsneutrales, ungiftiges Anzünden der Holzkohle.

Wie viel Holzkohle wird benötigt?

Dies hängt in der Regel von der Größe des Grills und der Anzahl des Grillguts ab. Mit einem Weber® RapidFire® Anzündkamin können Sie die benötigte Anzahl an Briketts leicht bestimmen. 90 bis 100 Briketts, der Kamin ist damit bis zum Rand gefüllt, brauchen Sie für eine Lage dicht an dicht liegender Briketts, die zwei Drittel des Rosts eines Kesselgrills von 57 cm Durchmesser einnimmt, was für eine Mahlzeit für 4 bis 6 Personen ausreicht. Falls die Grillzeit länger als 30 Minuten beträgt, müssen Sie wahrscheinlich Briketts nachlegen. Die unregelmäßige Form und Größe von Holzkohlestücken dagegen macht es schwieriger, den Anzündkamin gleichmäßig mit ihnen zu füllen. Wenn Sie daher die glühenden Kohlestücke aus dem Kamin auf dem Rost verteilt haben, fügen Sie am besten noch ein paar faustgroße Stücke hinzu, damit das Glutbett nicht zu klein ist und die Kohlen eng genug aneinanderliegen.

Ein Weber® RapidFire® Anzündkamin kann als »Messbecher« für Holzkohle genutzt werden. Bis zum Rand gefüllt, enthält er gerade die richtige Menge an Kohlen für nahezu alle Feuer Ihres Bedarfs. Wie viele Briketts Sie benötigen, entnehmen Sie der Bedienungsanleitung Ihres Grills.

LIVE FIRE WISDOM

Nicht genügend Holzkohle zu benutzen, ist ein großer, wenngleich verbreiteter Fehler. Der Abstand zwischen Grillgut und Glut sollte nicht mehr als 10 cm betragen, da ein gleichmäßiges Garen sonst nicht möglich ist.

G

Die Zwei-Zonen-Glut

1-2-3 fertig!

1. Einen Weber® RapidFire® Anzündkamin bis zum Rand mit Holzkohle füllen und die Kohlen vorglühen, bis sie mit feiner Asche überzogen sind.

2. Die glühenden Kohlen dicht an dicht in einer Lage so auf dem Kohlerost verteilen, dass er mindestens zur Hälfte, aber höchstens zu drei Vierteln mit ihnen bedeckt ist.

3. Den Grillrost einsetzen, den Deckel schließen und die Holzkohle auf die gewünschte Temperatur herunterbrennen lassen. Dabei alle Lüftungsschieber geöffnet lassen.

Direkte und indirekte Hitze kombinieren

Die Zwei-Zonen-Glut stellt eine sehr wirksame Anordnung von Holzkohlen dar und eignet sich für eine große Anzahl von Rezepten. Sie kombiniert direkte Hitze (das Grillgut gart unmittelbar über den heißen Kohlen) mit indirekter Hitze (das Grillgut ist seitlich zu den Kohlen angeordnet). Beide Arten von Hitze sind beim Garen über offenem Feuer unerlässlich. Über direkte Hitze werden eher kleine, zarte Grillstücke gelegt, wie Hamburger, Steaks, Filets, Meeresfrüchte oder Gemüse, die nur kurz garen müssen. Direkte Hitze sorgt für rasche Krustenbildung des Grillguts, verleiht dabei Aroma und eine wünschenswerte Bräune an der Oberfläche, und gart dünne Stücke bis zum Kern durch. Indirekte Hitze eignet sich für größere Grillstücke, wie Braten oder ganze Hähnchen, die länger garen müssen.

Starke, mittlere oder niedrige Hitze lässt sich mit dem »Handtest« von Seite 15 messen.

G

Die Hitze der Glut messen

Wie heiß ist es?

Beim Grillen ist die richtige Hitze der Glut (oder mehrerer Glutzonen) ebenso wichtig wie die richtige Anordnung der Holzkohle. Und obwohl nicht annähernd so präzise Temperaturen wie etwa beim Backen erforderlich sind, verlangt doch jede Art von Grillgut auch seinen eigenen, spezifischen Hitzebereich. Andernfalls kommt die große Variationsbreite an Geschmack und Oberflächenbeschaffenheit des Grillguts, die beim Grillen mit Holzkohle möglich ist, nicht zum Ausdruck, und schlimmstenfalls ruiniert man sogar das, was auf dem Grill liegt.

Es gibt zwei Methoden, die Temperatur einer Holzkohleglut festzustellen. Da ist zum einen das Thermometer am Deckel, das bei manchen Grills zur Ausstattung gehört: sehr zu empfehlen, wenn Sie häufig mit indirekter Hitze grillen (etwa ganze Hähnchen, Spareribs oder Braten). Andernfalls ist die Versuchung groß, zu oft den Deckel zu öffnen, um nachzusehen, wie es um die Holzkohle steht. Jedes Öffnen des Deckels verlängert die Grillzeit und führt damit zu ungleichmäßigem Garen des Grillguts.

Der Handtest

Die andere Methode besteht darin, eine Handfläche in einem sicheren Abstand von etwa 12 cm über die Glut zu halten und durch sie die Hitze zu messen. Wenn Sie Ihre Hand nach 2 bis 4 Sekunden wegziehen müssen, ist die Hitze stark, nach 5 bis 7 Sekunden hat die Glut eine mittlere Hitze, nach 8 bis 10 Sekunden ist die Hitze der Glut niedrig. Schützen Sie Ihre Hand dabei immer rechtzeitig vor zu starker Einwirkung der Hitze und achten Sie unbedingt darauf, dass nichts Entflammbares, etwa ein Ärmel, herunterhängt.

HITZE	TEMPERATURBEREICH	DIE HAND MUSS WEGGEZOGEN WERDEN NACH
Stark	230 °C bis 290 °C	2 bis 4 Sekunden
Mittel	175 °C bis 230 °C	5 bis 7 Sekunden
Niedrig	120 °C bis 175 °C	8 bis 10 Sekunden

G

Die Drei-Zonen-Glut

Vielseitiges und flexibles Grillen

Eine Zwei-Zonen-Glut lässt sich leicht abwandeln, um beim Grillen noch flexibler zu sein. Für bestimmte Rezepte beispielsweise ist eine Drei-Zonen-Glut von Vorteil: mit starker Hitze auf der einen Seite, mittlerer Hitze in der Mitte und indirekter Hitze auf der anderen Seite des Kohlerosts. Dafür häufen Sie auf einer Seite die Holzkohlen zwei oder drei Briketts hoch übereinander und stellen ein Gefälle zur gegenüberliegenden Seite her. Lassen Sie auch hier mindestens ein Drittel des Rosts leer für indirekte Hitze. Diese Anordnung sorgt für Flexibilität beim Grillen, da unterschiedliche Zutaten gleichzeitig zubereitet werden können, obwohl sie verschiedene Temperaturbereiche benötigen: Die Garnelen etwa auf der Abb. links grillen über starker, das Gemüse über mittlerer Hitze, und die Tortillas in der Folie werden bei niedriger indirekter Hitze erwärmt.

Starke, mittlere oder niedrige Hitze lässt sich mit dem »Handtest« von Seite 15 messen.

G

Die geteilte Drei-Zonen-Glut

Gleichmäßige indirekte Hitze

Bei der klassischen indirekten Methode werden die Briketts rechts und links vom Grillgut in gleich großen Haufen angeordnet – die sogenannte geteilte Drei-Zonen-Glut. Man erhält damit zwei Bereiche für direkte Hitze (stark, mittel oder niedrig) und einen Bereich in der Mitte für indirekte Hitze. Besonders empfehlenswert ist diese Anordnung, wenn Sie beispielsweise einen Braten über indirekter Hitze garen wollen: Auf beiden Seiten herrscht dieselbe Temperatur, was ein gleichmäßiges Garen gewährleistet.

Stellen Sie eine Tropfschale zwischen die beiden Kohlehaufen und füllen Sie sie zur Hälfte mit warmem Wasser. Die Schale fängt herabtropfendes Fett auf und das Wasser trägt dazu bei, dass Sie weniger oft Holzkohle nachlegen müssen, um die Hitze konstant zu halten: Es nimmt nämlich nicht nur die Hitze auf, sondern gibt sie auch wieder ab. In Holzkohle- bzw. Seitenkörben liegen die Kohlen dicht aneinander und brennen dadurch länger.

Starke, mittlere oder niedrige Hitze lässt sich mit dem »Handtest« von Seite 15 messen.

Ihre Vorlieben zählen

Für welche Art von Holzkohlefeuer Sie sich letztendlich entscheiden, bleibt allein Ihnen überlassen. Ein Teil seiner Anziehungskraft liegt ja gerade darin, dass man immer wieder Neues ausprobieren und experimentieren kann. Ich kenne viele Grillfans, die den gesamten Holzkohlerost mit Kohlen bedecken, andere bevorzugen die glühenden Kohlen ganz nah am Grillrost oder legen sie nur kreisförmig an den äußeren Rand des Rosts und lassen die Mitte für indirekte Hitze frei. Probieren Sie all die Möglichkeiten aus, die Ihnen das Grillen mit Holzkohle bietet.

In der Regel ziehe ich die indirekte Hitze einer Zwei-Zonen-Glut einer geteilten Drei-Zonen-Glut vor. Ich mag es am liebsten, wenn die heiße Glut nur auf einer Seite ist, da ich so die Hitze, der das Grillgut ausgesetzt ist, einfach dadurch regulieren kann, indem ich es entweder näher hin zu den Kohlen oder weiter weg lege. Manchmal brauche ich auch etwas mehr Hitze für nur einen Teil des Grillguts, etwa für die Keulen eines ganzen Hähnchens, die ich dann den Kohlen zugewandt auf dem Grillrost platziere und damit eine gewisse Zeit heißer gare, als etwa das Brustfleisch.

LIVE FIRE WISDOM
WEBER'S CHARCOAL

Das Feuer kontrollieren

Einer der wichtigsten Unterschiede zwischen Grillen mit Gas und Grillen mit Holzkohle liegt darin, dass Sie mit der glühenden Holzkohle nicht nur Speisen garen können, sondern gleichzeitig auch ein Feuer kontrollieren müssen. An Ihnen liegt es, Kohlen so umzuschichten oder nachzulegen, dass das Grillgut gleichmäßig garen kann.

Die Hitze halten

In den meisten Fällen werden Sie einfach die Temperatur der Glut konstant halten wollen. Kümmert man sich um ein Feuer mit Holzkohlestücken nicht weiter, büßt es unter normalen Umständen innerhalb von 20 bis 30 Minuten etwa 38 °C ein. Verwenden Sie für das Feuer handelsübliche Briketts, verliert es etwa die gleiche Temperatur innerhalb von 30 bis 40 Minuten. Um die Hitze konstant zu halten, müssen Sie deshalb ungefähr alle 30 Minuten frische Holzkohle nachlegen. Die Menge hängt dabei von einer Reihe von Faktoren ab.

Zunächst ist natürlich die Art der verwendeten Kohle maßgeblich. Holzkohlestücke brennen schneller und werden heißer als gewöhnliche Briketts, weshalb sie erst 5 bis 10 Minuten, bevor die erforderliche Zufuhr an Hitze benötigt wird, auf die Glut kommen. Dies gilt insbesondere für sehr kleine Stücke, die allerdings auch rascher abbrennen und häufiger nachgelegt werden müssen. Größere Stücke brauchen etwas länger, bis sie heiß sind, brennen dann aber auch nicht so schnell herunter.

Wer sich die Mühe häufigen Nachlegens ersparen will, sollte langsam brennende Briketts wählen. Sie benötigen jedoch mindestens 15 Minuten, bis sie ihre Höchsttemperatur erreicht haben. Alternativ können die Briketts im Anzündkamin vorgeglüht und erst dann auf die Glut gegeben werden, wenn sie heiß und von Asche überzogen sind. Die Temperatur wird bis zu 4 Stunden konstant gehalten. Das Nachlegen von Briketts wird überflüssig.

Die Luftzufuhr regulieren

Entscheidend ist darüber hinaus die Menge an Luft, der das Feuer ausgesetzt ist. Es wird bis zu einem gewissen Punkt umso heißer und brennt demnach schneller herunter, je mehr Luft zugeführt wird. Um häufiges Nachlegen zu vermeiden, sollte der Grilldeckel deshalb so oft wie möglich geschlossen, die unteren Lüftungsschieber stets geöffnet sein. Die oberen Lüftungssschieber sind ebenfalls meist ganz geöffnet, nur wenn Sie die Temperatur reduzieren möchten, schließen Sie diese zur Hälfte.

Die Asche ausfegen

Sammelt sich zu viel Asche an, verstopfen die Lüftungsschlitze und können das Feuer ersticken bzw. seine Temperatur rapide absenken. Fegen Sie deshalb etwa alle 30 Minuten behutsam die Asche aus den Lüftungsschlitzen und leeren Sie den Aschekasten regelmäßig.

Ein Gefühl entwickeln

Ein Holzkohlefeuer am Leben zu halten, ist weniger kompliziert, als es sich anhört. Zu Beginn sollten Sie etwa alle 30 Minuten Holzkohle nachlegen. Wenn Sie das ein paar Mal gemacht und dabei immer wieder das Ergebnis beobachtet haben, werden Sie ein Gefühl dafür entwickeln, welche Menge an Kohle für Ihre Bedürfnisse die richtige ist und zu welchem Zeitpunkt Sie sie am besten nachlegen. Gute Grillergebnisse erreichen Sie auch, wenn Sie bereits durchgeglühte Briketts oder Holzkohle nachlegen. Lassen Sie sich auf keinen Fall davon entmutigen, dass es hierzu keine wirklich genauen Angaben gibt, sondern sehen Sie es als eine spannende Herausforderung an, auf jedes Feuer mit Holzkohle immer wieder ganz individuell eingehen zu müssen.

Das Feuer kontrollieren

Mehr oder weniger Hitze

Am einfachsten erhöhen Sie die Grilltemperatur durch die Zugabe von frischem Brennmaterial. Auch hier kommt es darauf an, welche Art von Holzkohle Sie verwenden, wie groß die Stücke sind und wie viel Luft zugeführt wird. Grob gesagt, müssen Sie einen Weber® RapidFire® Anzündkamin zu einem Viertel bzw. zur Hälfte mit Briketts (oder entsprechend vielen Kohlestücken) füllen, um niedrige Hitze auf mittlere bzw. mittlere Hitze auf starke zu erhöhen.

Wenn Sie die Temperatur dagegen verringern möchten, nehmen Sie einfach den Deckel ab und lassen die Kohlen herunterbrennen. Führen Sie regelmäßig den »Handtest« von Seite 15 durch, um den Grad der Hitze zu prüfen. Das Absenken der Temperatur beschleunigen können Sie, indem Sie die Kohlen ein wenig auseinanderharken.

Einen schnellen Temperaturanstieg erzielen Sie bei einem Feuer mit großen Kohlestücken dadurch, dass Sie sie zerkleinern. Damit wird eine größere Kohlenoberfläche der Luft ausgesetzt, was die Kohlen wesentlich heißer brennen lässt.

Bei hochschlagenden Flammen müssen Sie als Erstes die Luftzufuhr verringern. Setzen Sie dafür den Grilldeckel auf und schließen Sie seine Lüftungsschieber etwa zur Hälfte.

Hochschlagende Flammen

Auf die Glut herabtropfendes Fett kann zu Flammenbildung führen, wenn das Fett Feuer fängt. Ein paar kleinere Flammen sind unproblematisch, um diese weiter zu reduzieren, sollten Marinaden abgetupft und überschüssiges Fett entfernt werden. Sollten die Flammen allerdings durch den Grillrost schlagen und das Grillgut zu verbrennen drohen, müssen Sie reagieren.

Eine Methode besteht in der Reduzierung der Luftzufuhr. Setzen Sie dafür den Deckel auf und schließen Sie seine Lüftungsschieber etwa zur Hälfte. Meist werden mit dieser Maßnahme die Flammen erstickt, was Sie durch die halb geöffneten Lüftungsschieber überprüfen können. Sollten sie jedoch weiterhin hochschlagen, müssen Sie den Deckel öffnen und das Grillgut über indirekte Hitze legen (ein Grund mehr, dass man stets einen Bereich für indirekte Hitze zur Verfügung haben sollte). In der Regel wird innerhalb von wenigen Sekunden das Fett im Feuer verbrennen und die Flammenbildung klingt ab. Anschließend können Sie das Grillgut wieder über direkte Hitze legen.

Bei Bedarf legen Sie das Grillgut über indirekte Hitze, bis die Flammenbildung abgeklungen ist.

G

Räuchern auf dem Holzkohlegrill

Aufgrund seiner Konstruktion eignet sich ein Kugelgrill sehr gut zum Räuchern. Auf dem unten liegenden Kohlerost bereiten Sie auf einer Seite eine kleine Glut für indirekte niedrige Hitze vor und stellen anschließend eine mit warmem Wasser gefüllte Aluschale auf die gegenüberliegende leere Seite. Die Schale dient zum Auffangen herabtropfenden Fetts, und das Wasser in ihr nimmt einerseits Hitze auf und gibt sie andererseits in Form von Wasserdampf wieder ab. Das bewirkt, dass die Kohlen langsamer brennen und weniger häufig frische Kohlen nachgelegt werden müssen.

Ein Grillrost mit aufklappbaren Seitenteilen erleichtert das Nachlegen von Holzkohle und Holz. Die Art der Holzkohle und die Holzsorte, die Sie verwenden, sind maßgeblich für das Endprodukt, das Sie nach langem, langsamem Garen, das für Räuchern notwendig ist, erhalten. Wählen Sie am besten Briketts, da es schwierig ist, eine kleine, niedrig temperierte Glut allein mit Kohlestücken aufrechtzuerhalten. Die Temperaturschwankungen sind dabei zu hoch, als dass das Endergebnis befriedigend wäre. Mit Briketts dagegen halten Sie die erforderlichen Temperaturen, die beim Räuchern meist zwischen 120 °C und 175 °C liegen sollten. Zur Überprüfung der Hitze ist ein Thermometer am Deckel hilfreich: Wenn Sie die Temperatur erhöhen wollen, öffnen Sie die Lüftungsschieber am Deckel vollständig, wenn Sie sie nach und nach wieder schließen, fällt sie entsprechend.

Grillanfänger machen häufig den Fehler, sofort Räucherchips nachzulegen, sobald der erste Teil verbrannt ist – und dies bis zum Ende des Räucherprozesses zu wiederholen. Das aber führt schnell zu stark verräucherten Speisen. Dosieren Sie anfangs behutsam und probieren Sie das Ergebnis. Sollten Sie ein stärkeres Raucharoma vorziehen, geben Sie beim nächste Mal etwas mehr dazu.

LIVE FIRE WISDOM · WEBER'S CHARCOAL ·

Holzchips oder Holzstücke?

Als Nächstes müssen Sie entscheiden, ob Sie zum Räuchern Holzchips oder Holzstücke verwenden wollen. Beide Varianten funktionieren gut. Der Unterschied besteht vor allem darin, dass Holzchips schneller verbrennen als Holzstücke. Wenn Sie für ein kurzes Räuchern innerhalb von 20 Minuten nur ein bis zwei Handvoll Chips auflegen, spielt die Geschwindigkeit, mit der sie verbrennen, eine unbedeutende Rolle. Wollen Sie dagegen eine Stunde oder länger räuchern, sind Holzstücke praktischer. Abhängig von ihrer Größe und der Menge an Luft, die in den Grill gelangt, werden sie über genau diesen Zeitraum oder länger brennen. Auch das mindestens 30-minütige Wässern verlängert ihre Brenndauer, zumal sie dann eher glimmen als tatsächlich brennen. Lassen Sie das Holz gut abtropfen, bevor Sie es auf die Glut geben, damit es das Feuer nicht löscht.

Die Meinungen, welche Hölzer am besten mit welchen Zutaten harmonieren, divergieren stark, und einmal mehr zählen allein Ihre Vorlieben. Aber um die Auseinandersetzung weiter fortzuführen, nenne ich im Folgenden auch meine Favoriten. Wie alles, sind sie aber immer wieder Veränderungen unterworfen, denn ich muss nur in ein neues Rezept hineingeschmeckt haben, das eine für mich unerwartete Kombination von Rauch und Speisen bereithält, um meine bisherige Auswahl zu überdenken. Die Intensität des Räuchergeschmacks bestimmen Sie über die Menge des Holzes und die Häufigkeit seiner Zugabe.

WELCHES HOLZ FÜR WELCHE ZUTAT?

Rind und Lamm	Eiche und Hickory
Schwein	Pekan, Kirsche und Apfel
Geflügel	Apfel und Pekan
Fisch	Mesquite und Erle
Gemüse	Rosmarinzweige

Weiche, harzige Hölzer wie Kiefer, Zeder und Espe sollten Sie zum Räuchern meiden. Niemals verwenden dürfen Sie chemisch behandeltes Holz!

Das Räuchern in einem Räuchergrill

Vor allem Amerikaner sehen das Heißräuchern in einem speziellen Räuchergrill mit Wasserbehälter, auch Water Smoker genannt, als die eigentliche Essenz des Grillens an, besser gesagt des Barbecue, also des ganz langsamen Garens und Räucherns bei indirekter niedriger Hitze. Dabei werden große Fleischstücke, etwa eine Rinderbrust, besonders weich und rauchig-zart. Mit dem Weber® Smokey Mountain Cooker™, einer Ikone in der Welt des Barbecue, gelingt es, das Räuchergut bei Temperaturen von weit unter 150 °C zuzubereiten.

Die Temperatur wird über das Öffnen und Schließen der Lüftungsschieber reguliert. Je weniger Luft in den Grill gelangt, umso mehr sinkt die Temperatur im Inneren, die beim Räuchern idealerweise zwischen etwa 105 °C und 120 °C liegen sollte. Mit einem guten Räuchergrill kann dieser Temperaturbereich mehrere Stunden gehalten werden, ohne dass man Briketts nachlegen müsste.

1. Zu Beginn wird die Brennkammer des Räuchergrills mit einem Anzündkamin voll Holzkohlebriketts gefüllt.

4. Den Deckel abnehmen, den unteren Grillrost einsetzen und das Räuchergut darauflegen.

2. Den Anzündkamin zur Hälfte mit weiteren Briketts füllen und diese vorglühen. Wenn sie mit Asche überzogen sind, gleichmäßig auf die nicht angezündeten Briketts in der Brennkammer verteilen.

3. Das Mittelteil einsetzen und den Wasserbehälter zu etwa drei Vierteln mit heißem Wasser füllen. Den Grilldeckel aufsetzen und den Smoker vorwärmen, dabei die oberen und unteren Lüftungsschieber vollständig geöffnet lassen.

5. Den oberen Grillrost einsetzen und weitere Zutaten einlagig darauflegen. Den Deckel schließen, dabei die oberen Lüftungsschieber geöffnet lassen. Die Gartemperatur wird sowohl auf dem unteren wie oberen Grillrost dieselbe sein.

6. Die Tür der Brennkammer öffnen und zum Räuchern gewässerte Holzstücke oder -chips auf die heißen Briketts legen.

G

Weitere Zubereitungsmethoden mit Holzkohle

In der Glut garen

Hierbei werden die Zutaten nicht auf einem Grillrost, sondern direkt in oder seitlich von der Glut geröstet. Mit dieser sehr alten Zubereitungsmethode erzielen Sie vor allem bei Gemüse mit robuster Schale wie beispielsweise Zwiebeln erstaunliche Ergebnisse. Die Zwiebelschalen verkohlen zwar im Lauf von etwa einer Stunde, das Fruchtfleisch aber wird dabei butterweich und wunderbar süß mit einem zart-rauchigen Aroma. Die verkohlten Schalen werden am Ende einfach abgezogen. Ausgezeichnete Gemüsesorten für das Rösten in der Glut sind auch Maiskolben (in ihren Hüllblättern) oder Kartoffeln.

Grillen auf einem Holzbrett

Ebenfalls in Amerika beliebt ist das Grillen auf einem Holzbrett, das sogenannte Planking, das unter kulinarischen Gesichtspunkten vergleichbar mit dem Räuchern ist, allerdings einen besonderen Vorteil hat: Ein geräuchertes, auf einem Grillbrett angerichtetes Fischfilet etwa wird für Ihre Gäste ein wahrer Hingucker sein (siehe Seite 170)! Legen Sie das Brett beim Servieren auf eine hitzebeständige Unterlage.

Grundkurs Grillbretter

1. DAS WÄSSERN DES HOLZBRETTS muss in einem Behälter erfolgen, der groß genug ist für Brett und Wasser. Beschweren Sie das Grillbrett während des mindestens einstündigen Einweichens im Wasser mit einem schweren Gegenstand, damit es nicht nach oben treibt.

2. DEN GRILL VORBEREITEN für mittlere Hitze. Machen Sie in der Zwischenzeit das Grillgut so weit fertig, dass es grillbereit ist. Nehmen Sie es, zum Beispiel, aus der Marinade oder würzen Sie es.

3. DAS AUFHEIZEN DES HOLZBRETTS AUF DEM GRILL erfolgt über direkter mittlerer Hitze. Nehmen Sie das Brett aus dem Wasser, legen Sie es flach auf den Grillrost und schließen Sie sofort den Deckel. Nach wenigen Minuten wird das Holz zu knistern beginnen und Rauch aus dem Grill aufsteigen.

4. AUFLEGEN DES GRILLGUTS. Platzieren Sie das Grillgut mittig auf dem Holzbrett, schließen Sie den Deckel und lassen Sie die Zutaten ohne zu wenden fertig garen. Behalten Sie dabei den Grill im Auge. Steigt zu viel Rauch aus dem Grill, öffnen Sie den Deckel und besprühen mit Wasser aus einer Flasche die Flammen am Brett. Oder Sie legen das Brett vorübergehend über indirekte Hitze. Je schneller Sie den Deckel anschließend wieder schließen, desto eher werden die Flammen erstickt.

5. DAS HOLZBRETT ZUSAMMEN MIT DEM GRILLGUT VOM GRILL NEHMEN und auf eine hitzebeständige Unterlage legen. Richten Sie das Grillgut direkt auf dem Brett an, nach Belieben auch auf einzelnen Tellern.

Weitere Zubereitungsmethoden mit Holzkohle

Rotisserie-Grillen – Grillen am Spieß

An einem Spieß, der sich langsam über glühenden Kohlen dreht, wird vor allem Fleisch zubereitet, das dabei besonders saftig wird, während es die rauchigen Noten des Feuers aufnimmt. Die besten Ergebnisse erzielen Sie, wenn Sie die glühenden Kohlen auf den beiden gegenüberliegenden Seiten des Kohlerosts anhäufen und dazwischen eine große Tropfschale stellen, die zur Hälfte mit warmem Wasser gefüllt wird. Lassen Sie die Kohlen bei geöffnetem Deckel auf mittlere Hitze herunterbrennen. In der Zwischenzeit stecken Sie das Fleisch möglichst genau durch die Mitte auf den Spieß und befestigen das Gegengewicht. Setzen Sie nun den Aufsatzring auf den Grill und stecken Sie das Kabel für den Motor in eine Steckdose. Zuletzt setzen Sie den Spieß ein, schalten den Motor an und schließen den Deckel.

1. Die Hähnchen so dressieren, dass sie auf dem Spieß eine kompakte Form behalten (siehe Seite 226).

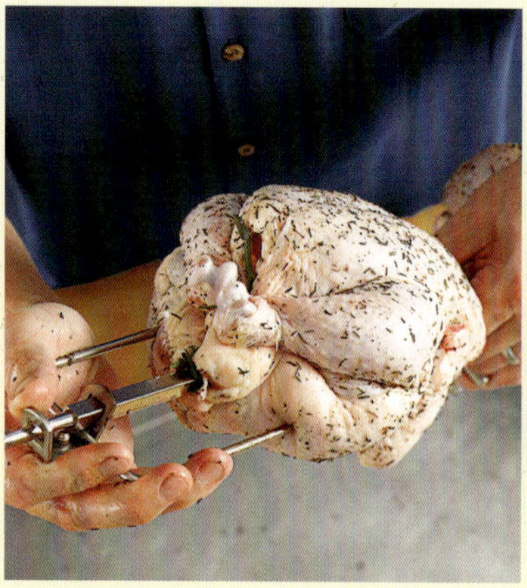

2. Die Zinken müssen tief im Fleisch verankert sein.

3. Die Hähnchen sollten mittig auf dem Spieß stecken.

4. Nicht nur Hähnchen lassen sich am Spieß grillen, versuchen Sie auch Truthahn, Ente, Lammkeule oder einen Rippenbraten.

Grillen im Fischkorb und in der Grillpfanne

Ein Fischkorb mit aufklappbarer Seite erleichtert das Garen und Wenden von Fisch auf dem Grill und verhindert, dass die Haut am Grillrost anhaftet. Der Korb ermöglicht zudem, den Fisch näher an die Glut oder weiter von ihr weg zu legen, abhängig von der Hitze, die er über die Dauer des Garens benötigt. Legen Sie den Fisch im Korb auf ein Bett mit Zitronenscheiben oder Salatblättern, das verhindert, dass seine Haut am Gitter haften bleibt.

Eine gelochte Grillpfanne ist die beste Lösung für Zutaten, die entweder sehr klein sind und durch den Rost fallen könnten oder zu zahlreich, als dass man sie einzeln wenden könnte. Die Löcher ermöglichen, dass die Zutaten mit den rauchigen Noten der Holzkohle in Berührung kommen, gleichzeitig kann die austretende Flüssigkeit oder das Fett abtropfen. Um ein gleichmäßiges Garen der Zutaten zu gewährleisten und sie zu wenden, sollten Sie die Grillpfanne gelegentlich rütteln; schützen Sie Ihre Hände dabei mit Grillhandschuhen.

WÜRZMISCHUNGEN, MARINADEN UND SAUCEN

Trockene Gewürze bilden üblicherweise die Grundlage von Würzmischungen, mit denen das Grillgut eingerieben oder bestreut wird. Sie steuern einerseits zusätzliche Geschmacksnoten bei und sorgen andererseits für eine interessante Textur der Oberfläche.

Marinaden funktionieren ähnlich wie Würzmischungen, ihre Aromen dringen jedoch aufgrund des Flüssigkeitsanteils tiefer in das Grillgut ein. Mit Saucen wiederum lassen sich nicht nur die Wirkungen von Würzmischungen oder Marinaden intensivieren, sondern sie können auch in einer Solorolle den Geschmack des Grillguts vollendet abrunden.

W

Würzmischungen

Wie lange einziehen lassen?

Wenn Sie eine Würzmischung lange einziehen lassen, wird Fleisch nicht nur gewürzt, sondern auch gepökelt. Daraus folgt ein intensiveres Aroma, und beim Grillen entsteht außen eine wunderbare Kruste. Salz und Zucker entziehen dem Fleisch aber auch Flüssigkeit, was zwar zum Wohlgeschmack beiträgt, es darüber hinaus aber auch trockener macht. Wie lange also soll eine Würzmischung einziehen? Nachstehend ein paar Richtlinien.

1–15 Minuten	Kleineres Grillgut wie Meeresfrüchte und gewürfeltes Fleisch für Spieße sowie zartes Gemüse
15–30 Minuten	Dünn geschnittenes, ausgelöstes Fleisch wie Hähnchenbrust, Fisch- und Schweinefilet, Koteletts oder Steaks
30–90 Minuten	Größere Fleischstücke mit oder ohne Knochen wie Lammkeule, ganze Hähnchen oder Rinderbraten
2–8 Stunden	Sehr große oder zähere Fleischstücke wie Rippenbraten, ein ganzer Schinken, Schweineschulter und Truthahn

Barbecue-Würzmischung

Ergibt etwa 4 EL

4 TL grobes Meersalz
2 TL reines Chilipulver
2 TL brauner Zucker
2 TL Knoblauchgranulat
2 TL Paprikapulver
1 TL Selleriesamen
1 TL gemahlener Kreuzkümmel
½ TL frisch gemahlener schwarzer Pfeffer

Cajun-Würzmischung

Ergibt etwa 3 EL

2 TL fein gehackte frische Thymianblättchen
1 ½ TL grobes Meersalz
1 TL Knoblauchgranulat
1 TL Zwiebelgranulat
1 TL Paprikapulver
1 TL brauner Zucker
¾ TL frisch gemahlener schwarzer Pfeffer
¼ TL Cayennepfeffer

Asia-Würzmischung

Ergibt etwa 4 EL

2 EL Paprikapulver
2 TL grobes Meersalz
2 TL gemahlene Koriandersamen
2 TL chinesisches Fünf-Gewürze-Pulver
1 TL Ingwerpulver
½ TL gemahlener Piment
½ TL Cayennepfeffer

Fenchel-Würzmischung

Ergibt etwa 4 EL

3 TL gemahlene Fenchelsamen
3 TL grobes Meersalz
3 TL reines Chilipulver
1 ½ TL Selleriesamen (Gewürz)
1 ½ TL frisch gemahlener schwarzer Pfeffer

Marinaden

Wie lange marinieren?

Dies hängt von der Stärke der Marinade, aber auch vom Grillgut ab. Enthält die Marinade geschmacksintensive Zutaten wie Sojasauce, Alkohol oder scharfe Gewürze, können ihre Aromen zu dominant sein, und säurehaltige Marinaden lassen Fisch oder Fleisch außen matschig oder trocken werden, wenn zu lange mariniert wird. Wird rohes Grillgut mariniert, müssen Sie die Marinade danach entweder weggießen oder mind. 30 Sek. kochen lassen, um alle Bakterien abzutöten. Aufgekochte Marinaden eignen sich oft als Würzsauce zum Bestreichen.

15–30 Minuten	Kleineres Grillgut wie Meeresfrüchte, Fischfilets, Fleischwürfel für Spieße und zartes Gemüse
1–3 Stunden	Dünn geschnittenes, ausgelöstes Fleisch wie Hähnchenbrust, Schweinefilet, Koteletts und Steaks sowie robustes Gemüse
2–6 Stunden	Größere Fleischstücke mit und ohne Knochen wie Lammkeule, ganze Hähnchen oder Rinderbraten
6–12 Stunden	Sehr große oder zähere Fleischstücke wie Rippenbraten, ein ganzer Schinken, Schweineschulter und Truthahn

Mojo-Marinade

Ergibt etwa 180 ml

4 EL frisch gepresster Orangensaft
3 EL frisch gepresster Limettensaft
3 EL Olivenöl
2 EL fein gehacktes frisches Koriandergrün
1 EL fein gehackte Jalapeño-Chilischote, mit Samen
1 EL fein gehackter Koblauch
¾ TL gemahlener Kreuzkümmel
½ TL grobes Meersalz

Zitronen-Salbei-Marinade

Ergibt etwa 250 ml

1 EL fein abgeriebene Bio-Zitronenschale
4 EL frisch gepresster Zitronensaft
4 EL Olivenöl
3 EL fein gehackte frische Salbeiblätter
2 EL fein gehackte Schalotten
2 EL Senfkörner
1 EL fein gehackter Knoblauch
1 EL zerstoßene schwarze Pfefferkörner

Teriyaki-Marinade

Ergibt etwa 500 ml

250 ml Ananassaft
125 ml nicht zu salzige Sojasauce
8 EL fein gewürfelte Zwiebeln
1 EL dunkles Sesamöl
1 EL fein geriebener frischer Ingwer
1 EL fein gehackter Knoblauch
1 EL dunkelbrauner Zucker
1 EL frisch gepresster Zitronensaft

Griechische Marinade

Ergibt etwa 125 ml

6 EL Olivenöl, 3 EL Rotweinessig
½ TL fein gehackter Knoblauch
½ TL grobes Meersalz
½ TL getrockneter Oregan
¼ TL zerstoßene rote Chiliflocken

W

Saucen

Weiße Barbecue-Sauce

Für 4–6 Personen

1 große Zwiebel, geschält
2 mittelgroße Knoblauchzehen, geschält
4 EL Butter
125 ml trockener Weißwein
250 ml Salatmayonnaise
1 kleine Handvoll grob gehackte frische Estragonblätter
4 EL Apfelessig (5 % Säure)
2 EL frisch gepresster Zitronensaft
1 EL Dijon-Senf
1 EL Zucker
½ TL mittelscharfe Chilisauce
1 TL grobes Meersalz
1 TL grob gemahlener schwarzer Pfeffer

Zwiebel und Knoblauch musartig fein hacken. In einem Topf die Butter bei mittlerer Hitze zerlassen und die Zwiebel-Knoblauch-Mischung darin unter gelegentlichem Rühren 2–3 Min. dünsten. Mit dem Weißwein ablöschen, gut umrühren und den Wein in 2–3 Min. auf die Hälfte einkochen lassen, dabei hin und wieder umrühren. Den Topf vom Herd nehmen, den Inhalt etwa 5 Min. abkühlen lassen, dann die restlichen Zutaten für die Sauce unterrühren. Die Sauce sollte am Ende eine leicht stichfeste Konsistenz haben. Abschmecken und bei Bedarf nachwürzen. Vor dem Servieren abgedeckt 1 Std. kalt stellen. Im Kühlschrank hält sich die Sauce bis zu 2 Wochen.

Rote Barbecue-Sauce

Für 4 Personen

185 ml Apfelsaft
125 ml Ketchup
3 EL Apfelessig
2 TL Sojasauce
1 TL Worcestersauce
1 TL Melasse (Reformhaus)
½ TL reines Chilipulver
½ TL Knoblauchgranulat
¼ TL frisch gemahlener schwarzer Pfeffer

In einem kleinen Topf die Zutaten vermischen und auf mittlerer Stufe ein paar Minuten köcheln lassen.

Oliven-Mayonnaise

Für 4 Personen

125 ml Mayonnaise
2 EL dunkle Olivenpaste (Tapenade)
1 EL frisch gepresster Zitronensaft
1 TL fein gehackte frische Rosmarinblätter
¼ TL frisch gemahlener schwarzer Pfeffer

In einer Schüssel die Zutaten glatt rühren. Vor dem Servieren abgedeckt 30 Min. kalt stellen.

Meerrettichsauce

Für 4 Personen

200 g Sauerrahm (20 %)
2 EL Tafelmeerrettich
2 EL fein gehackte frische glatte Petersilie
2 TL Dijon-Senf
2 TL Worcestersauce
½ TL grobes Meersalz
¼ TL frisch gemahlener schwarzer Pfeffer

In einer Schüssel die Zutaten gründlich vermischen. Vor dem Servieren abgedeckt 30 Min. kalt stellen.

Mandel-Knoblauch-Butter

Für 4 Personen

3–4 EL geschälte ganze Mandeln
3 große Knoblauchzehen, geschält
3 EL weiche Butter
1 EL fein gehackte Dillspitzen
½ TL grobes Meersalz
¼ TL frisch gemahlener schwarzer Pfeffer

Die ganzen Mandeln und Knoblauchzehen in einer Pfanne auf mittlerer Stufe ohne Fett 4–6 Min. rösten, bis sie stellenweise dunkel gebräunt sind, dabei gelegentlich umrühren. Aus der Pfanne nehmen und etwas abkühlen lassen, dann auf einem Schneidbrett (oder in der Küchenmaschine) in winzige Stücke hacken. In einer kleinen Schüssel mit den restlichen Zutaten vermischen, dabei mit einem Gabelrücken alles kräftig zerdrücken. Vor dem Servieren abgedeckt mind. 1 Std. in den Kühlschrank stellen.

Tomatillo-Salsa

Für 4–6 Personen

1 mittelgroße Zwiebel, geschält und in 1 cm breite Scheiben geschnitten
Olivenöl
10 mittelgroße Tomatillos (etwa 250 g), die Hülle entfernt, gewaschen
1 kleine Jalapeño-Chilischote, das Stielende entfernt
1 Handvoll frische Korianderblätter und zarte -stiele
1 mittelgroße Knoblauchzehe, geschält
½ TL Vollrohrrohzucker
½ TL grobes Meersalz

Eine Zwei-Zonen-Glut für starke Hitze vorbereiten (siehe Seite 14–15). Die Zwiebelscheiben auf beiden Seiten mit etwas Öl bestreichen. Den Grillrost gründlich reinigen. Zwiebeln, Tomatillos und Chilischote über ***direkter starker Hitze*** bei geschlossenem Deckel 5–8 Min. grillen, bis sie schön gebräunt sind, dabei ein- bis zweimal wenden und gegebenenfalls umplatzieren, damit sie gleichmäßig garen. Die Tomatillos sollen am Ende ganz weich sein. Vom Grill nehmen und zusammen mit den restlichen Zutaten in der Küchenmaschine zu einer möglichst glatten Salsa verarbeiten. Abschmecken, anschließend die Salsa in eine Servierschüssel umfüllen.

Erdnusssauce

Für 4 Personen

125 g Erdnusscreme
8 EL Kokosmilch
2 EL frisch gespresster Limettensaft
2 TL scharfe Chili-Knoblauch-Sauce (Asia-Laden)
2 TL Fischsauce

In einem kleinen Topf die Zutaten für die Sauce vermischen und auf sehr kleiner Stufe 3–5 Min. unter gelegentlichem Rühren mit dem Schneebesen erwärmen, bis eine glatte Sauce entsteht. Die Sauce nicht köcheln lassen! Sollte sie zu dickflüssig sein, 1–2 EL Wasser einarbeiten.

Gekühlte grüne Chilisauce

Für 4 Personen

3 lange fleischige milde Chilischoten (vorzugsweise Anaheim)
3 Frühlingszwiebeln, Wurzelende entfernt, gehackt
1 kleine Handvoll Korianderblätter und zarte -stiele
1 kleine Knoblauchzehe, geschält
125 g Sauerrahm (20 %)
125 ml Mayonnaise
Saft und fein abgeriebene Schale von 1 Bio-Zitrone
¼ TL grobes Meersalz

Eine Zwei-Zonen-Glut für starke Hitze vorbereiten (siehe Seite 14–15). Die Chilischoten über ***direkter starker Hitze*** bei geöffnetem Deckel 3–5 Min. rösten und dabei hin und wieder wenden, bis ihre Haut rundum verkohlt ist und Blasen wirft. Vom Grill nehmen und abkühlen lassen. Die Stielenden abschneiden und die verkohlte Haut der Chilischoten abziehen. Das Fruchtfleisch grob hacken und zusammen mit den Frühlingszwiebeln, dem Koriander und Knoblauch in der Küchenmaschine zu einer glatten Paste verarbeiten, dabei anhaftende Reste am Schüsselrand immer wieder untermischen. Die restlichen Zutaten hinzufügen und 1–2 Min. weitermixen, bis eine glatte Sauce entsteht. Sollte sie zu dick ein, ein wenig Wasser unterrühren. Abschmecken und vor dem Servieren abgedeckt 30 Min. kalt stellen.

V

VORSPEISEN

38 Gekühlte Gazpacho aus Gemüse vom Grill

40 Bruschetta mit gegrillten Gelben Beten und Ziegenkäse

41 Knuspriges Pita-Brot mit Zwiebel-Dip

42 Hähnchen und Chili-Quesadillas mit Guacamole

44 Chicken Wings mit Chili-Glasur und gerösteten Sesamsamen

45 Yakitori-Spieße

46 Vietnamesische Rindsröllchen mit süßer Chilisauce

48 Knusprige Pizza mit Räucherwurst und Mozzarella

50 Miesmuscheln mit Tomaten und Frühlingszwiebeln

50 Geräucherte und gewürzte Nüsse

Gekühlte Gazpacho aus Gemüse vom Grill

Zubereitungszeit: 20 Min.
Kühlzeit: mind. 8 Std.
Grillzeit: 10–12 Min.

Für 4–6 Personen

6 große Eiertomaten
3 mittelgroße rote Paprikaschoten
2 mittelgroße rote Zwiebeln, geschält
Olivenöl
1 TL grobes Meersalz
½ TL frisch gemahlener schwarzer Pfeffer
500 ml Tomatensaft, plus etwas mehr zum Verdünnen
4 EL gehackte frische Basilikumblätter
1 EL Sherry-Essig
¼ TL Tabasco
½ Salatgurke, geschält, längs halbiert und entkernt
125 g Sauerrahm (20 %)

1. Eine Zwei-Zonen-Glut für mittlere Hitze vorbereiten (siehe Seite 14–15).

2. Stielansätze der Tomaten entfernen, die Tomaten längs halbieren und entkernen. Paprikaschoten der Länge nach in breite Streifen schneiden, putzen und waschen. Zwiebeln in 1 cm breite Ringe schneiden. 2 Paprikastreifen und 2 Zwiebelringe im Kühlschrank beiseitestellen; sie werden später fein gehackt als Garnierung verwendet.

Wählen Sie Paprikaschoten mit flachen Seiten, da diese sich einfacher von Trennwänden und Stielansatz schneiden lassen. Je flacher die Seiten sind, desto mehr Oberfläche wird auf dem heißen Grillrost karamellisieren.

Die restlichen Tomatenhälften, Paprikastreifen und Zwiebelringe leicht mit Öl bestreichen. Mit Salz und Pfeffer würzen.

Eiertomaten mit festem Fruchtfleisch behalten während des Grillens ihre Form, auch wenn ihre Haut Blasen wirft.

3. Den Grillrost gründlich reinigen. Die Tomaten und Paprikaschoten über ***direkter mittlerer Hitze*** 5–8 Min. bei geschlossenem Deckel grillen, bis die Haut Blasen wirft und das Fruchtfleisch weich ist, dabei ein- bis zweimal wenden und gegebenenfalls umplatzieren, damit sie gleichmäßig garen. Gleichzeitig die Zwiebelringe über ***direkter mittlerer Hitze*** 10–12 Min. grillen, bis sie schön gebräunt und knusprig-zart sind, dabei ein- bis zweimal wenden und für ein gleichmäßiges Garen bei Bedarf umplatzieren. Die Gemüse vom Grill nehmen und in einer Schüssel abkühlen lassen. Eventuell verkohlte Gemüsestücke entfernen.

4. In einer Küchenmaschine die Gemüsestücke portionsweise mit dem angesammelten Gemüsesaft und dem Tomatensaft pürieren. Mindestens 8 Std. kalt stellen, vorzugsweise über Nacht.

5. Die Konsistenz des durchgekühlten Gemüsepürees prüfen. Ist es zu dickflüssig, mit weiterem Tomatensaft verdünnen. Anschließend das gehackte Basilikum, den Essig und Tabasco unterrühren. Nach Belieben nochmals mit Essig, Tabasco, Salz und Pfeffer abschmecken.

6. Die restlichen Zwiebelringe und Paprikastreifen zusammen mit den Gurkenhälften fein hacken. Die Gazpacho kalt oder raumtemperiert in Suppentassen anrichten, mit einem Klecks Sauerrahm und dem gehackten Gemüse garnieren und servieren.

V

Bruschetta mit gegrillten Gelben Beten und Ziegenkäse

Zubereitungszeit: 20 Min.
Grillzeit: 1–1 ½ Std.

Für 4–6 Personen

Für den Belag

3 Gelbe Beten, je 180 g (ersatzweise Rote Beten)
Olivenöl
2 Frühlingszwiebeln, die weißen und hellgrünen Teile in feine Scheiben geschnitten
2 TL Weißwein-Essig
1 TL fein gehackte frische Thymianblättchen
¼ TL grobes Meersalz
¼ TL frisch gemahlener schwarzer Pfeffer

150 g Ziegenfrischkäse

12 Scheiben Ciabatta-Brot, je etwa 1 cm dick
1 große Knoblauchzehe, geschält, halbiert

1. Eine Zwei-Zonen-Glut für mittlere Hitze vorbereiten (siehe Seite 14–15).

2. Stiele und eventuelle Wurzeln der Beten abschneiden und wegwerfen. Die Beten unter fließendem kaltem Wasser gründlich waschen, trocken tupfen und anschließend leicht mit Olivenöl einreiben. Das Gemüse über ***indirekter mittlerer Hitze*** je nach Größe in 1–1 ½ Std. bei geschlossenem Deckel weich grillen, in dieser Zeit einmal wenden und bei Bedarf umplatzieren. Die Beten sind fertig, wenn man mit der Spitze eines Messers mühelos in sie hineinstechen kann. Für eine konstante Hitze alle 30–45 Min. 10–12 frische Holzkohlebriketts nachlegen.

Gelbe Beten verfärben den Ziegenkäse nicht.

3. Von den abgekühlten Beten die Schale entfernen und das Fruchtfleisch in 5 mm große Würfel schneiden. In eine mittelgroße Schüssel geben, die restlichen Belagzutaten sowie 1 EL Olivenöl hinzufügen und alles gut vermengen. In einer kleinen Schüssel den Käse mit 2 EL Wasser verrühren.

4. Die Brotscheiben auf beiden Seiten mit etwas Öl einsprühen oder einreiben. Den Grillrost gründlich reinigen. Die Brotscheiben über ***direkter mittlerer Hitze*** bei geöffnetem Deckel von beiden Seiten 2–4 Min. grillen, dabei gegebenenfalls umplatzieren, damit sie gleichmäßig rösten. Die Brotscheiben vom Grill nehmen und auf einer Seite kräftig mit dem Knoblauch einreiben. Die Knoblauchseiten mit dem Ziegenkäse bestreichen, anschließend mit der Gemüsemischung belegen. Die Brote anrichten und raumtemperiert servieren.

Knuspriges Pita-Brot mit Zwiebel-Dip

Zubereitungszeit: 15 Min.
Grillzeit: 30–40 Min.

Für 4–6 Personen

Für den Dip

2 mittelgroße Zwiebeln, ungeschält, durch den Stielansatz halbiert
4 große Knoblauchzehen
Olivenöl
1 Dose Kichererbsen (etwa 250 g Abtropfgewicht), die Kichererbsen abgespült und abgetropft
125 g Sauerrahm (20 %)
2 EL frisch gepresster Zitronensaft
2 EL fein gehackte frische Dillspitzen
¾ TL gemahlene Koriandersamen
¾ TL Worcestersauce
½ TL grobes Meersalz
¼ TL frisch gemahlener schwarzer Pfeffer
1 kräftige Prise Cayennepfeffer

6 Pita-Brote

1. Eine Zwei-Zonen-Glut für mittlere Hitze vorbereiten (siehe Seite 14–15).

2. Die Zwiebelhälften mit der Schnittfläche nach unten dicht aneinander auf ein 40 x 40 cm großes Stück extra starke Alufolie legen. Die Knoblauchzehen zwischen die Zwiebelhälften drücken und etwa 2 EL Öl über das Gemüse träufeln. Die Folie zu einem versiegelten Päckchen falten. Das Zwiebelpäckchen direkt auf die Glut legen und bei geschlossenem Deckel die Zwiebeln je nach Größe 20–30 Min. rösten, dabei das Päckchen vorsichtig ein- bis zweimal mit der Grillzange wenden und für ein gleichmäßiges Garen gegebenenfalls auf der Glut umplatzieren. Wenn sich ein Messer durch die Folie hindurch mühelos in die Zwiebeln hineinschieben und wieder herausziehen lässt, das Päckchen vorsichtig mit der Grillzange aus der Glut nehmen und auf Zimmertemperatur abkühlen lassen.

3. Die Brotfladen auf beiden Seiten mit Öl bestreichen. Den Grillrost gründlich reinigen. Jeweils 3 Brote auf einmal über ***direkter mittlerer Hitze*** bei geöffnetem Deckel knapp 5 Min. grillen, bis sie knusprig geröstet sind, dabei mehrmals wenden und gegebenenfalls umplatzieren, damit sie gleichmäßig bräunen.

4. Das abgekühlte Folienpäckchen öffnen, Schalen und Stielenden von den Zwiebeln und Knoblauchzehen entfernen und wegwerfen. Die gegrillten Zwiebeln und den Knoblauch in eine Küchenmaschine geben und zu einem groben Püree verarbeiten. Die restlichen Dip-Zutaten hinzufügen und alles glatt pürieren. Abschmecken und nach Belieben nachwürzen. Die Brote in keilförmige Stücke schneiden, mit dem Dip anrichten und servieren.

Hähnchen und Chili-Quesadillas mit Guacamole

Zubereitungszeit: 15 Min.
Marinierzeit: 3–4 Std.
Grillzeit: 15–20 Min.

V

Für 4–6 Personen

Für die Paste
2 große Knoblauchzehen, geschält
1 Jalapeño-Chilischote, Stielende entfernt
1 große Handvoll frische Basilikumblätter
3 EL Olivenöl
2 EL Tequila
1 TL grobes Meersalz
½ TL frisch gemahlenener schwarzer Pfeffer

2 Hähnchenbrüste, enthäutet und ausgelöst, je etwa 250 g

Für die Guacamole
2 reife Avocados
1 EL frisch gepresster Limettensaft
2 mittelgroße Knoblauchzehen, geschält
¼ TL grobes Meersalz
1 EL fein gehacktes frisches Koriandergrün
1 kräftige Prise frisch gemahlener schwarzer Pfeffer

2 mittelgroße Poblano-Chilischoten, Stielenden entfernt
4 Weizenmehltortillas, Ø je 25 cm
250 g milder Cheddar (vorzugsweise kalifornischer Monterey Jack), gerieben

1. Für die Paste Knoblauch und Chili in einer Küchenmaschine zerkleinern. Die restlichen Zutaten hinzufügen und alles zu einer glatten Masse verarbeiten. Die Hähnchenbrüste auf allen Seiten gleichmäßig mit der Paste bestreichen und abgedeckt 3–4 Stunden im Kühlschrank marinieren.

2. Für die Guacamole die Avocados vorbereiten wie auf der Abb. oben, die Stücke in einer mittelgroßen Schüssel mit dem Gabelrücken zerdrücken und sofort mit dem Limettensaft vermischen. Den Knoblauch grob hacken und mit dem Salz bestreuen. Mit der Klinge eines Messers den Knoblauch und das Salz zu einer glatten Paste zerdrücken (siehe Seite 60). Die Knoblauchpaste, das Koriandergrün und den Pfeffer in die Schüssel zu den Avocados geben und alles gut vermischen.

Das Avocadofleisch in der Schale rautenförmig einschneiden, sodass es bereits in Stücken aus der Schale gelöffelt werden kann.

3. Eine Zwei-Zonen-Glut für mittlere Hitze vorbereiten (siehe Seite 14–15).

4. Den Grillrost gründlich reinigen. Die Hähnchenbrüste über ***direkter mittlerer Hitze*** 10–15 Min. bei geschlossenem Deckel grillen, bis das Fleisch durchgegart ist und beim Einstechen klarer Fleischsaft austritt, dabei einmal wenden und für ein gleichmäßiges Garen das Grillgut gegebenenfalls umplatzieren. Gleichzeitig die Poblano-Chilischoten über ***direkter mittlerer Hitze*** 7–9 Min. grillen, dabei mehrmals wenden, bis sie auf allen Seiten gleichmäßig angekohlt sind. Vom Rost nehmen und abkühlen lassen. Die fertigen Hähnchenbrüste ebenfalls vom Grill nehmen und in feine Streifen schneiden. Die angekohlte Haut von den Chilis abziehen und das Fruchtfleisch grob hacken.

5. Die Tortillas auf einer Arbeitsfläche auslegen. Jeweils eine Fladenhälfte mit etwas Hähnchenfleisch, gehackten Chilis und Käse belegen. Die freie Hälfte des Fladens über die Füllung klappen, sodass ein Halbkreis entsteht, und an den Seiten leicht andrücken. Die Quesadillas über ***direkter mittlerer Hitze*** 5 Min. bei geschlossenem Deckel grillen, bis die Unterseite der Fladen ein Grillmuster zeigt und der Käse innen geschmolzen ist. Die Quesadillas dabei nach der Hälfte der Zeit einmal wenden und gegebenenfalls umplatzieren, damit sie gleichmäßig garen. Die Quesadillas 1–2 Min. abkühlen lassen, anschließend keilförmig aufschneiden. Auf jedes Stück ein wenig Guacamole klecksen und warm servieren.

V

Chicken Wings mit Chili-Glasur und gerösteten Sesamsamen

Zubereitungszeit: 15 Min.
Marinierzeit: 20–30 Min.
Grillzeit: 18–20 Min.

Für 4 Personen

16 Hähnchenflügel, gesamt etwa 1½ kg, Flügelspitzen entfernt
2 EL Pflanzenöl
1 TL grobes Meersalz
¼ TL frisch gemahlener schwarzer Pfeffer

Für die Glasur
3 EL süße Chilisauce
3 EL Sojasauce
2 TL scharfe Chili-Knoblauch-Sauce (Asia-Laden)
1 TL dunkles Sesamöl
½ TL fein gehackter frischer Ingwer

1 EL Sesamsamen

1. Eine Zwei-Zonen-Glut für mittlere Hitze vorbereiten (siehe Seite 14–15).

2. Die Hähnchenflügel in eine große Schüssel legen und gleichmäßig mit dem Öl, dem Salz und dem Pfeffer überziehen. Bei Zimmertemperatur 20–30 Min. marinieren.

3. In einer kleinen Schüssel die Zutaten für die Glasur verrühren.

4. In einer mittelgroßen Pfanne die Sesamsamen auf dem Herd bei mittlerer Hitze 3–5 Min. goldgelb rösten, dabei gelegentlich umrühren. Den Sesam in einen kühlen Behälter umfüllen, um den Garprozess zu unterbrechen.

5. Den Grillrost gründlich reinigen. Die Hähnchenflügel über ***direkter mittlerer Hitze*** bei geschlossenem Deckel etwa 10 Min. goldbraun grillen, dabei gelegentlich wenden und für ein gleichmäßiges Garen bei Bedarf umplatzieren. Anschließend das Fleisch auf beiden Seiten leicht mit der Glasur bestreichen und weitere 8–10 Min. grillen, bis es am Knochen nicht mehr rosa ist, dabei immer wieder wenden, glasieren (möglicherweise benötigen Sie nicht die gesamte Glasur) und für ein gleichmäßiges Garen gegebenenfalls auf dem Grillrost umplatzieren. Die Hähnchenflügel vom Grill nehmen und mit den gerösteten Sesamsamen bestreuen.Warm oder lauwarm servieren.

Yakitori-Spieße

Zubereitungszeit: 25 Min.
Marinierzeit: 2 Std.
Grillzeit: 10 Min.

Für 4–6 Personen

10 Hähnchenschenkel (gesamt etwa 1 kg), enthäutet und ausgelöst, in 2 ½ cm große Würfel geschnitten
1 EL Pflanzenöl
1½ TL grobes Meersalz
¼ TL frisch gemahlener schwarzer Pfeffer

Für die Sauce
125 ml Hühnerbrühe
3 EL Sojasauce
3 EL Mirin (süßer japanischer Reiswein)
2 EL frisch gepresster Zitronensaft
1 EL brauner Zucker
¼ TL frisch gemahlener schwarzer Pfeffer

8 Holzspieße, mind. 30 Min. gewässert

1. Eine Zwei-Zonen-Glut für starke Hitze vorbereiten (siehe Seite 14–15).

2. In einer mittelgroßen Schüssel die Hähnchenwürfel mit dem Öl, dem Salz und dem Pfeffer überziehen und gut vermischen. Die Fleischwürfel jeweils durch die Mitte auf die obere Hälfte der Holzspieße stecken, sodass sie sich ohne Druck berühren, und für 2 Std. in den Kühlschrank stellen.

3. Für die Sauce die Zutaten in einem kleinen Topf bei mittlerer Hitze auf dem Herd zum Kochen bringen. In etwa 5 Min. auf etwa die Hälfte reduzieren, dabei gelegentlich umrühren. Den Topf vom Herd nehmen.

4. Den Grillrost gründlich reinigen. Einen Streifen aus einer doppelten Lage Alufolie auf den feuerfreien Teil des Grillrosts legen und die Spieße so darauf anordnen, dass die bloßen Holzenden auf der Alufolie liegen. Das Fleisch über ***direkter starker Hitze*** etwa 5 Min. bei geschlossenem Deckel grillen, bis es gebräunt ist, dabei einmal wenden und gegebenenfalls umplatzieren, damit es gleichmäßig gart. Den Deckel öffnen und die Fleischspieße weitere 5 Min. grillen, dabei regelmäßig wenden und mit der Sauce bestreichen. Zum gleichmäßigen Garen die Spieße bei Bedarf umplatzieren. Am Ende muss das Fleisch vollständig durchgegart sein. Vom Grill nehmen, auf einem Servierteller anrichten und warm servieren.

Die Alufolie bewahrt die Holzenden der Spieße vor dem Verbrennen.

V

Vietnamesische Rindsröllchen mit süßer Chilisauce

Zubereitungszeit: 20 Min.
Grillzeit: 5–8 Min.

Für 6 Personen

Für die Dip-Sauce
3 EL Zucker
3 EL frisch gepresster Limettensaft
1 EL fein geschnittene Frühlingszwiebeln
1 EL Fischsauce
2 TL Chili-Knoblauch-Sauce (Asia-Laden)

Für die Füllung
500 g mageres Hackfleisch vom Rind
4 EL geröstete Erdnüsse, klein gehackt
4 EL in feine Scheiben geschnittene Frühlingszwiebeln
1 EL fein gehackte frische Minzeblätter
1 TL Fischsauce
½ TL grobes Meersalz
¼ TL frisch gemahlener schwarzer Pfeffer

18 eingelegte Weinblätter, Ø je 10–15 cm, abgetropft, mind. 15 Min. in Wasser eingeweicht
Pflanzen- oder Erdnussöl

12 Holzspieße, mind. 30 Min. gewässert

1. In einer kleinen Schüssel die Zutaten für die Dip-Sauce mit 1 EL Wasser verrühren, bis sich der Zucker aufgelöst hat.

2. In einer großen Schüssel das Hackfleisch und die restlichen Zutaten für die Füllung gut vermischen.

3. Die eingeweichten Weinblätter abtropfen lassen. 1 Weinblatt mit der glatten Seite nach unten auf die Arbeitsfläche legen. Den Stiel abschneiden und wegwerfen. 1 gehäuften EL der Fleischfüllung zu einer kleinen Rolle formen und auf das Blatt am Stielende legen. Die beiden unteren Teile des Blatts über die Füllung falten, dann die Blattseiten jeweils über der Füllung einschlagen und die Füllung zur Blattspitze hin behutsam, aber fest aufrollen. Überstehende Blattenden abschneiden und wegwerfen. Mit den restlichen Weinblättern genauso verfahren.

Jeweils eine kleine Fleischrolle auf die Weinblätter am Stielende legen. Den unteren Teil des Blatts darüberschlagen, die Blattseiten über der Füllung nach innen falten und alles zu einem Zylinder aufrollen.

4. Jeweils an ihrer Längsseite 3 Rindsröllchen nebeneinanderlegen und auf einer Seite im Abstand von etwa 2 cm vom Rollenende entfernt einen Holzspieß durchstechen. Im gleichen Abstand einen zweiten Spieß parallel auf der anderen Seite durchstechen. Mit den restlichen Röllchen genauso verfahren. Die Röllchen auf beiden Seiten mit Öl bestreichen.

5. Eine Zwei-Zonen-Glut für mittlere Hitze vorbereiten (siehe Seite 14–15).

6. Den Grillrost gründlich reinigen. Die Rindsröllchen über ***direkter mittlerer Hitze*** 5–8 Min. bei geschlossenem Deckel grillen, bis die Füllung vollständig durchgegart und etwas fest geworden ist, dabei die Spieße mehrmals wenden und für ein gleichmäßiges Garen bei Bedarf umplatzieren. Die warmen Röllchen zusammen mit der Dip-Sauce anrichten und servieren.

Knusprige Pizza mit Räucherwurst und Mozzarella

Zubereitungszeit: 30–40 Min.
Ruhezeit für den Teig: 1½–2½ Std.
Grillzeit: 5–10 Min. je Pizza

Ergibt 8 kleine Pizzen

Für den Teig
- 1 Päckchen (7–10 g) Trockenhefe
- 1 TL Zucker
- 500 g Mehl, plus etwas mehr zum Kneten
- 3 EL Olivenöl, plus etwas mehr zum Einölen
- 1 EL grobes Meersalz

Für den Belag
- 500–750 ml dickflüssige Tomatensauce
- 500 g luftgetrocknete, geräucherte Rohwurst, in feine Würfel oder dünne Scheiben geschnitten
- 250 g Mozzarella, in kleine Stücke zerpflückt
- 125 g Fontina, gerieben
- Olivenöl
- 3 EL fein gehacktes frisches Basilikum

1. Für den Teig in einer großen Schüssel die Hefe mit dem Zucker in 375 ml lauwarmem Wasser verrühren, bis sich der Zucker aufgelöst hat. 5 Min. beiseitestellen, bis sich eine feine Schaumkrone gebildet hat. Mehl, Öl und Salz zufügen und die Teigmasse mit den Händen so lange kneten, bis das Mehl eingearbeitet ist und der Teig eine zusammenhängende Kugel bildet. Bei Zimmertemperatur etwa 15 Min. ruhen lassen. Die Teigkugel auf eine leicht bemehlte Arbeitsfläche heben und 10–15 Min. kräftig kneten. Prüfen Sie die Konsistenz, indem Sie ein kleines Stück abnehmen und es von allen Seiten in die Breite ziehen. Wenn es leicht in der Mitte reißt, muss der Teig weiter geknetet werden; lässt es sich so weit auseinanderziehen, dass in der Mitte eine hauchdünne Membran entsteht (siehe Abb. oben), ist er fertig. Den Teig zu einer Kugel formen, in eine leicht geölte Schüssel setzen und darin wenden, sodass die Teigoberfläche mit Öl benetzt ist. Die Schüssel mit einem sauberen Küchentuch abdecken und den Teig an einem warmen Ort 1½–2½ Std. ruhen lassen, bis sich sein Volumen verdoppelt hat.

2. Eine Zwei-Zonen-Glut für mittlere Hitze vorbereiten (siehe Seite 14–15).

Den Teig an einem warmen Ort zu doppelter Größe »aufgehen« lassen.

Den Teig zusammendrücken, damit die Luft austreten kann.

3. Den Teig in der Schüssel kräftig zusammendrücken, auf die Arbeitsfläche legen und in 8 gleich große Stücke teilen. Aus Backpapier 8 Quadrate von 30 x 30 cm Größe schneiden und die Oberseiten mit Öl bestreichen. Die Teigstücke jeweils auf ein Papierquadrat setzen und mit den Händen zu gleichmäßigen, 5 mm dicken Kreisen (Ø 15–20 cm) formen. Die Oberseite der Teigböden ebenfalls mit etwas Öl bestreichen und die Böden bei Zimmertemperatur weitere 10–15 Min. ruhen lassen.

4. Den Grillrost gründlich reinigen. Jeweils 1–2 Teigböden mit der Papierseite nach oben auf den Grillrost legen und bei ***direkter mittlerer Hitze*** und geschlossenem Deckel 2½–5 Min. grillen, bis die Unterseite ein Grillmuster zeigt und fest geworden ist, dabei die Böden bei Bedarf umplatzieren. Das Backpapier abziehen und wegwerfen. Die Böden vom Rost nehmen und mit der gegrillten Seite nach oben auf eine Arbeitsfläche legen.

5. Die Böden mit jeweils 4–6 EL Tomatensauce bestreichen, dabei einen 1 cm breiten äußeren Rand lassen, mit etwas Wurst belegen und mit beiden Käsesorten bestreuen. Die Pizzen auf den Grillrost legen und bei geschlossenem Deckel über ***direkter mittlerer Hitze*** weitere 2½–5 Min. grillen, bis der Käse geschmolzen und die Unterseite knusprig ist. Die Pizzen dabei gelegentlich umplatzieren. Die fertigen Pizzen auf ein Holzbrett legen und den Pizzarand mit Öl bestreichen. Jede Pizza mit Basilikum garnieren und warm servieren.

V

Miesmuscheln mit Tomaten und Frühlingszwiebeln

Zubereitungszeit: 15 Min.
Grillzeit: 5–10 Min.

Für 4 Personen

- 2 große Tomaten, in 1 cm große Würfel geschnitten
- 8 EL in feine Scheiben geschnittene Frühlingszwiebeln
- 3 EL Butter
- 1 EL fein gehackter Knoblauch
- Fein abgeriebene Schale und Saft von 1 Bio-Zitrone
- ¼ TL zerstoßene rote Chiliflocken
- ¼ TL grobes Meersalz
- 1 kräftige Prise frisch gemahlener schwarzer Pfeffer
- 1 kg frische Miesmuscheln, gewaschen, abgebürstet und entbartet
- 2 EL fein gehackte frische glatte Petersilie
- 1 Baguette, in mundgerechte Stücke zerteilt

1. Eine Zwei-Zonen-Glut für starke Hitze vorbereiten (siehe Seite 14–15).

2. In einer stabilen, nicht gelochten Aluschale von etwa 25 x 35 cm Größe Tomaten, Frühlingszwiebeln, Butter, Knoblauch, Zitronenschale und -saft, Chili, Salz und Pfeffer gründlich vermengen. Die Muscheln auf der Tomatenmischung verteilen. Die Schale mit Alufolie versiegeln, damit beim Garen kein Dampf austreten kann.

Vor der Zubereitung den »Bart«, die Byssusfäden, abziehen.

3. Die Aluschale über ***direkte starke Hitze*** stellen und die Muscheln bei geöffnetem Deckel etwa 5–10 Min. garen, bis sie sich geöffnet haben. Alle Muscheln, die sich innerhalb einer Garzeit von 10 Min. nicht öffnen, aussortieren und wegwerfen (sie sind verdorben).

4. Die Muscheln mit der gesamten Flüssigkeit und dem Gemüse behutsam in eine große Servierschüssel umfüllen, die Petersilie untermischen und warm servieren. Mit den Brotstücken die Sauce auftunken.

Geräucherte und gewürzte Nüsse

Zubereitungszeit: 5 Min.
Grillzeit: 20–30 Min.

Ergibt 250 g Nüsse

- 1 TL brauner Zucker
- 1 TL getrockneter Thymian oder Rosmarin (oder je ½ TL von beiden)
- ¼ TL Cayennepfeffer
- ¼ TL Senfpulver
- 250 g gemischte gesalzene Nüsse (Mandeln, Pekannüsse, Cashewkerne usw.)
- 2 TL Olivenöl

- 2 mittelgroße Hickoryholzstücke, mind. 30 Min. gewässert

1. In einer kleinen Schüssel den Zucker, die Kräuter, den Cayennepfeffer und das Senfpulver mit den Fingerspitzen vermischen.

2. Die Nüsse in eine etwa 25 x 35 cm große, stabile Aluschale ohne Löcher füllen. Das Öl und die Gewürzmischung hinzufügen und die Nüsse gleichmäßig darin wenden. Anschließend die Nüsse in der Schale in einer Lage ausbreiten.

3. Eine Zwei-Zonen-Glut für niedrige Hitze vorbereiten (siehe Seite 14–15).

4. Die gewässerten Holzstücke abtropfen lassen und auf die Glut legen. Wenn das Holz zu rauchen beginnt, die Aluschale über ***indirekte niedrige Hitze*** stellen und die Nüsse 20–30 Min. bei geschlossenem Deckel räuchern, bis sie knusprig sind und einen angenehm rauchigen Geschmack angenommen haben. In dieser Zeit die Schale gelegentlich mit Hilfe einer Grillzange rütteln, damit die Nüsse nicht anbrennen. Die Aluschale vom Rost nehmen und die Nüsse darin vollständig abkühlen lassen; sie werden beim Abkühlen noch knuspriger. Die Nüsse raumtemperiert servieren. Übrig gebliebene Nüsse in einem luftdichten Behälter aufbewahren.

MIESMUSCHELN MIT TOMATEN UND FRÜHLINGSZWIEBELN

GERÄUCHERTE UND GEWÜRZTE NÜSSE

RIND UND LAMM

54 New York Strip Steaks mit schwarzem Pfeffer und Meerrettichsauce
56 New York Strip Steaks mit Barbecue-Sauce
58 Porterhouse-Steaks mit Rosmarin und Rotwein
60 T-Bone-Steaks mit Avocado-Salsa
62 Rinderfiletsteaks mit einer Martini-Marinade
64 Kalbskoteletts mit einer Zitronen-Salbei-Marinade
66 Holzkohle-Fan: Mike McGrath
67 Mikes Rib-Eye-Steaks mit preisgekrönter Würzmischung
68 Rib-Eye-Steaks in einer Kaffeekruste
69 Würzige Rib-Eye-Steak-Spieße mit Salsa Verde
70 Japanisches Rindfleisch »Yakiniku«
72 Gegrillter Rippenbraten au Jus
74 Fajitas
76 Flank-Steak mit Bohnensalat
78 Steak-Salat mit Estragon-Vinaigrette
80 Pfefferige Steak-Tortillas mit Pico de Gallo
82 Holzkohle-Fan: Jim Minion
83 Jims geräucherte Rinderbrust
84 Burger mit Steinpilzen, Tomaten und Pesto-Mayonnaise
85 Chili-Cheeseburger mit Avocado
86 Klassische Cheeseburger mit Barbecue-Gewürzen
86 Hot Dogs mit Mayonnaise-Krautsalat
88 Rinderbraten mit Avocado-Sauce
90 Im Holzrauch gegrillte Lammkarrees mit Anis-Knoblauch-Paste
92 Steaks aus der Lammkeule mit gerösteten Fenchelsamen
94 Lammkoteletts mit Senfglasur und gerösteten Pinienkernen
96 Lammkeule mit Minze und Kreuzkümmel
98 Kebabs vom Lamm mit Tomaten-Tsatsiki

New York Strip Steaks mit schwarzem Pfeffer und Meerrettichsauce

Zubereitungszeit: 10 Min.
Grillzeit: etwa 8 Min.

Für 4 Personen

Für die Sauce
200 g Sauerrahm (20 %)
2 EL Tafelmeerrettich
2 EL fein gehackte frische glatte Petersilie
2 TL Dijon-Senf
2 TL Worcestersauce
½ TL grobes Meersalz
¼ TL frisch gemahlener schwarzer Pfeffer

4 Rindersteaks aus dem hohen Roastbeef, je 300–350 g und 2 ½ cm dick, überschüssiges Fett entfernt
2 EL Olivenöl
2 EL Dijon-Senf
¾ TL grobes Meersalz
¾ TL frisch gemahlener schwarzer Pfeffer

1. In einer mittelgroßen Schüssel die Zutaten für die Sauce gründlich vermischen.

2. Eine Zwei-Zonen-Glut für starke Hitze vorbereiten (siehe Seite 14–15).

3. Die Steaks auf beiden Seiten leicht mit dem Öl, anschließend mit dem Senf bestreichen und gleichmäßig mit Salz und Pfeffer würzen. Vor dem Grillen 20–30 Min. bei Zimmertemperatur ruhen lassen.

4. Den Grillrost gründlich reinigen. Die Steaks über ***direkter starker Hitze*** bei geschlossenem Deckel etwa 6 Min. scharf anbraten, dabei einmal wenden und gegebenenfalls auf dem Rost umplatzieren, damit sie gleichmäßig garen. Anschließend die Steaks bei ***indirekter starker Hitze*** und geschlossenem Deckel so lange weitergrillen, bis sie den gewünschten Gargrad erreicht haben. Für rosa/rot (medium rare) gebraten benötigen sie etwa 2 Min. Die Steaks vom Grill nehmen und 3–5 Min. ruhen lassen. Warm mit der Sauce servieren.

Den Gargrad prüfen

Ein Fleischthermometer wird Ihnen verlässlich den Gargrad eines Steaks anzeigen, wenn es genau in der Mitte des Steaks misst. Oder Sie wenden den »Fingerdruck-Test« (siehe Seite 221) an, mit dem die Festigkeit des Fleisches geprüft werden kann. Andernfalls müssen Sie das Steak auf der Unterseite anschneiden und den Gargrad anhand der Farbe des Fleisches feststellen.

New York Strip Steaks mit Barbecue-Sauce

Zubereitungszeit: 15 Min.
Grillzeit: 8–10 Min.

Für 4 Personen

Für die Sauce
- 125 ml Ketchup
- 125 ml Rinderbrühe
- 4 EL starker Kaffee
- 1 EL Worcestersauce
- 1 TL Melasse (Reformhaus)
- ½ TL reines Chilipulver
- ½ TL Zwiebelgranulat
- ¼ TL frisch gemahlener schwarzer Pfeffer
- ¼ TL grobes Meersalz

- 3 EL Pflanzenöl
- 1 EL Worcestersauce
- 1 EL Rotweinessig
- 1 EL frisch gemahlener schwarzer Pfeffer
- 2 TL grobes Meersalz
- 4 Rindersteaks aus dem hohen Roastbeef, je etwa 350 g und 3 cm dick, überschüssiges Fett entfernt

1. Auf dem Herd in einem kleinen Topf die Zutaten für die Sauce mit 4 EL Wasser verrühren. Bei starker Hitze aufkochen, anschließend die Hitze reduzieren und 5–7 Min. köcheln lassen, dabei gelegentlich umrühren. Den Topf vom Herd nehmen.

2. Eine Zwei-Zonen-Glut für starke Hitze aus Mesquiteholzkohlestücken vorbereiten (siehe Seite 14–15).

3. In einer kleinen Schüssel das Öl, die Worcestersauce, den Essig, den Pfeffer und das Salz vermischen. Die Steaks auf beiden Seiten mit der Mischung bestreichen und vor dem Grillen 20–30 Min. bei Zimmertemperatur ruhen lassen.

4. Den Grillrost gründlich reinigen. Die Steaks über ***direkter starker Hitze*** bei geschlossenem Deckel etwa 6 Min. scharf anbraten, dabei einmal wenden und für ein gleichmäßiges Garen gegebenenfalls umplatzieren. Anschließend die Steaks bei ***indirekter starker Hitze*** und geschlossenem Deckel so lange weitergrillen, bis sie den gewünschten Gargrad erreicht haben, rechnen Sie 2–4 Min. für rosa/rot (medium rare). In dieser Zeit die Steaks gelegentlich wenden und mit ein wenig Sauce bestreichen. Die Steaks vom Grill nehmen und 3–5 Min. ruhen lassen. Warm mit der Sauce servieren.

Porterhouse-Steaks mit Rosmarin und Rotwein

Zubereitungszeit: 20–30 Min.
Grillzeit: 10–12 Min.

Für 4 Personen

Für die Sauce
500 ml Rinderbrühe
250 ml trockener Rotwein
125 ml Ketchup
¼ TL getrockneter Thymian
¼ TL frisch gemahlener schwarzer Pfeffer

2 Porterhouse-Steaks, je 450–550 g und 3 cm dick, überschüssiges Fett entfernt
Olivenöl
2 EL fein gehackte frische Rosmarinblätter
2 TL grobes Meersalz
1 TL frisch gemahlener schwarzer Pfeffer
2 EL Butter

1. Auf dem Herd in einem mittelgroßen Topf die Rinderbrühe mit dem Rotwein, dem Ketchup, Thymian und Pfeffer vermischen. Bei mittlerer Hitze zum Kochen bringen, anschließend die Hitze verringern und die Sauce in 20–30 Min. auf 250 ml reduzieren, gelegentlich umrühren. Den Topf vom Herd nehmen und beiseitestellen.

2. Eine Zwei-Zonen-Glut für starke Hitze vorbereiten (siehe Seite 14–15).

3. Die Steaks auf beiden Seiten leicht mit Öl bestreichen und gleichmäßig mit dem Rosmarin, dem Salz und Pfeffer würzen. Vor dem Grillen 20–30 Min. bei Zimmertemperatur ruhen lassen.

4. Den Grillrost gründlich reinigen. Die Steaks über ***direkter starker Hitze*** bei geschlossenem Deckel etwa 6 Min. scharf anbraten, dabei einmal wenden und gegebenenfalls umplatzieren, damit sie gleichmäßig garen. Anschließend die Steaks bei ***indirekter starker Hitze*** und geschlossenem Deckel so lange weitergrillen, bis sie den gewünschten Gargrad erreicht haben, sie benötigen 4–6 Min. für rosa/rot (medium rare). Für ein gleichmäßiges Garen die Steaks in dieser Zeit gegebenenfalls umplatzieren. Achten Sie darauf, dass die Filetseite der Steaks von der heißen Glut abgewandt auf dem Rost liegt, damit sie nicht übergart wird. Die Steaks vom Grill nehmen und 3–5 Min. ruhen lassen.

5. Die Sauce erneut zum Kochen bringen, vom Herd nehmen und die Butter unter ständigem Rühren portionsweise in die Sauce einarbeiten. Nach Belieben abschmecken. Die Steaks tranchieren und warm mit der Sauce servieren. Dazu passen Brat- oder Ofenkartoffeln.

Mit dem herrlichen Aroma von Eichen- oder Mesquiteholzkohle können Sie diesem Gericht eine besondere Note verleihen. Eine weitere Geschmacksnuance erhalten Sie, wenn Sie die abgestreiften Rosmarinzweige direkt auf die heiße Glut geben.

T-Bone-Steaks mit Avocado-Salsa

Zubereitungszeit: 20 Min.
Ruhezeit: 2 Std.
Grillzeit: 10–12 Min.

Für 4 Personen

Für die Salsa

2 reife Avocados, das Fruchtfleisch fein gewürfelt oder zerdrückt
200 g Tomaten, fein gewürfelt
4 Frühlingszwiebeln, nur die weißen und hellgrünen Teile fein gehackt
2 EL frisch gepresster Limettensaft
2 EL fein gehackte frische Basilikumblätter
1 EL Olivenöl
1 TL fein gehackter Knoblauch
1 TL fein gehackte Jalapeño-Chilischote
¾ TL grobes Meersalz
¼ TL Worcestersauce
¼ TL frisch gemahlener schwarzer Pfeffer

2 EL grob gehackter Knoblauch
2 TL grobes Meersalz
2 T-Bone-Steaks, je 450–550 g und 3 cm dick, überschüssiges Fett entfernt
Olivenöl
1 TL frisch gemahlener schwarzer Pfeffer

1. In einer mittelgroßen Schüssel die Zutaten für die Salsa gründlich vermischen. Vor dem Servieren 2 Std. bei Zimmertemperatur durchziehen lassen.

2. Den grob gehackten Knoblauch auf ein Schneidbrett häufen und mit 1 TL Meersalz bestreuen. Den Knoblauch fein hacken und dabei mit der Messerklinge den Knoblauch und das Salz zu einer Paste verarbeiten (siehe Abb. oben).

Der Knoblauch wird mit Hilfe des groben Meersalzes und dem Druck der Messerklinge zu einer Paste zerrieben.

3. Eine Zwei-Zonen-Glut für starke Hitze vorbereiten (siehe Seite 14–15).

4. Die Steaks auf beiden Seiten leicht mit Öl, dann mit der Knoblauchpaste bestreichen und mit dem restlichen Salz und Pfeffer gleichmäßig würzen. Die Steaks vor dem Grillen 20–30 Min. bei Zimmertemperatur ruhen lassen.

5. Den Grillrost gründlich reinigen. Die Steaks über ***direkter starker Hitze*** bei geschlossenem Deckel etwa 6 Min. scharf anbraten, dabei einmal wenden und gegebenenfalls umplatzieren, damit sie gleichmäßig garen. Anschließend die Steaks bei ***indirekter starker Hitze*** und geschlossenem Deckel so lange weitergrillen, bis sie den gewünschten Gargrad erreicht haben, für rosa/rot (medium rare) benötigen sie 4–6 Min. Für ein gleichmäßiges Garen die Steaks in dieser Zeit gegebenenfalls umplatzieren. Achten Sie darauf, dass die Filetseite der Steaks von der heißen Glut abgewandt auf dem Rost liegt, damit sie nicht übergart wird. Vom Grill nehmen und 3–5 Min. ruhen lassen.

6. Die Steaks tranchieren und warm mit der Salsa servieren.

Rinderfiletsteaks mit einer Martini-Marinade

Zubereitungszeit: 10 Min.
Marinierzeit: 1–2 Std.
Grillzeit: 8–10 Min.

Für 4 Personen

Für die Marinade
2 EL Gin
2 EL Olivenöl
1 EL der Flüssigkeit von eingelegten grünen Oliven
Abgeriebene Schale von 1 Bio-Zitrone
¼ TL frisch gemahlener schwarzer Pfeffer

4 Rinderfiletsteaks, je etwa 225 g und 3 cm dick
8 mit Paprikapaste gefüllte grüne Oliven
(oder 4 grüne Oliven und 4 Silberzwiebeln)
½ TL grobes Meersalz
½ TL frisch gemahlener schwarzer Pfeffer
50 g Blauschimmelkäse

4 Zahnstocher

1. In einer kleinen Schüssel die Zutaten für die Marinade vermischen.

2. Die Steaks in einen großen, wiederverschließbaren Plastikbeutel legen und die Marinade hineingießen. Die Luft aus dem Beutel streichen und den Beutel fest verschließen. Mehrmals wenden, um die Marinade gleichmäßig zu verteilen, den Beutel flach in eine Schale legen und für 1–2 Std. in den Kühlschrank stellen.

3. Auf jeden Zahnstocher 2 Oliven (oder 1 Olive und 1 Zwiebel) stecken.

4. Eine Zwei-Zonen-Glut für starke Hitze vorbereiten (siehe Seite 14–15).

5. Die Steaks aus dem Beutel nehmen und die Marinade gründlich abtropfen lassen (sie wird nicht mehr gebraucht). Das Fleisch vor dem Grillen 20–30 Min. bei Zimmertemperatur ruhen lassen, anschließend gleichmäßig mit dem Salz und Pfeffer würzen.

6. Den Grillrost gründlich reinigen. Die Steaks über ***direkter starker Hitze*** bei geschlossenem Deckel je nach gewünschtem Gargrad grillen, nach etwa 8–10 Min. sind sie rosa/rot (medium rare). In dieser Zeit einmal wenden und gegebenenfalls umplatzieren, damit sie gleichmäßig garen. Die fertigen Steaks vom Grill nehmen und 3–5 Min. ruhen lassen. Den Blauschimmelkäse über die Steaks krümeln und in jedes einen vorbereiteten Zahnstocher stecken. Warm servieren.

R

Kalbskoteletts mit einer Zitronen-Salbei-Marinade

Zubereitungszeit: 15 Min.
Marinierzeit: 8–12 Std.
Grillzeit: 8–12 Min.

Für 4 Personen

Für die Marinade

1 EL fein abgeriebene Bio-Zitronenschale
4 EL frisch gepresster Zitronensaft
4 EL Olivenöl
3 EL fein gehackte frische Salbeiblätter
2 EL fein gehackte Schalotten
2 EL körniger Senf
1 EL fein gehackter Knoblauch
1 EL frisch zerstoßene schwarze Pfefferkörner

4 Kalbskoteletts, je 250–300 g und 2 ½–3 cm dick
1 TL grobes Meersalz
Bio-Zitronenscheiben
Frische Salbeiblätter (nach Belieben)

1. In einem großen, wiederverschließbaren Plastikbeutel die Zutaten für die Marinade vermengen und die Koteletts hineinlegen. Die Luft aus dem Beutel streichen und den Beutel fest verschließen. Mehrmals wenden, damit sich die Marinade gleichmäßig verteilt, anschließend den Beutel flach in eine Schale legen und für 8–12 Std. in den Kühlschrank stellen. In dieser Zeit den Beutel gelegentlich wenden.

2. Die Koteletts herausnehmen und die Marinade gründlich abtropfen lassen (sie wird nicht mehr gebraucht). Die Koteletts gleichmäßig salzen und vor dem Grillen 20–30 Min. bei Zimmertemperatur ruhen lassen.

3. Eine Zwei-Zonen-Glut für starke Hitze vorbereiten (siehe Seite 14–15).

4. Den Grillrost gründlich reinigen. Die Koteletts über ***direkter starker Hitze*** bei geschlossenem Deckel etwa 4–6 Min. scharf anbraten, dabei einmal wenden und gegebenenfalls umplatzieren, damit sie gleichmäßig garen. Anschließend die Koteletts bei ***indirekter starker Hitze*** und geschlossenem Deckel so lange weitergrillen, bis sie den gewünschten Gargrad erreicht haben, rosa/rot (medium rare) gebraten benötigen sie 4–6 Min., in dieser Zeit die Koteletts einmal wenden. In den letzten 2 Min. die Zitronenscheiben auf einer Seite über ***direkter starker Hitze*** grillen, bis sie leicht gebräunt sind und das Fruchtfleisch weich ist. Alles vom Grill nehmen und die Koteletts 3–5 Min. ruhen lassen. Mit den gegrillten Zitronenscheiben und nach Belieben mit frischen Salbeiblättern anrichten und warm servieren.

DER WEBER SPEZIAL TIPP

Mike McGrath

Im Jahr 2005 gewann Mike McGrath aus Woodbury, Minnesota, mit diesem Rezept den Grillwettbewerb »Backyard Barbecue« in Chicago. Seitdem haben ihn so viele Freunde und Verwandte um seine preisgekrönte Würzmischung gebeten, dass er sie mittlerweile in großen Mengen zubereitet und sie mit der simplen Anweisung verschenkt: noch Knoblauch hinzufügen.

Mikes Würzmischung ist großartig, aber seine Grilltechnik ist mindestens genauso wichtig für den Geschmack und die Zartheit seiner Steaks. Vor dem Grillen lässt er die Steaks 20–30 Min. Zimmertemperatur annehmen. Das verkürzt die Garzeit, was mit anderen Worten heißt, dass das Fleisch im Kern schneller den erwünschten Gargrad erreicht und deshalb außen nicht übergart wird. Außerdem verfügt Mike über die Reaktionsfähigkeit eines erfahrenen »Grill-Jockeys«: Er kümmert sich augenblicklich um jedes Steak, das in die Gefahr von hochschlagenden Flammen gerät, und korrigiert jede Ungleichmäßigkeit des Feuers, indem er die Steaks jeweils so umplatziert, dass sie alle der intensiven Hitze ausgesetzt sind, die sie brauchen.

LIVE FIRE WISDOM · WEBER'S CHARCOAL ·

Mikes Rib-Eye-Steaks mit preisgekrönter Würzmischung

Zubereitungszeit: 5 Min.
Grillzeit: 8–10 Min.

Für 6 Personen

Für die Würzmischung
4 TL grobes Meersalz
1 EL grob gemahlener schwarzer Pfeffer
1 TL getrockneter Oregano
1 TL getrockneter Thymian
1 TL Paprikapulver
1 TL fein gehackter Knoblauch

6 Rib-Eye-Steaks, je etwa 350 g und 2 ½–3 cm dick, überschüssiges Fett entfernt
Pflanzenöl

Salsa Verde oder Avocado-Salsa (nach Belieben)

1. Eine Zwei-Zonen-Glut für starke Hitze vorbereiten (siehe Seite 14–15). Verwenden Sie dabei ausreichend Holzkohle, sodass alle Steaks auf einmal über direkter Hitze gegrillt werden können.

2. In einer kleinen Schüssel die Zutaten für die Würzmischung vermengen. Die Steaks auf beiden Seiten leicht mit Öl bestreichen und rundum die Würzmischung einmassieren. Die Steaks vor dem Grillen 20–30 Min. bei Zimmertemperatur ruhen lassen.

3. Den Grillrost gründlich reinigen. Die Steaks über ***direkter starker Hitze*** bei geschlossenem Deckel grillen, bis sie den gewünschten Gargrad erreicht haben, insgesamt 8–10 Min. für rosa/rot (medium rare). In dieser Zeit die Steaks nach etwa 2 Min. um 90 Grad drehen und gegebenenfalls auf dem Rost umplatzieren, damit sie gleichmäßig garen, dann nach 4–5 Min. wenden und erneut nach etwa 2 Min. um 90 Grad drehen und gegebenenfalls umplatzieren. Sollten dabei Flammen hochschlagen, legen Sie die Steaks vorübergehend über ***indirekte starke Hitze.*** Vom Grill nehmen, locker mit Alufolie abdecken und 3–5 Min. ruhen lassen.

4. Servieren Sie die Steaks warm mit einer Salsa Ihrer Wahl. Gut dazu passt die Salsa Verde von Seite 69 oder auch die Avocado-Salsa von Seite 60.

Rib-Eye-Steaks in einer Kaffeekruste

Zubereitungszeit: 5 Min.
Grillzeit: 5–8 Min.

Für 4 Personen

Für die Würzmischung
1 EL fein gemahlene dunkel geröstete Kaffeebohnen
2 TL grobes Meersalz
1 TL brauner Zucker
½ TL frisch gemahlener schwarzer Pfeffer
¼ TL gemahlener Piment (nach Belieben)

4 Rib-Eye-Steaks, je 250–300 g und etwa 2½ cm dick, überschüssiges Fett entfernt
Olivenöl

1. In einer kleinen Schüssel die Zutaten für die Würzmischung vermengen.

2. Eine Zwei-Zonen-Glut für starke Hitze vorbereiten (siehe Seite 14–15).

3. Die Steaks auf beiden Seiten leicht mit Öl bestreichen und gleichmäßig mit der Würzmischung bestreuen. Die Steaks vor dem Grillen 20–30 Min. bei Zimmertemperatur ruhen lassen.

Grillen Sie auch den Fettrand der Steaks. Das intensiviert den Geschmack.

4. Den Grillrost gründlich reinigen. Die Steaks über ***direkter starker Hitze*** bei geschlossenem Deckel 4–5 Min. grillen, bis sie auf der Unterseite das typische Grillmuster zeigen, in dieser Zeit einmal wenden und gegebenenfalls umplatzieren, damit sie gleichmäßig garen. Anschließend die Steaks bei ***indirekter starker Hitze*** und geschlossenem Deckel so lange weitergrillen, bis sie den gewünschten Gargrad erreicht haben, 1–3 Min. für rosa/rot (medium rare), in dieser Zeit einmal wenden. Die Steaks vom Grill nehmen und 3–5 Min. ruhen lassen. Warm servieren.

R

Würzige Rib-Eye-Steak-Spieße mit Salsa Verde

Zubereitungszeit: 20 Min.
Grillzeit: 5–6 Min.

Für 4–6 Personen

Für die Würzmischung
2 TL grobes Meersalz
1 TL brauner Zucker
½ TL frisch gemahlener schwarzer Pfeffer
½ TL Knoblauchgranulat
½ TL Chilipulver (Gewürzmischung)

4 Rib-Eye-Steaks, je etwa 350 g und 2 ½–3 cm dick
Olivenöl

Für die Salsa Verde
1 große Handvoll frische Basilikumblätter, die zarten Stiele nicht entfernt
1 große Handvoll frische glatte Petersilienblätter, die zarten Stiele nicht entfernt
2 Sardellenfilets
1 mittelgroße Knoblauchzehe, geschält
6 EL Olivenöl, 1 EL Rotweinessig
1 TL fein gehackte Jalapeño-Chilischote ohne Samen
¼ TL grobes Meersalz
1 kräftige Prise frisch gemahlener schwarzer Pfeffer

12 Holzspieße, mind. 30 Min. gewässert

1. In einer großen Schüssel die Zutaten für die Würzmischung vermengen.

2. Die Steaks in 2 ½–3 cm große Würfel schneiden, dabei überschüssiges Fett entfernen. Die Fleischwürfel in die Schüssel geben und sorgfältig in der Würzmischung wenden. So viel Öl dazugeben, dass das Fleisch leicht davon bedeckt ist, und alles gut vermischen. Anschließend die Fleischwürfel mit ein wenig Abstand zueinander auf die Holzspieße stecken. Vor dem Grillen 20–30 Min. bei Zimmertemperatur ruhen lassen.

3. Eine Zwei-Zonen-Glut für starke Hitze vorbereiten (siehe Seite 14–15).

4. Für die Salsa in einer Küchenmaschine die Kräuter mit den Sardellen und dem Knoblauch fein hacken. Die restlichen Zutaten hinzufügen und die Küchenmaschine 1–2 Min. laufen lassen, bis sich alles gut miteinander verbunden hat. Anhaftende Reste am Schüsselrand immer wieder in die Mischung einarbeiten.

5. Den Grillrost gründlich reinigen. Die Spieße über ***direkter starker Hitze*** bei geschlossenem Deckel grillen, bis das Fleisch den gewünschten Gargrad erreicht hat, rechnen Sie 5–6 Min. für rosa/rot (medium rare), dabei einmal wenden und gegebenenfalls umplatzieren, damit es gleichmäßig gart. Die Spieße warm mit der Salsa Verde servieren.

R

Japanisches Rindfleisch »Yakiniku«

Zubereitungszeit: 25 Min.
Gefrierzeit: 2 Std.
Grillzeit: 5 Min.

Für 4–6 Personen

1 ausgelöster Rinderbraten aus der Hochrippe, etwa 1 ½ kg

Für die eingelegten Gurken
4 EL Reisweinessig
1 EL frisch gepresster Zitronensaft
1 EL Zucker
1 TL grobes Meersalz
2 längliche dünne Gurken (vorzugsweise japanische), je etwa 125–175 g

Für die Dip-Sauce
4 EL weißes Miso (Sojabohnenpaste)
4 EL Mirin (süßer japanischer Reiswein)
3 EL Sojasauce
1 EL frisch gepresster Zitronensaft
2 TL Zucker
¼ TL frisch gemahlener schwarzer Pfeffer

1 TL grobes Meersalz
½ TL frisch gemahlener schwarzer Pfeffer
250 g weißer Reis, gegart

1. Um das Fleisch in dünne Scheiben schneiden zu können, den Braten in Frischhaltefolie oder Papier wickeln und 2 Std. in das Gefrierfach legen.

2. Für die eingelegten Gurken den Essig mit dem Zitronensaft, dem Zucker und dem Salz in einer mittelgroßen Schüssel verrühren, bis sich Zucker und Salz aufgelöst haben. 4 EL Wasser hinzufügen. Die Gurken waschen, die Enden abschneiden und wegwerfen. Die Gurken in feine Streifen schneiden, je etwa 7 cm lang und 5 mm breit. Die Gurkenstreifen in die Essigmischung einlegen und 2 Std. bei Zimmertemperatur ziehen lassen, gelegentlich umrühren. Vor dem Servieren die Gurken abgießen.

3. In einer zweiten mittelgroßen Schüssel die Zutaten für die Dip-Sauce mit 4 EL Wasser vermischen und so lange mit dem Schneebesen verrühren, bis sich das Miso aufgelöst hat. Die Sauce in einzelnen Schälchen anrichten.

4. Das angefrorene Fleisch aus dem Gefrierfach nehmen und quer in etwa 5 mm breite Scheiben schneiden. Die Scheiben in einer Lage auf einem Backblech ausbreiten und vor dem Grillen 20–30 Min. bei Zimmertemperatur ruhen lassen.

5. Eine Zwei-Zonen-Glut für starke Hitze vorbereiten (siehe Seite 14–15).

6. Kurz vor dem Grillen das Fleisch gleichmäßig mit dem Salz und dem Pfeffer würzen. Den Grillrost gründlich reinigen. Das Fleisch in zwei Durchgängen über ***direkter starker Hitze*** bei geöffnetem Deckel jeweils etwa 2 ½ Min. grillen, bis es rosa/rot (medium rare) ist, dabei ein- bis zweimal wenden. Wenn das gesamte Fleisch gar ist, die Scheiben in 2 ½ cm breite Streifen schneiden und zusammen mit dem Reis, den Sie in einzelnen Schalen anrichten können, der Dip-Sauce und den Gurken auf einer großen Platte servieren.

Gegrillter Rippenbraten au Jus

Zubereitungszeit: 15 Min.
Ruhezeit: 1–1½ Std.
Grillzeit: 2½–3 Std.

Für 6–8 Personen

1 Rippenbraten mit 4 Knochen, etwa 3½ kg
3 große Knoblauchzehen
1 EL grobes Meersalz
1 TL frisch gemahlener schwarzer Pfeffer

2 große Handvoll Eichenholzchips, mind. 30 Min. gewässert

1. Den Braten auf seine Längsseite stellen und auslösen (siehe Abb. unten).

2. Die Fettauflage auf etwa 5 mm zurückschneiden. Den Knoblauch schälen und in dünne Scheiben schneiden. Das Fett überall mit kleinen Einschnitten versehen, dabei aber nicht ins Fleisch schneiden, und die Knoblauchscheiben hineinschieben. Den Braten gleichmäßig mit dem Salz und Pfeffer würzen. Zuletzt die Knochen mit Küchengarn zurück an den Braten binden (siehe Abb. unten) und das Fleisch vor dem Grillen 1–1½ Stunden bei Zimmertemperatur ruhen lassen.

3. Eine Zwei-Zonen-Glut für mittlere Hitze vorbereiten (siehe Seite 14–15). Eine große Tropfschale auf den freien Bereich des Holzkohlerosts stellen und zur Hälfte mit warmem Wasser füllen.

4. Den Grillrost gründlich reinigen. Den Braten über ***direkter mittlerer Hitze*** bei geschlossenem Deckel 8–10 Min. scharf anbraten, dabei immer wieder wenden, bis er auf beiden Seiten goldbraun ist. Wenn Flammen hochschlagen, grillen Sie das Fleisch vorübergehend über indirekter Hitze.

Den Braten über direkter Hitze scharf anbraten, anschließend bei indirekter Hitze fertig garen.

5. Wenn der Braten schön gebräunt ist, legen Sie ihn mit der Knochenseite nach unten über indirekte Hitze. Anschließend die Chips abtropfen lassen und auf die heiße Glut geben, bis sie zu rauchen beginnen. Den Deckel schließen und den Braten über ***indirekter niedriger Hitze*** weitergrillen, bis er nach 2½–3 Std. rosa/rot (medium rare) ist und eine Kerntemperatur von rund 52 °C hat. Das Fleisch in dieser Zeit ein- bis zweimal drehen. Um die niedrige Hitze zu halten, nach Bedarf alle 30–45 Min. 8–10 frische Briketts nachlegen. Das Fleisch sollte bei weitaus geringerer Hitze fertig garen als beim Anbraten. Beginnen Sie nach 2 Std. die Kerntemperatur mit einem Fleischthermometer zu prüfen.

6. Den Braten vom Grill nehmen, locker in Alufolie schlagen und 20–30 Min. ruhen lassen. Währenddessen steigt die Kerntemperatur um 3–5 Grad, und der Fleischsaft im Inneren verteilt sich gleichmäßig im ganzen Braten.

7. Den Braten behutsam aus der Folie heben, dabei den angesammelten Bratensaft in einer kleinen Schüssel auffangen. Küchengarn und Knochen entfernen. Den Braten quer in Scheiben schneiden, anrichten und mit dem Bratensaft beträufelt servieren.

Wenn Sie die Knochen vom Fleisch trennen und sie vor dem Grillen mit Küchengarn zurück an den Braten binden, nimmt das Fleisch trotzdem die herrlichen Aromen der Knochen auf, lässt sich jedoch leichter tranchieren. **1.** Den Braten mit den Rippenknochen nach oben auf die Längsseite stellen. **2.** Mit einem großen Messer möglichst dicht an den Knochen entlangschneiden. **3.** Das Fleisch vollständig von den Knochen abtrennen. **4.** Mit einem kleinen scharfen Messer die Fettauflage mit Einschnitten versehen. **5.** Dünne Knoblauchscheiben in die Einschnitte schieben. **6.** Die Knochen in ihre ursprüngliche Position bringen und mit Küchengarn am Fleisch festbinden.

Fajitas

Zubereitungszeit: 30 Min.
Marinierzeit: 1–2 Std.
Grillzeit: 15–25 Min.

Für 8–10 Personen

Für die Guacamole

4 reife Avocados, das Fruchtfleisch zerdrückt
2 EL fein gehacktes frisches Koriandergrün oder Basilikumblätter
1 ½ EL frisch gepresster Limettensaft
1 TL grobes Meersalz
¼ TL frisch gemahlener schwarzer Pfeffer

Für die Marinade

3 große Knoblauchzehen, geschält
1 Handvoll frisches Koriandergrün oder Basilikumblätter
4 EL frisch gepresster Orangensaft
3 EL Olivenöl
1 EL Limettensaft
2 TL reines Chilipulver
1 TL Senfpulver
1 TL getrockneter Oregano
1 TL grobes Meersalz
1 TL gemahlener Kreuzkümmel
½ TL gemahlene Koriandersamen

700 g Flank-Steak (aus dem Rinderlappen geschnitten), etwa 2 cm dick
700 g ausgelöste Hähnchenschenkel ohne Haut
2 mittelgroße rote Paprikaschoten, gewaschen und geputzt, in breite Streifen geschnitten
2 mittelgroße gelbe Paprikaschoten, gewaschen und geputzt, in breite Streifen geschnitten
2 mittelgroße rote Zwiebeln, geschält, in etwa 1 cm breite Ringe geschnitten
Olivenöl
10 Weizenmehltortillas, Ø je 20–25 cm
500 ml stückige rote Salsa-Sauce (Glas oder Dose)
Tabasco

1. In einer mittelgroßen Schüssel die Zutaten für die Guacamole gründlich mit einer Gabel vermischen. Bis zum Servieren mit Frischhaltefolie abdecken.

2. Für die Marinade den Knoblauch und die Kräuter in der Küchenmaschine fein hacken. Die restlichen Zutaten für die Marinade hinzufügen und alles zu einer glatten Mischung verarbeiten.

3. Das Rindfleisch und das Hähnchenfleisch getrennt in eine jeweils mittelgroße Schüssel legen und jeweils mit der Hälfte der Marinade übergießen. Beide Fleischsorten gründlich in der Marinade wenden, damit sie gleichmäßig mit ihr überzogen sind. Mit Frischhaltefolie abdecken und 1–2 Std im Kühlschrank marinieren.

4. Eine Zwei-Zonen-Glut für mittlere Hitze vorbereiten (siehe Seite 14–15).

5. Die Paprikastreifen und die Zwiebelringe auf beiden Seiten leicht mit Öl bestreichen. Den Grillrost gründlich reinigen. Die Gemüse über ***direkter mittlerer Hitze*** bei geschlossenem Deckel grillen, bis sie weich sind, dabei einmal wenden und gegebenenfalls umplatzieren, damit sie gleichmäßig garen. Rechnen Sie für die Paprikastreifen mit einer Garzeit von 5–8 Min., für die Zwiebelringe 8–10 Min. Vom Grill nehmen und die Paprikastreifen in 1 cm breite Streifen schneiden.

6. Das Rind- und Hähnchenfleisch aus der Marinade nehmen und abtropfen lassen (die Marinade wird nicht mehr gebraucht). Beide Fleischsorten gleichzeitig über ***direkter mittlerer Hitze*** bei geschlossenem Deckel 8–10 Min. grillen, bis das Rindfleisch rosa/rot (medium rare) und das Hähnchenfleisch schön gebräunt und durchgebraten ist. In dieser Zeit alle Fleischstücke einmal wenden und gegebenenfalls umplatzieren, damit sie gleichmäßig garen. Vom Grill nehmen und das Rindfleisch 2–3 Min. ruhen lassen. Jeweils einen Stapel von 5 Tortillas in Alufolie schlagen und die Päckchen gleichzeitig über ***direkter mittlerer Hitze*** 2–5 Min. grillen, bis die Tortillas durchgewärmt sind, dabei die Päckchen einmal wenden.

7. Das Rindfleisch längs halbieren und quer in etwa 5 mm dicke Scheiben schneiden. Das Hähnchenfleisch gleichfalls in etwa 5 mm dicke Scheiben schneiden. Die Tortillas, die Paprikastreifen, die Zwiebelringe, die Guacamole und die Salsa jeweils in einzelnen Schalen und Schüsseln, das Rind- und Hähnchenfleisch getrennt auf Servierplatten anrichten und warm servieren. Bei Tisch stellt sich jeder Gast seine eigene Fajita zusammen, indem er die verschiedenen Zutaten mittig auf eine Tortilla gibt und nach Geschmack mit Tabasco beträufelt.

Flank-Steak mit Bohnensalat

R

Zubereitungszeit: 25 Min.
Ruhezeit: 1–8 Std. (nach Belieben)
Grillzeit: 8–10 Min.

Für 4 Personen

Für die Würzmischung
1 TL reines Chilipulver
1 TL gemahlener Kreuzkümmel
1 TL getrockneter Oregano
1 TL grobes Meersalz
½ TL frisch gemahlener schwarzer Pfeffer
1 kräftige Prise gemahlener Zimt (nach Belieben)

Für den Salat
1 Dose schwarze Bohnen (280 g Abtropfgewicht), die Bohnen abgespült und abgetropft
250 g entkernte und in feine Würfel geschnittene Tomaten
1 mittelgroße gelbe Paprikaschote, gewaschen und geputzt, in sehr feine Würfel geschnitten
1 kleine rote Zwiebel, geschält, in sehr feine Würfel geschnitten
2 Frühlingszwiebeln, nur die weißen und hellgrünen Teile in feine Scheiben geschnitten
2 EL Olivenöl
1 EL frisch gepresster Limettensaft
1 TL fein gehackter Knoblauch

1 Flank-Steak (aus dem Rinderlappen geschnitten), 700–900 g und 2 cm dick
Olivenöl
Grobes Meersalz
Frisch gemahlener schwarzer Pfeffer

1. In einer kleinen Schüssel die Zutaten für die Würzmischung vermengen.

2. In einer mittelgroßen Schüssel die Zutaten für den Salat sowie ¾ TL der Würzmischung gut miteinander vermengen. Nach Belieben den Salat mind. 1 Std. bis hin zu 8 Std. bei Zimmertemperatur ziehen lassen, damit sich die Aromen verbinden.

3. Eine Zwei-Zonen-Glut für starke Hitze aus Mesquiteholzkohlestücken vorbereiten (siehe Seite 14–15).

4. Das Fleisch rundum leicht mit Öl bestreichen und gleichmäßig mit der restlichen Würzmischung bestreuen. Vor dem Grillen 20–30 Min. bei Zimmertemperatur ruhen lassen.

5. Den Grillrost gründlich reinigen. Das Fleisch über ***direkter starker Hitze*** bei geschlossenem Deckel grillen, bis es den gewünschten Gargrad erreicht hat, für rosa/rot (medium rare) braucht es 8–10 Min. In dieser Zeit einmal wenden und bei Bedarf umplatzieren, damit es gleichmäßig gart. Vom Grill nehmen und 3–5 Min. ruhen lassen. Den Salat nach Geschmack mit Salz und Pfeffer würzen.

6. Auf einem Tranchierbrett das Steak gegen die Faser in 5 mm dicke Scheiben schneiden. Je dünner die Scheiben sind, desto zarter ist das Fleisch. Die Steakscheiben anrichten und warm, zusammen mit dem auf dem Tranchierbrett angesammelten Fleischsaft und dem Bohnensalat, servieren.

R

Steak-Salat mit Estragon-Vinaigrette

Zubereitungszeit: 10 Min.

Für 4 Personen

500 g gegrilltes Steakfleisch (vorzugsweise Falsches Filet, Flank- oder Skirt-Steak)

Für die Vinaigrette
1 TL fein gehackter Knoblauch
1 TL fein geriebener frischer Ingwer
1 ½ TL Reisweinessig
½ TL grobes Meersalz
1 EL Dijon-Senf
1 EL gehackte frische Estragonblätter
125 ml Olivenöl

8 Handvoll gemischte Blattsalate (Romana, Rucola, Radicchio oder eine beliebige andere Kombination)
1 rote Zwiebel, geschält, in feine Halbringe geschnitten
8 Estragonzweige, die Blätter abgezupft
180 g Ziegenkäse, zerkrümelt

1. Das Steakfleisch etwa 30 Min. vor dem Servieren aus dem Kühlschrank nehmen. Überschüssiges Fett entfernen und das Fleisch quer zur Faser schräg in dünne Scheiben schneiden.

2. Für die Vinaigrette in einer mittelgroßen Schüssel Knoblauch, Ingwer, Essig und Salz vermengen und 5–10 Min. ruhen lassen. Anschließend mit einem kleinen Schneebesen den gehackten Estragon und den Senf unterrühren. Das Olivenöl mit dem Schneebesen unter ständigem Rühren nach und nach einarbeiten, bis sich alles zu einer Emulsion verbunden hat (siehe Abb. oben).

3. In einer großen Schüssel die Salatblätter mit 2–3 EL der Vinaigrette anmachen. Den Salat auf einzelnen Tellern anrichten und mit den Zwiebeln und den Estragonblätter garnieren. Die Steakscheiben auf die einzelnen Salatteller verteilen und ein wenig Vinaigrette über das Fleisch löffeln (vielleicht wird nicht die gesamte Vinaigrette gebraucht). Zuletzt den zerkrümelten Ziegenkäse darüberstreuen.

Pfefferige Steak-Tortillas mit Pico de Gallo

Zubereitungszeit: 15 Min.
Ruhezeit: 1 Std. (nach Belieben)
Grillzeit: 5–7 Min.

Für 4 Personen

Für die Pico-de-Gallo-Salsa
400 g entkernte, in feine Würfel geschnittene Tomaten
2 rote Zwiebeln, geschält, in feine Würfel geschnitten
3 EL fein gehacktes frisches Koriandergrün
2 EL frisch gepresster Limettensaft
1 TL fein gehackte Serrano-Chilischoten
¾ TL grobes Meersalz

Für die Würzmischung
1 ½ TL ganze schwarze Pfefferkörner
1 ½ TL Kreuzkümmelsamen
1 ½ TL grobes Meersalz
¾ TL reines Chilipulver
¾ TL Knoblauchgranulat

700 g Skirt-Steak (aus dem Bauchlappen geschnitten), etwa 1 cm dick, überschüssiges Fett entfernt
Olivenöl
12 Maismehl- oder Weizenmehltortillas, Ø je 15–20 cm

1. In einer mittelgroßen Schüssel die Zutaten für die Salsa gründlich vermischen. Die Salsa nach Belieben 1 Std. bei Zimmertemperatur ziehen lassen.

2. Für die Würzmischung Pfefferkörner und Kreuzkümmelsamen in einem Möser oder einer Gewürzmühle zerstoßen. In eine kleine Schüssel füllen und mit den restlichen Zutaten vermengen.

3. Eine Zwei-Zonen-Glut für starke Hitze aus Mesquiteholzkohlestücken vorbereiten (siehe Seite 14–15).

4. Das Fleisch in zwei bis drei Teile schneiden, damit es auf den Grill passt. Jedes Stück rundum leicht mit Öl bestreichen, anschließend gleichmäßig mit der Würzmischung bestreuen. Das Fleisch vor dem Grillen 20–30 Min. bei Zimmertemperatur ruhen lassen. Einen Stapel von je 6 Tortillas in Alufolie schlagen.

5. Den Grillrost gründlich reinigen. Die Steaks über ***direkter starker Hitze*** bei geschlossenem Deckel grillen, bis sie außen leicht gebräunt sind und den gewünschten Gargrad erreicht haben, rechnen Sie 5–7 Min. für rosa/rot (medium rare), dabei ein- bis zweimal wenden und für ein gleichmäßiges Garen gegebenenfalls umplatzieren. Zur gleichen Zeit die Tortillas in den Folienpäckchen über ***indirekter mittlerer Hitze*** 4–6 Min. durchwärmen, dabei die Päckchen einmal wenden. Steaks und Tortillas vom Grill nehmen und das Fleisch 3–5 Min. ruhen lassen (die Tortillas in der Folie warm halten). Die Steaks quer zur Faser in feine Scheiben schneiden, in die warmen Tortillas füllen und mit Salsa bedecken. Lassen Sie dabei den Saft der Salsa zurück in die Schüssel fließen, damit die Tortillas nicht durchweichen.
Sofort servieren.

Die mittlere Schärfe dieser Salsa namens Pico de Gallo stammt hauptsächlich von den Samen und Trennhäuten der Serrano-Chilis.

DER WEBER SPEZIAL TIPP

Jim Minion

Jim Minion ist Vorstandsmitglied der »Kansas City Barbeque Society«, eine maßgebliche Institution für viele der angesehensten Barbecue-Wettbewerbe in den USA. Er ist außerdem ein erfolgreicher Koch, was eine Vielzahl von Auszeichnungen belegt. Allerdings ist Jim wohl am bekanntesten für seine besondere Art im Umgang mit dem Weber® Smokey Mountain Cooker™, denn mit seiner »Minion-Methode« muss bei diesem Räuchergrill für sage und schreibe 20 Stunden keine Holzkohle nachgelegt werden: ein großer Vorteil für die Grillprofis von Barbecue-Wettbewerben, bei denen das Fleisch über Nacht zubereitet werden muss, damit es rechtzeitig fertig ist. Ihnen wird mit Jims Methode, die im folgenden Rezept detailliert beschrieben wird, immerhin ein wenig Schlaf geschenkt.

In vielen Rezepten können Sie lesen, dass eine Rinderbrust mit der Fettseite nach oben gegart werden sollte. Auf diese Weise, so heißt es, könne das Fett langsam schmelzen und in das Fleisch einziehen, was es erst saftig und schmackhaft machen würde. Jim ist da ganz anderer Meinung. Er behauptet, dass das Fett von oben unmöglich in das Fleisch eindringen kann und dass die angestrebte Saftigkeit bereits im Fleisch selbst steckt, genauer gesagt im Bindegewebe. Erreicht das Bindegewebe nämlich eine Kerntemperatur von 70 °C, schmilzt es und gibt seine Feuchtigkeit an das Fleisch ab. Daher ist es besser, meint Jim, eine Rinderbrust mit der Fettseite nach unten zu garen, um das Fleisch vor der aufsteigenden Hitze des Räuchergrills zu schützen.

LIVE FIRE WISDOM · WEBER'S CHARCOAL ·

Auf der Oberseite der Rinderbrust die weiche Fettauflage nicht wegschneiden. Auf der Unterseite das harte Fett am spitz zulaufenden Ende entfernen.

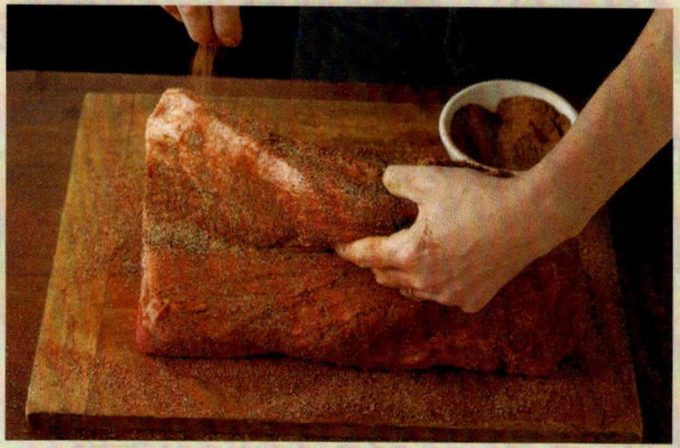

Die Würzmischung verleiht dem Fleisch nicht nur zusätzlichen Geschmack, sie verhilft auch zu einer duftenden Kruste.

Jims geräucherte Rinderbrust

Zubereitungszeit: 20 Min.
Grillzeit: 10–15 Std.
Ruhezeit: 2–4 Std.

Für 8–10 Personen

1 ausgelöste Rinderbrust am Stück, 3 ½–4 ½ kg

Für die Würzmischung
2 EL Zucker
2 EL frisch gemahlener schwarzer Pfeffer
2 EL edelsüßes Paprikapulver
2 EL reines Chilipulver
2 TL Zwiebelsalz
2 TL Knoblauchsalz
2 TL Selleriesalz
2 TL Grillsalz

3 mittelgroße trockene Apfel-, Kirsch-, Eichen- oder Mesquiteholzstücke, nicht gewässert

1. Die Rinderbrust mit der weichen Fettauflage nach unten auf eine Arbeitsfläche legen. Das harte Fett am spitz zulaufenden Ende und die dünne Haut an der Unterseite entfernen (siehe Seite 220).

2. In einer mittelgroßen Schüssel die Zutaten für die Würzmischung vermengen. Das Fleisch gleichmäßig damit bestreuen, in Frischhaltefolie wickeln und bis zum Grillen in den Kühlschrank legen.

3. Einen Anzündkamin mit frischen Briketts bis zum Rand füllen und die Briketts auf den Rost der Brennkammer eines **Weber® Smokey Mountain Cooker™** geben. Anschließend 15–20 Briketts im Anzündkamin anzünden. Sobald sich Flammen gebildet haben, die Briketts vorsichtig auf die nicht angezündete Holzkohle in der Brennkammer geben. Die ungewässerten Holzstücke darauflegen und die unteren Lüftungsschieber vollständig öffnen.

4. Den Mittelteil des Räuchergrills aufsetzen, den Wasserbehälter mit Wasser füllen, dann beide Grillroste auflegen. Den oberen Grillrost gründlich reinigen. Die Rinderbrust direkt aus dem Kühlschrank mit der Fettseite nach unten auf den oberen Grillrost legen. Den Deckel mit vollständig geöffneten Lüftungsschiebern aufsetzen, anschließend ein Thermometer in einen der Schieber stecken; Sie können damit die Temperatur im Inneren des Grills kontrollieren. Jetzt die unteren Lüftungsschieber etwa zur Hälfte schließen. Die Temperatur im Räuchergrill wird zunächst abnehmen, dann aber wieder steigen; wenn sie rund 120 °C erreicht hat, die unteren Schieber zu Dreivierteln schließen.

5. Man rechnet für die Garzeit einer Rinderbrust etwa 1 ¼–1 ½ Std. pro 450 g, in diesem Fall also zwischen 10–15 Std. Die Kerntemperatur des Fleisches ist jedoch der beste Indikator für den erwünschten Gargrad, der hier bei 88 °C an der dicksten Stelle des Brustfleisches erreicht ist. Regulieren Sie von Zeit zu Zeit die Temperatur mit Hilfe der unteren Lüftungsschieber, sie sollte konstant zwischen 105 °C und 120 °C liegen, und füllen Sie nach Bedarf in der zweiten Hälfte der Zeit warmes Wasser nach.

6. Die fertige Rinderbrust vom Grill nehmen und fest in eine doppelte Lage extra starke Alufolie schlagen. Für 2–4 Std. abgedeckt in einem trockenen Kühlbehälter ruhen lassen. In dieser Zeit gart das Fleisch weiter und wird dabei noch zarter, bleibt aber heiß.

7. Die Rinderbrust behutsam aus der Folie nehmen und den angesammelten Bratensaft in einer Schüssel auffangen. Setzen Sie ein langes Tranchiermesser zwischen oberen und unteren Teil der Brust an und trennen Sie die beiden Muskeln voneinander. Von beiden Stücken überschüssiges Fett entfernen und das Fleisch des unteren Teils quer zur Faser in Scheiben schneiden. Den oberen Teil in kleine Stücke schneiden. Die Rinderbrust warm mit dem aufgefangenen Bratensaft servieren.

R

Burger mit Steinpilzen, Tomaten und Pesto-Mayonnaise

Zubereitungszeit: 15 Min.
Einweichzeit: 30 Min.
Grillzeit: 8–10 Min.

Für 4 Personen

15 g getrocknete Steinpilze, in kleine Stücke zerpflückt
650 g Hackfleisch vom Rind (Fettanteil 20 %)
2 TL fein gehackter Knoblauch
1 TL grobes Meersalz
½ TL frisch gemahlener schwarzer Pfeffer
½ TL Balsamico-Essig
5 EL Mayonnaise
2 EL Basilikum-Pesto (aus dem Glas)
4 Burger-Brötchen
1 Handvoll gekrauste Salatblätter
1 reife Tomate, in 5 mm dicke Scheiben geschnitten

1. Auf dem Herd in einem kleinen Topf 500 ml Wasser zum Kochen bringen. Die Pilzstücke hineingeben, kurz umrühren, den Topf vom Herd nehmen und die Pilze etwa 30 Min. darin weich werden lassen. Die Pilze abgießen und behutsam ausdrücken, anschließend fein hacken und dabei harte Stiele entfernen.

2. In einer mittelgroßen Schüssel Hackfleisch, Pilze, Knoblauch, Salz, Pfeffer und Essig gründlich vermischen. Aus der Farce 4 gleich große, etwa 2 cm dicke Burger formen und in der Mitte jeweils eine Vertiefung drücken (siehe Abb. Seite 85); auf diese Weise garen die Burger gleichmäßig und wölben sich nicht während des Grillens.

Getrocknete Steinpilze werden nach 30 Min. in heißem Wasser weich und schmackhaft.

3. In einer kleinen Schüssel die Mayonnaise mit dem Pesto vermischen.

4. Eine Zwei-Zonen-Glut für starke Hitze vorbereiten (siehe Seite 14–15).

5. Den Grillrost gründlich reinigen. Die Burger über ***direkter starker Hitze*** bei geschlossenem Deckel 8–10 Min. grillen, bis sie halb durch (medium) sind, dabei einmal wenden, sobald sie sich vom Rost lösen lassen, und für ein gleichmäßiges Garen gegebenenfalls umplatzieren. Zum Warmhalten die Burger über indirekte Hitze legen. Bei geöffnetem Deckel die Burger-Brötchen mit der Schnittfläche nach unten über direkter Hitze etwa 20–30 Sek. goldbraun rösten.

6. Die untere Hälfte der Brötchen jeweils mit etwas Pesto-Mayonnaise bestreichen, dann mit ein paar Salatblättern, anschließend mit Tomatenscheiben belegen und jeweils 1 Burger darauflegen. Die restliche Pesto-Mayonnaise auf den Burgern verstreichen und zuletzt die oberen Brötchenhälften daraufsetzen. Warm servieren.

Chili-Cheeseburger mit Avocado

Zubereitungszeit: 15 Min.
Grillzeit: 10–12 Min.

Für 4 Personen

- 900 g Hackfleisch vom Rind (Fettanteil 20 %)
- 1 mittelgroße rote Zwiebel, grob gerieben
- 3 EL fein gehackte frische glatte Petersilie oder Koriandergrün
- 2 EL fein gehackte Jalapeño-Chilischoten, mit Samen
- 1 ½ TL grobes Meersalz
- ½ TL Knoblauchpulver
- ¼ TL frisch gemahlener schwarzer Pfeffer
- 1 reife Avocado
- 4 dünne Scheiben milder Cheddar (vorzugsweise kalifornischer Pepper Jack)
- 4 Burger-Brötchen
- 4 Salatblätter (nach Belieben)

1. In einer Schüssel Hackfleisch, Zwiebel, Kräuter, Chilis, Salz, Knoblauchpulver und Pfeffer gründlich vermischen. Aus der Farce 4 gleich große, etwa 2 ½ cm dicke Burger formen und in der Mitte jeweils eine Vertiefung drücken (siehe Abb.); auf diese Weise garen die Burger gleichmäßig und wölben sich während des Grillens nicht.

2. Die Avocado längs halbieren, den Stein entfernen und die Avocado schälen. Das Fruchtfleisch längs in etwa 5 mm breite Spalten schneiden.

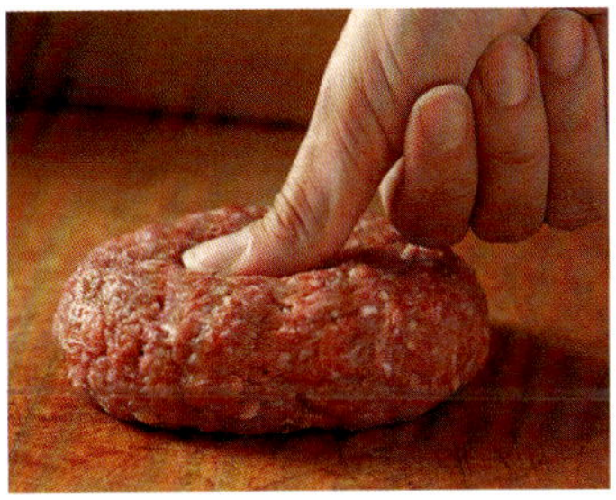

Drücken Sie jeweils eine Vertiefung in die rohen Burger, damit sie sich beim Grillen nicht wölben.

3. Eine Zwei-Zonen-Glut für starke Hitze vorbereiten (siehe Seite 14–15).

4. Den Grillrost gründlich reinigen. Die Burger über ***direkter starker Hitze*** bei geschlossenem Deckel 10–12 Min. grillen, bis sie halb durch (medium) sind, dabei einmal wenden, sobald sie sich vom Rost lösen lassen, und für ein gleichmäßiges Garen gegebenenfalls umplatzieren. Während der letzten Grillminute auf jedem Burger 1 Scheibe Käse zum Schmelzen bringen und die Brötchen mit der Schnittfläche nach unten über direkter Hitze 20–30 Sek. goldbraun rösten. Die Cheeseburger mit den Avocadospalten und nach Belieben mit Salatblättern belegen und warm in den Brötchen servieren.

Geriebene Zwiebel enthält viel Feuchtigkeit und macht die Burger besonders saftig.

Klassische Cheeseburger mit Barbecue-Gewürzen

Zubereitungszeit: 10 Min.
Grillzeit: 8–10 Min.

Für 4 Personen

650 g Hackfleisch vom Rind (Fettanteil 20 %)

Für die Würzmischung
1 TL grobes Meersalz
½ TL reines Chilipulver
½ TL brauner Zucker
½ TL Knoblauchpulver
½ TL Paprikapulver
¼ TL Selleriesamen (Gewürz)
¼ TL gemahlener Kreuzkümmel
1 kräftige Prise frisch gemahlener schwarzer Pfeffer

4 dünne Scheiben milder Cheddar (vorzugsweise kalifornischer Monterey Jack)
4 Burger-Brötchen
Ketchup (nach Belieben)
Senf (nach Belieben)

1. In einer Schüssel das Hackfleisch mit den Zutaten der Würzmischung vermengen, sodass die Gewürze gleichmäßig im Fleisch verteilt sind. Daraus 4 gleich große, 2 cm dicke Burger formen und in der Mitte jeweils eine Vertiefung drücken (siehe Abb. Seite 85); auf diese Weise wölben sich die Burger während des Grillens nicht.

2. Eine Zwei-Zonen-Glut für starke Hitze vorbereiten (siehe Seite 14–15).

3. Den Grillrost gründlich reinigen. Die Burger über ***direkter starker Hitze*** bei geschlossenem Deckel 8–10 Min.grillen, bis sie halb durch (medium) sind, dabei einmal wenden, sobald sie sich vom Rost lösen lassen, und bei Bedarf umplatzieren. Die Burger über indirekte Hitze legen und auf jedem 1 Scheibe Käse schmelzen lassen. Bei geöffnetem Deckel die Brötchen mit der Schnittfläche nach unten über direkter Hitze 20–30 Sek. rösten, bis sie goldbraun sind. Die Cheeseburger jeweils auf eine untere Brötchenhälfte legen, nach Belieben mit Ketchup und Senf bestreichen und die obere Brötchenhälfte daraufsetzen. Warm servieren.

Hot Dogs mit Mayonnaise-Krautsalat

Zubereitungszeit: 10 Min.
Ruhezeit: 1–24 Std. (nach Belieben)
Grillzeit: 5–6 Min.

Für 8 Personen

Für den Krautsalat
¼ kleiner Weißkohl
5 EL Mayonnaise
2 EL Sweet Pickle Relish (gut sortierter Supermarkt)
1 EL Cidre-Essig
½ TL Selleriesamen (Gewürz)
¼ TL grobes Meersalz
¼ TL frisch gemahlener schwarzer Pfeffer

8 Hot-Dog-Würstchen vom Rind
8 Hot-Dog-Brötchen
Ketchup (nach Belieben)
Senf (nach Belieben)

1. Von dem Weißkohl den Strunk herausschneiden und wegwerfen. Den Kohl mit einem Messer oder Gemüsehobel in feine Streifen schneiden und die Streifen auf eine Länge von 1 cm kürzen. In eine mittelgroße Schüssel füllen. In einer kleinen Schüssel Mayonnaise, Relish, Essig, Selleriesamen, Salz und Pfeffer gut vermengen, anschließend unter den Kohl mischen. Abdecken und bis zum Servieren in den Kühlschrank stellen. Besser entfalten sich die Aromen, wenn Sie den Krautsalat mind. 1 Std. bis hin zu 24 Std. im Kühlschrank ziehen lassen.

2. Eine Zwei-Zonen-Glut für mittlere Hitze vorbereiten (siehe Seite 14–15).

3. Den Grillrost gründlich reinigen. Die Würstchen über ***direkter mittlerer Hitze*** bei geöffnetem Deckel 5–6 Min. grillen, bis sie gebräunt sind, dabei einmal wenden und gegebenenfalls umplatzieren, damit sie gleichmäßig garen. Während der letzen 30 Sek. die Brötchen mit der Schnittfläche nach unten über direkter Hitze rösten. 1 gegrilltes Würstchen in jedes Brötchen legen, darauf jeweils ein wenig Krautsalat geben und nach Belieben Ketchup und Senf hinzufügen. Die Hot Dogs warm servieren.

KLASSISCHE CHEESEBURGER MIT BARBECUE-GEWÜRZEN

HOT DOGS MIT MAYONNAISE-KRAUTSALAT

Rinderbraten mit Avocado-Sauce

Zubereitungszeit: 20 Min.
Grillzeit: 30–45 Min.

Für 4–6 Personen

Für die Würzpaste
1 EL körniger Senf
1 EL Olivenöl
1 EL frisch gemahlener schwarzer Pfeffer
2 TL Worcestersauce
1 TL grobes Meersalz

1 Rinderbraten (Bürgermeister-/Pastorenstück), 1–1 ¼ kg und etwa 3 cm dick, überschüssiges Fett entfernt

Für die Sauce
1 reife Avocado, halbiert, Stein entfernt
1 Stück Salatgurke, etwa 10 cm lang, Kerne entfernt
4 EL Sauerrahm (20 %)
Saft von 1 Limette
1 kleine Knoblauchzehe, geschält
½ TL Worcestersauce
½ TL Tabasco
½ TL grobes Meersalz
¼ TL frisch gemahlener schwarzer Pfeffer

1. In einer mittelgroßen Schüssel die Zutaten für die Paste glatt rühren. Das Fleisch gleichmäßig damit bestreichen und vor dem Grillen 20–30 Min. bei Zimmertemperatur ruhen lassen.

2. Das Fruchtfleisch der Avocado aus der Schale löffeln und in der Küchenmaschine mit den restlichen Zutaten für die Sauce zu einer glatten, dicklichen Mischung verarbeiten.

3. Eine Zwei-Zonen-Glut für mittlere Hitze vorbereiten (siehe Seite 14–15).

4. Den Grillrost gründlich reinigen. Den Braten bei ***direkter mittlerer Hitze*** und geschlossenem Deckel 10–15 Min. grillen, dabei gelegentlich wenden und drehen, bis er auf beiden Seiten schön gebräunt ist. Anschließend über ***indirekte mittlere Hitze*** legen und bis zum gewünschten Gargrad weitergrillen, 20–30 Min. für rosa/rot (medium rare). Vom Grill nehmen und 10 Min. ruhen lassen. Den Braten quer zur Faser in sehr dünne Scheiben schneiden und warm mit der Avocado-Sauce servieren.

Im Holzrauch gegrillte Lammkarrees mit Anis-Knoblauch-Paste

Zubereitungszeit: 10 Min.
Grillzeit: 15–20 Min.

Für 4 Personen

Für die Würzpaste
3 EL Olivenöl
2 EL gemahlene Anissamen
1 EL fein gehackter Knoblauch
1 EL Anislikör
2 TL grobes Meersalz
2 TL frisch gemahlener schwarzer Pfeffer

2 Lammkarrees, je 450–650 g, die Rippenknochen sauber abgeschabt

1 große Handvoll Hickory- oder Eichenholzchips, mind. 30 Min. gewässert

1. In einer kleinen Schüssel die Zutaten für die Würzpaste vermischen.

2. In die Fettauflage der Lammkarrees jeweils 3–4 Einschnitte von 1 cm Tiefe schneiden. Das Fleisch (nicht die Knochen) rundum mit der Würzpaste bestreichen, dabei auch Paste in die Einschnitte reiben. Die Rippenknochen mit Alufolie umwickeln, damit sie beim Grillen nicht verbrennen. Die Lammkarrees 30 Min. bei Zimmertemperatur ruhen lassen.

3. Eine Zwei-Zonen-Glut für mittlere Hitze vorbereiten (siehe Seite 14–15).

4. Die Chips abtropfen lassen und auf die Glut legen. Den Grillrost gründlich reinigen. Wenn die Chips zu rauchen beginnen, die Karrees zuerst mit der Fettseite nach unten über ***direkter mittlerer Hitze*** bei geschlossenem Deckel etwa 5 Min. scharf anbraten, dabei einmal wenden, bis sie rundum schön gebräunt sind. Für ein gleichmäßiges Garen die Karrees in dieser Zeit gegebenenfalls auch umplatzieren. Wenn Flammen hochschlagen, die Karrees vorübergehend über indirekte Hitze legen, bis die Flammenbildung abgeklungen ist.

5. Die rundum gebräunten Karrees legen Sie anschließend mit der Knochenseite nach unten über ***indirekte mittlere Hitze*** und grillen sie dort bei geschlossenem Deckel weiter, bis der gewünschte Gargrad erreicht ist, etwa 10–15 Min. für rosa/rot (medium rare). In dieser Zeit die Karrees gelegentlich drehen, damit sie gleichmäßig garen.

6. Die Karrees vom Grill nehmen, locker mit Alufolie abdecken und 5 Min. ruhen lassen. Anschließend die Alufolie entfernen, die Karrees zwischen den Knochen in Koteletts schneiden und warm servieren.

R

Steaks aus der Lammkeule mit gerösteten Fenchelsamen

Zubereitungszeit: 20 Min.
Grillzeit: 8–10 Min.

Für 4 Personen

Für die Würzmischung
1 ½ TL Fenchelsamen
2 TL fein gehacktes frisches Fenchelgrün
2 TL grobes Meersalz
1 TL fein gehackter Knoblauch
½ TL frisch gemahlener schwarzer Pfeffer

150 g grüne spanische Oliven, entsteint, gehackt
½ kleine rote Paprikaschote, geröstet, in feine Würfel geschnitten
100 g Fenchelknolle, in feine Würfel geschnitten
3 ½ EL Olivenöl
3 TL Rotweinessig
Grobes Meersalz
Frisch gemahlener schwarzer Pfeffer
2 Steaks aus der Lammkeule, je etwa 450 g und 2 ½ cm dick
1 Bio-Zitrone, in 1 cm dicke Scheiben geschnitten, Kerne entfernt
2 EL fein gehackte frische glatte Petersilie

1. Für die Würzmischung in einer kleinen Pfanne auf dem Herd die Fenchelsamen ohne Fett bei mittlerer Hitze 2–4 Min. rösten, bis sie aromatisch duften, dabei die Pfanne gelegentlich rütteln und schwenken, damit die Samen nicht anbrennen. Die gerösteten Samen abkühlen lassen, anschließend in einer Gewürzmühle oder sauberen Kaffeemühle fein mahlen. ½ TL der gemahlenen Fenchelsamen für die Olivenmischung beiseitestellen. In einer kleinen Schüssel die restlichen gemahlenen Fenchelsamen mit den übrigen Zutaten vermengen.

2. In einer mittelgroßen Schüssel die Oliven mit der Paprikaschote, der Fenchelknolle, 2 EL Olivenöl, 2 TL Essig und den zurückbehaltenen gemahlenen Fenchelsamen vermischen. Mit Salz und Pfeffer abschmecken.

3. Eine Zwei-Zonen-Glut für starke Hitze vorbereiten (siehe Seite 14–15).

4. Die Steaks auf beiden Seiten zuerst mit dem restlichen Essig, dann mit 1 EL des Olivenöls einreiben und zuletzt gleichmäßig mit der Würzmischung bestreuen. Die Zitronenscheiben mit dem restlichen ½ EL Olivenöl bestreichen.

5. Den Grillrost gründlich reinigen. Die Lammsteaks über ***direkter starker Hitze*** bei geschlossenem Deckel grillen, bis sie den gewünschten Gargrad erreicht haben, sie benötigen 8–10 Min. für rosa/rot (medium rare), dabei einmal wenden und für ein gleichmäßiges Garen gegebenenfalls umplatzieren. Während der letzen 2 Min. eine Seite der Zitronenscheiben über ***direkter starker Hitze*** grillen, bis sie leicht gebräunt und das Fruchtfleisch weich ist. Lammsteaks und Zitronenscheiben vom Grill nehmen und die Steaks 3–5 Min. ruhen lassen. Die Steaks tranchieren, die Petersilie mit der Olivenmischung vermengen und über die Steaks löffeln. Mit den gegrillten Zitronenscheiben garnieren und warm servieren.

Das fedrige Grün, die blassgrüne Knolle und die zarten Stängel des Fenchels sind essbar, der harte dreieckige Strunk sollte jedoch entfernt werden.

R

Lammkoteletts mit Senfglasur und gerösteten Pinienkernen

Zubereitungszeit: 20 Min.
Grillzeit: 8–10 Min.

Für 4 Personen

Für die Glasur
4 EL Dijon-Senf
4 EL Olivenöl
4 EL geriebener Parmesan
½ TL grobes Meersalz
¼ TL frisch gemahlener schwarzer Pfeffer

4 Lendenkoteletts vom Lamm, je etwa 125 g und 3 ½ cm dick, überschüssiges Fett entfernt
50 g Pinienkerne
2 EL fein gehackte frische glatte Petersilie
2 EL geriebener Parmesan

1. In einer mittelgroßen Schüssel die Zutaten für die Glasur verrühren.

2. Die Lammkoteletts auf beiden Seiten mit der Glasur bestreichen. Vor dem Grillen 20–30 Min. bei Zimmertemperatur ruhen lassen.

3. In einer mittelgroßen Pfanne die Pinienkerne auf dem Herd bei mittlerer Hitze in 5–7 Min. ohne Fett goldbraun rösten, dabei gelegentlich umrühren. Die Kerne auf ein Schneidbrett häufen und grob hacken. In eine kleine Schüssel füllen und mit der Petersilie und dem Käse vermischen.

4. Eine Zwei-Zonen-Glut für mittlere Hitze vorbereiten (siehe Seite 14–15).

5. Den Grillrost gründlich reinigen. Die Koteletts über ***direkter mittlerer Hitze*** bei geschlossenem Deckel grillen, bis sie schön gebräunt sind und den gewünschten Gargrad erreicht haben, rechnen Sie 8–10 Min. für rosa/rot (medium rare). In dieser Zeit ein- bis zweimal wenden und gegebenenfalls umplatzieren, damit sie gleichmäßig garen. Sollten Flammen hochschlagen, die Koteletts vorübergehend über indirekte Hitze legen. Die fertigen Koteletts auf Tellern anrichten, mit der Pinienkernmischung bestreuen und warm servieren.

Lammkeule mit Minze und Kreuzkümmel

Zubereitungszeit: 20 Min.
Marinierzeit: 1–2 Std.
Grillzeit: 30–45 Min.

Für 6 Personen

Für die Würzpaste
2 TL Kreuzkümmelsamen
1 TL schwarze Pfefferkörner
3 große Knoblauchzehen, geschält
1 TL grobes Meersalz
1 TL getrockneter Oregano
½ TL zerstoßene rote Chiliflocken
2 EL Olivenöl
1 EL frisch gepresster Zitronensaft

1 ausgelöste Lammkeule, etwa 1 ¼ kg
1 große Handvoll frische Minzeblätter

Für die Sauce
250 g Sauerrahm (20 %)
4 EL Dijon-Senf
1 EL fein gehackte frische Minzeblätter
½ TL grobes Meersalz

1. Für die Würzpaste die Kreuzkümmelsamen und Pfefferkörner in einem Mörser zerstoßen. Knoblauch, Salz, Oregano und Chiliflocken dazugeben und alles fein zerstoßen. Öl und Zitronensaft hinzufügen und die Mischung zu einer Paste verarbeiten.

2. Die Lammkeule auf beiden Seiten behutsam von überschüssigem Fett und Sehnen befreien. Die Keule mit der Fleischseite nach oben auf eine saubere Arbeitsfläche legen. Wichtig ist, dass das Fleisch überall eine gleichmäßige Dicke von 2 ½–3 cm hat; sehr dicke Teile müssen deshalb gegebenenfalls abgeschnitten und separat gegrillt werden, dickere Fleischpartien schneiden Sie diagonal ein und klappen sie schmetterlingsartig auf (siehe Seite 223). Die Hälfte der Würzpaste auf die Innenseite der Keule streichen, die andere Hälfte auf die Außenseite. Die Minzeblätter mittig

Knoblauch und Meersalz lassen sich am besten mit dem Stößel im Mörser zerreiben.

auf der Innenseite verteilen. Das Lammfleisch mit der Hautseite nach außen eng aufrollen und im Abstand von 3 ½ cm mit Küchengarn wie einen Rollbraten in Form binden. Die losen Fadenenden abschneiden. Mit Frischhaltefolie abdecken und 1–2 Std. im Kühlschrank marinieren.

3. Eine Zwei-Zonen-Glut für mittlere Hitze vorbereiten (siehe Seite 14–15).

4. Für die Sauce die Zutaten in einer kleinen Schüssel glatt rühren. Die Sauce und das Lammfleisch vor dem Grillen 20–30 Min. bei Zimmertemperatur ruhen lassen.

5. Den Grillrost gründlich reinigen. Das Lammfleisch zunächst mit der Fettseite nach unten über ***direkter mittlerer Hitze*** bei geschlossenem Deckel 10–15 Min. grillen, dabei ein- bis zweimal wenden, bis es auf allen Seiten goldbraun ist. Für ein gleichmäßiges Garen das Fleisch gelegentlich drehen. Anschließend über ***indirekter mittlerer Hitze*** weitergrillen, bis es den gewünschten Gargrad erreicht hat, für rosa/rot (medium rare) braucht es 20–30 Min. Das Fleisch in dieser Zeit gelegentlich drehen, damit es gleichmäßig gart. Vom Grill nehmen und etwa 10 Min. ruhen lassen. Das Küchengarn entfernen. Das Lammfleisch quer in 1 cm dicke Scheiben schneiden und warm oder raumtemperiert zusammen mit der Sauce servieren.

Kebabs vom Lamm mit Tomaten-Tsatsiki

Zubereitungszeit: 25 Min.
Kühlzeit: 1 Std.
Grillzeit: 5–7 Min.

Für 4 Personen

Für die Kebabs
650 g Hackfleisch vom Lamm
4 EL fein gehackte Frühlingszwiebeln
2 TL Rotweinessig
1 TL fein gehackter Knoblauch
¾ TL grobes Meersalz
½ TL frisch gemahlener schwarzer Pfeffer
¼ TL gemahlener Kreuzkümmel
1 kräftige Prise gemahlener Zimt (nach Belieben)

Für das Tsatsiki
250 g Sahnejoghurt (vorzugsweise griechischer)
100 g reife Tomaten, fein gehackt
4 EL geraspelte Möhren
2 EL fein gehackte frische glatte Petersilie
2 TL Olivenöl
½ TL fein gehackter Knoblauch
¼ TL grobes Meersalz
1 kräftige Prise frisch gemahlener schwarzer Pfeffer

Olivenöl

16 Holzspieße, mind. 30 Min. gewässert

1. In einer mittelgroßen Schüssel die Zutaten für die Kebabs gut vermischen. Aus der Farce 16 kleine Rollen formen, etwa 7 ½ cm lang und 2 ½ cm dick. Abdecken und mindestens 1 Std. in den Kühlschrank stellen.

2. Für das Tsatsiki den Joghurt in einer kleinen Schüssel cremig rühren und die restlichen Zutaten untermischen. Abdecken und bis zum Servieren in den Kühlschrank stellen.

3. Die Lammfleischröllchen aus dem Kühlschrank nehmen. 2 Röllchen an ihren Längsseiten nebeneinanderlegen und auf einer Seite im Abstand von etwa 2 ½ cm vom Rollenende entfernt einen Holzspieß durchstechen. Im gleichen Abstand einen zweiten Spieß parallel auf der anderen Seite durchstechen. Die restlichen Fleischröllchen genauso auf doppelte Spieße stecken. Die Röllchen auf allen Seiten leicht mit Öl bestreichen.

4. Eine Zwei-Zonen-Glut für starke Hitze vorbereiten (siehe Seite 14–15).

5. Den Grillrost gründlich reinigen. Die Kebabs über ***direkter starker Hitze*** bei geschlossenem Deckel 5–7 Min. grillen, dabei zwei- bis dreimal wenden und für ein gleichmäßiges Garen bei Bedarf umplatzieren, bis sie auf allen Seiten schön gebräunt, im Kern aber noch leicht rosa und saftig sind. Wenn Flammen hochschlagen, die Kebabs über indirekter Hitze fertig garen. Warm mit dem Tomaten-Tsatsiki servieren. Dazu schmeckt Couscous.

SCHWEIN

102 Boerewors
102 Mit Pflaumen gefüllte Grillwürste
104 Bratwürste mit pikantem Paprika-Zwiebel-Gemüse
106 Curry-Wurst-Spieße
106 Würstchen im Schlafrock
108 Baby Back Ribs – Kotelettrippchen vom Schwein
110 Klassische Baby Back Ribs
Nr. 3 112 Holzkohle-Fan: Amy Anderson
112 Ribs vom Ranch House BBQ
114 Über Kirschholz geräucherte vietnamesische Spareribs
Nr. 4 116 Holzkohle-Fan: Dave Biondi
116 Daves Spareribs im neuen Memphis-Stil
118 Schweinefilets auf Cajun-Art mit Bohnensalat
120 Schweinefilet texanisch
121 Schweinenackensteaks mit Kürbiskernen
122 Schweinekoteletts mit Balsamico-Paste
123 Schweinekoteletts mit Gorgonzola
124 Filetkoteletts mit Whisky-Barbecue-Sauce
126 In Orangensaft und Ingwer marinierte Stielkoteletts
127 Eingelegte Schweinesteaks mit süßem Papaya-Relish
128 Mango-Schweinefleisch-Spieße
128 Gegrillte Schinken-Käse-Panini
130 Schinkensteaks mit Honig-Senf-Glasur und Bohnen-Salsa
131 Grillschinken mit Orangen-Glasur
132 Gegrilltes Spanferkel

Boerewors

Zubereitungszeit: 20 Min.
Grillzeit: 8–10 Min.

Für 4 Personen

500 g Schweinefleisch
500 g Rindfleisch
200 g Frühstücksspeck
1 Knoblauchzehe
2 EL Worcestersauce
3 EL Weißweinessig
1 TL gemahlene Koriandersamen
½ TL Cayennepfeffer
1 EL gehackte frische Thymianblättchen
1 Prise geriebene Muskatnuss
1 TL Pfeffer
1 EL Salz

Naturdarm (die Würstchen sollen einen Durchmesser von 2 cm haben)

S

1. Das Schweinefleisch mit dem Rindfleisch und dem Speck durch die grobe Scheibe (4 mm) eines Fleischwolfs drehen. Die Knoblauchzehe schälen und fein hacken.

2. In einer großen Schüssel alle Zutaten mit der Fleischfarce gründlich vermengen und durchkneten und das Wurstbrät kräftig abschmecken.

3. Eine Zwei-Zonen-Glut für mittlere Hitze vorbereiten (siehe Seite 14–15).

4. Das Wurstbrät, zum Beispiel mit einem Spritzsack, in den Naturdarm füllen und einzelne Würste von 8 cm Länge abbinden. Die Würste mehrmals mit einer Nadel einstechen, damit sie beim Grillen nicht platzen.

5. Den Grillrost gründlich reinigen. Die Würste über ***direkter mittlerer Hitze*** bei geschlossenem Deckel etwa 8–10 Min. grillen, dabei einmal wenden und für ein gleichmäßiges Garen gegebenenfalls auf dem Rost umplatzieren, bis sie rundum gebräunt und durchgebraten sind. Warm servieren.

Mit Pflaumen gefüllte Grillwürste

Zubereitungszeit: 10 Min.
Grillzeit: 15–18 Min.

Für 4 Personen

4 große grobe Schweinsbratwürste (gebrüht)
16 getrocknete Pflaumen
Dijon-Senf
8 Scheiben Frühstücksspeck

Zahnstocher (nach Bedarf), mind. 30 Min. gewässert

1. Mit einem scharfen Messer die Würste der Länge nach vorsichtig bis kurz vor den Enden ein-, aber nicht durchschneiden, sodass die Pflaumen in den Einschnitten später mühelos Platz finden. Falls die Würste zu dünn sind, können Sie die Pflaumen auch längs halbieren.

2. Die Einschnitte innen großzügig mit Senf bestreichen, anschließend jeweils mit 4 Pflaumen füllen. Die Speckscheiben mit der flachen Messerklinge auf dem Schneidbrett etwas in die Länge ziehen, anschließend je 2 Speckscheiben leicht überlappend um die Grillwürste wickeln. Bei Bedarf mit gewässerten Zahnstochern fixieren.

3. Eine Zwei-Zonen-Glut für mittlere Hitze vorbereiten (siehe Seite 14–15).

4. Den Grillrost gründlich reinigen. Die Würste über ***direkter mittlerer Hitze*** bei geschlossenem Deckel 15–18 Min. grillen, dabei nach der Hälfte der Zeit einmal wenden und für ein gleichmäßigen Garen gegebenenfalls auf dem Rost umplatzieren, bis sie rundum schön gebräunt und durchgebraten sind. Warm servieren.

BOEREWORS

MIT PFLAUMEN GEFÜLLTE GRILLWÜRSTE

S

Bratwürste mit pikantem Paprika-Zwiebel-Gemüse

Zubereitungszeit: 10 Min.
Grillzeit: 35–45 Min.

Für 5 Personen

1 große rote Paprikaschote
1 große gelbe Paprikaschote
1 mittelgroße Jalapeño-Chilischote
1 mittelgroße rote Zwiebel, geschält
4 EL Butter
1 TL Fenchelsamen
½ TL grobes Meersalz
¼ TL frisch gemahlener schwarzer Pfeffer
250 ml helles Bier
2 EL scharfer Senf
5 frische grobe Schweinsbratwürste
5 große Hot-Dog-Brötchen

1. Eine Zwei-Zonen-Glut für mittlere Hitze vorbereiten (siehe Seite 14–15).

2. Die Paprikaschoten putzen und waschen, Stielansatz und Samen der Chilischote entfernen und wegwerfen. Die Paprikaschoten längs in knapp 1 cm breite Streifen schneiden. Die Chilischote fein hacken. Die Zwiebel längs halbieren und jede Hälfte quer in etwa 5 mm dicke Scheiben schneiden.

3. Den Grillrost gründlich reinigen. In einer 25 x 35 cm großen Aluschale ohne Löcher die Butter über ***direkter mittlerer Hitze*** zerlassen. Paprikaschoten, Chili, Zwiebel, Fenchelsamen sowie Salz und Pfeffer hinzufügen und alles mit Hilfe einer Grillzange gut vermischen. Das Gemüse über ***direkter mittlerer Hitze*** bei geschlossenem Deckel 10–15 Min garen, bis es weich und stellenweise goldbraun ist, dabei gelegentlich umrühren. Sollte es zu schnell bräunen, die Aluschale über indirekte Hitze stellen und das Gemüse dort bei geschlossenem Deckel fertig garen.

4. Sobald das Gemüse weich ist, das Bier und den Senf hinzufügen und alles mit Hilfe einer Grillzange durchmischen. Das Gemüse über indirekter Hitze warm halten.

5. Die Bratwürste über ***direkter mittlerer Hitze*** bei geschlossenem Deckel etwa 15 Min. grillen, bis sie leicht gebräunt sind, dabei alle paar Minuten wenden und gegebenenfalls auf dem Rost umplatzieren, damit sie gleichmäßig garen. Anschließend die Würste in die Aluschale zum Gemüse geben und mit den Paprikastreifen und Zwiebeln bedecken. Den Deckel wieder schließen und die Bratwürste bei indirekter Hitze 10–15 Min. garen, bis sie durchgebraten sind. Falls das Gemüse in dieser Zeit zu trocken wird, noch ein wenig Bier nachgießen.

6. Die Bratwürste jeweils in einem Brötchen mit dem pikanten Paprika-Zwiebel-Gemüse anrichten und warm servieren.

BABY BACK RIBS – Kotelettrippchen vom Schwein

Allein diese drei Wörter – Baby Back Ribs – lösen in mir Hungergefühle aus. Reich marmoriertes Fleisch von den Kotelettrippen des Schweins, nach Rauch und Gewürzen duftend, befriedigt mich so vollständig, dass ich gern einen ganzen Nachmittag damit zubringe, das kleine Glutbett zu hüten, über dem sie gegrillt werden. Das allein schon ist ein besonderes Erlebnis. Die Krönung aber ist der Moment, wenn man dann zwei Rippen auseinanderzieht, dabei die knusprige, karamellisierte Oberfläche aufreißt und das wunderbar zarte Fleisch in seiner ganzen langsam gegarten Geschmacksharmonie zum Vorschein kommt.

Ich fürchte, eine Menge Leute wissen gar nicht, wie überaus köstlich gegrillte Kotelettrippen sein können. Sie sollten einmal in die Südstaaten fahren und dort in einer authentischen Barbecue-Bude Baby Back Ribs bestellen … oder sie eben selbst zubereiten. Jedenfalls hat das eine oder andere nichts mit dem zu tun, was wir leider so häufig in Restaurantketten vorgesetzt bekommen: Ribs mit süßlich-künstlichen Aromen überzogen. Nachfolgend zeige ich Ihnen ein paar Techniken zur Zubereitung von Ribs, die ich im Laufe der Jahre entwickelt habe. Wie so häufig beim Grillen, gibt es natürlich auch andere Methoden, aber mit dieser hier lernen Sie sozusagen die Basics.

Die Ribs vorbereiten

1. Wählen Sie Rippenstücke mit reichlich Fleisch, möglichst etwa 2 ½ cm dick.

2. Befreien Sie die Rück- bzw. Knochenseite vollständig von Fleisch oder Fett.

3. Entfernen Sie auf der Fleischseite die sogenannte Silberhaut.

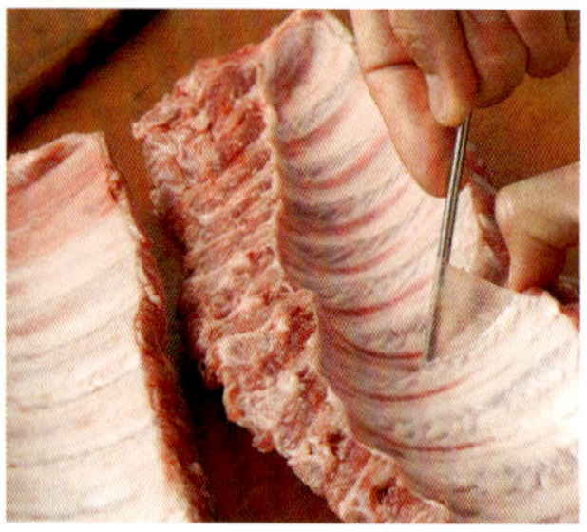

4. Schieben Sie auf der Rückseite die Spitze eines Fleischthermometers direkt an einem Knochen unter die Haut.

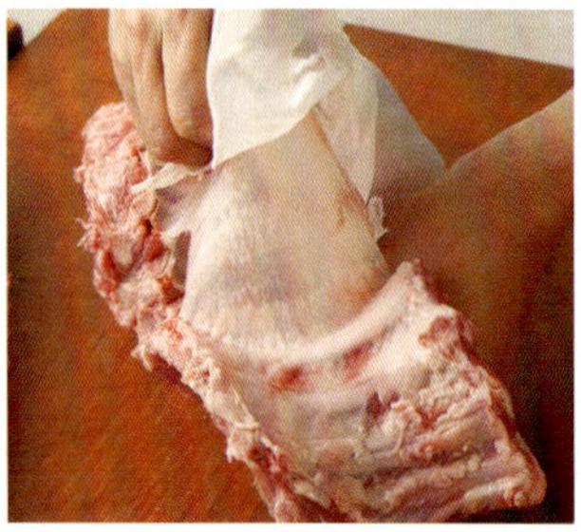

5. Halten Sie eine Ecke der Haut mit Küchenpapier fest und ziehen Sie die Haut ab.

6. Würzen Sie die Ribs ein wenig auf der Rückseite und vergessen Sie die Ränder nicht!

7. Würzen Sie die Ribs großzügig auf der Fleischseite.

8. Stecken Sie die Ribs aufrecht in einen Kotelettthalter, sodass alle Rippen gleich ausgerichtet sind.

Curry-Wurst-Spieße

Zubereitungszeit: 25 Min.
Grillzeit: 8–10 Min.

Für 4 Personen

3 große Kartoffeln
3 grobe Schweinsbratwürste (gebrüht), je 15 cm lang, Ø je etwa 2 ½ cm
½ mittelgroße rote Paprikaschote

Für die Currysauce
100 ml Ketchup
1 TL Currypulver
5 ml Apfelsaft

4 Holzspieße, mind. 30 Min. gewässert

1. Die ungeschälten Kartoffeln 20 Min. vorgaren, abseihen und ausdampfen lassen.

2. Eine Zwei-Zonen-Glut für mittlere Hitze vorbereiten (siehe Seite 14–15).

3. Jede Bratwurst in vier etwa gleich große Stücke schneiden. Die vorgegarten Kartoffeln nach Belieben schälen, anschließend vierteln. Die Paprika putzen, waschen und in 3 cm breite Streifen schneiden. Je 3 Wurststücke abwechselnd mit je 3 Kartoffelstücken und Paprikastreifen auf die Holzspieße stecken.

4. Den Grillrost gründlich reinigen. Die Spieße über ***direkter mittlerer Hitze*** bei geschlossenem Deckel 8–10 Min. grillen, dabei einmal wenden und für ein gleichmäßiges Garen gegebenenfalls auf dem Rost umplatzieren, bis die Würste rundum goldbraun und durchgebraten sind.

5. Inzwischen für die Currysauce den Ketchup mit dem Currypulver und dem Apfelsaft in einem Topf verrühren und bei niedriger Hitze durchwärmen. Die Spieße warm mit der Sauce servieren.

S

Würstchen im Schlafrock

Zubereitungszeit: 10 Min.
Grillzeit: 10–15 Min.

Für 4 Personen

4 belegfertige TK-Blätterteigscheiben
1 Ei
1 EL Senf
½ EL Meerrettich (aus dem Glas)
4 Scheiben Gouda
8 Scheiben Frühstücksspeck
4 Bratwürstchen, etwa 12 cm lang

1. Eine Zwei-Zonen-Glut für mittlere Hitze vorbereiten (siehe Seite 14–15).

2. Die Teigscheiben zu etwa 8 cm großen Quadraten ausschneiden. Das Ei trennen. Die Teigränder mit etwas Eiweiß, die Teigoberfläche leicht mit Senf und Meerrettich bestreichen. Eine Hälfte der Teigscheiben jeweils mit 1 Scheibe Käse und 2 Speckscheiben belegen und diagonal 1 Würstchen, das Sie zuvor mehrmals mit einer Nadel eingestochen haben, daraufsetzen. Gleichmäßig aufrollen, anschließend die Oberseite mit etwas Eigelb bestreichen.

3. Den Grillrost gründlich reinigen. Die Würstchen im Blätterteig über ***indirekter mittlerer Hitze*** bei geschlossenem Deckel 10–15 Min. grillen, dabei mehrmals wenden und für ein gleichmäßiges Garen gegebenenfalls auf dem Rost umplatzieren, bis die Teigtaschen goldbraun und die Würstchen gar sind.

CURRY-WURST-SPIESSE

WÜRSTCHEN IM SCHLAFROCK

BABY BACK RIBS – Kotelettrippchen vom Schwein

Allein diese drei Wörter – Baby Back Ribs – lösen in mir Hungergefühle aus. Reich marmoriertes Fleisch von den Kotelettrippen des Schweins, nach Rauch und Gewürzen duftend, befriedigt mich so vollständig, dass ich gern einen ganzen Nachmittag damit zubringe, das kleine Glutbett zu hüten, über dem sie gegrillt werden. Das allein schon ist ein besonderes Erlebnis. Die Krönung aber ist der Moment, wenn man dann zwei Rippen auseinanderzieht, dabei die knusprige, karamellisierte Oberfläche aufreißt und das wunderbar zarte Fleisch in seiner ganzen langsam gegarten Geschmacksharmonie zum Vorschein kommt.

Ich fürchte, eine Menge Leute wissen gar nicht, wie überaus köstlich gegrillte Kotelettrippen sein können. Sie sollten einmal in die Südstaaten fahren und dort in einer authentischen Barbecue-Bude Baby Back Ribs bestellen … oder sie eben selbst zubereiten. Jedenfalls hat das eine oder andere nichts mit dem zu tun, was wir leider so häufig in Restaurantketten vorgesetzt bekommen: Ribs mit süßlich-künstlichen Aromen überzogen. Nachfolgend zeige ich Ihnen ein paar Techniken zur Zubereitung von Ribs, die ich im Laufe der Jahre entwickelt habe. Wie so häufig beim Grillen, gibt es natürlich auch andere Methoden, aber mit dieser hier lernen Sie sozusagen die Basics.

S

Die Ribs vorbereiten

1. Wählen Sie Rippenstücke mit reichlich Fleisch, möglichst etwa 2 ½ cm dick.

2. Befreien Sie die Rück- bzw. Knochenseite vollständig von Fleisch oder Fett.

3. Entfernen Sie auf der Fleischseite die sogenannte Silberhaut.

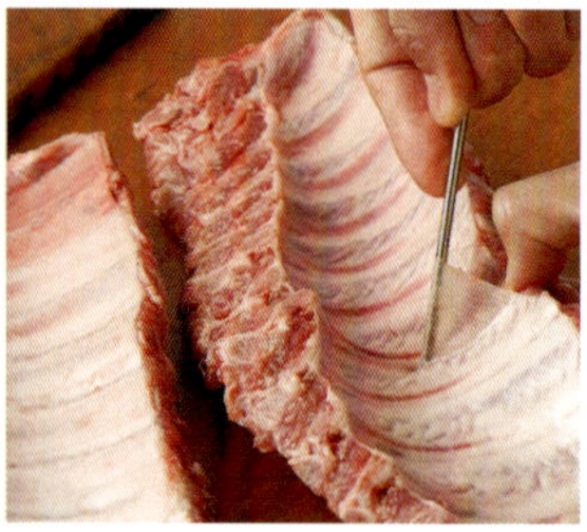

4. Schieben Sie auf der Rückseite die Spitze eines Fleischthermometers direkt an einem Knochen unter die Haut.

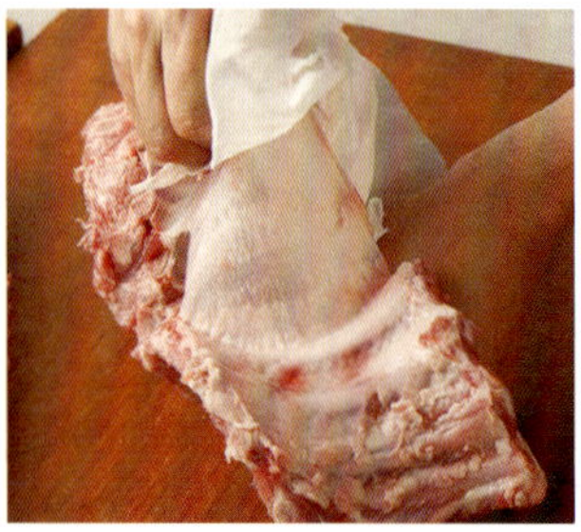

5. Halten Sie eine Ecke der Haut mit Küchenpapier fest und ziehen Sie die Haut ab.

6. Würzen Sie die Ribs ein wenig auf der Rückseite und vergessen Sie die Ränder nicht!

7. Würzen Sie die Ribs großzügig auf der Fleischseite.

8. Stecken Sie die Ribs aufrecht in einen Kotelettbhalter, sodass alle Rippen gleich ausgerichtet sind.

Die Ribs grillen

Die wahren Könner von Barbecue-Ribs werden bis ans Ende aller Zeiten über ihre Würzmischungen und Saucen streiten, darüber, wann das Räuchern beginnen muss und mit welchem Holz, ob die Ribs in Alufolie gewickelt fertig gegrillt werden sollten und über zahlreiche andere Punkte ihrer Zubereitung. Nur über eine Sache sind sich alle einig: Die Rippenstücke müssen unbedingt bei niedriger Temperatur, also langsam gegart werden. Andernfalls werden Sie auf etwas herumkauen, was so trocken und zäh ist wie der Deckel dieses Buches. Sorgen Sie für eine gleichmäßige Glut auf einer Seite neben den Ribs und halten Sie die Hitze zwischen 120 °C und 150 °C, indem Sie den Lüftungsschieber am Grilldeckel öffnen und schließen.

1. Zu Beginn liegen die Knochenseiten den glühenden Kohlen zugewandt.

2. Die eingeweichten Holzstücke abtropfen lassen und auf die heiße Glut legen.

3. Den Lüftungsschieber des Deckels so regulieren, dass die Grilltemperatur konstant zwischen 120 °C und 150 °C liegt.

4. Etwa jede Stunde 8–10 frische Briketts nachlegen.

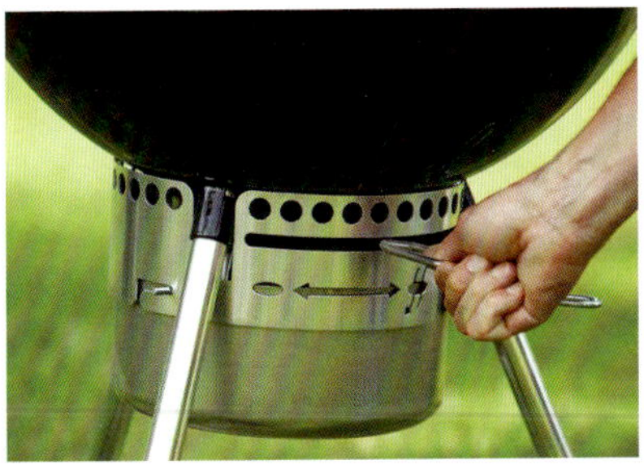

5. Zur selben Zeit behutsam die Asche ausfegen, damit die unteren Lüftungsschieber nicht verstopfen.

6. Die Würzsauce (siehe Seite 110), mit der die Ribs während des Grillens bestrichen werden, macht das Fleisch noch saftiger und geschmacksintensiver.

7. Die Ribs sind gar, wenn der Großteil der Knochenenden etwa 6 mm frei liegt. Wenn Sie ein Rippenstück an einem Ende hochheben, sollte es biegsam sein und sein Fleisch sich mühelos zerteilen lassen.

8. Zum Schluss werden die Ribs mit der Barbecue-Sauce (siehe Seite 110) bestrichen und noch ein paar Minuten weitergegrillt, bis die Oberfläche schön knusprig ist. Die Gesamtgrillzeit liegt bei 3–4 Std.

Klassische Baby Back Ribs

Zubereitungszeit: 30 Min.
Grillzeit: 3–4 Std.

Für 4–6 Personen

Für die Würzmischung
2 EL grobes Meersalz
2 EL Paprikapulver
4 TL Knoblauchgranulat
4 TL reines Chilipulver
2 TL frisch gemahlener schwarzer Pfeffer
1 TL gemahlener Kreuzkümmel

4 Baby Back Ribs aus der Kotelettrippe, je 1–1 ¼ kg

Für die Barbecue-Sauce
175 ml Apfelsaft
125 ml Ketchup
3 EL Apfelessig
2 TL Sojasauce
1 TL Worcestersauce
1 TL Melasse (Reformhaus)
½ TL reines Chilipulver
½ TL Knoblauchgranulat
¼ TL frisch gemahlener schwarzer Pfeffer

Für die Würzsauce
250 ml Apfelsaft
3 EL Apfelessig
2 EL Butter
2 EL Barbecue-Sauce (siehe oben)

1 Koteletthalter
4 mittelgroße Stücke Hickoryholz, mind. 30 Min. gewässert

1. Die Zutaten für die Würzmischung vermengen.

2. Jeweils auf der Rückseite der Ribs die Spitze eines Fleischthermometers direkt an einem Knochen unter die Haut schieben. Die Haut anheben und lockern, bis sie reißt, dann eine Ecke mit einem Stück Küchenpapier festhalten und die Haut vollständig abziehen. Anschließend die Ribs rundum mit der Würzmischung bestreuen. Die Rippenstücke so in einen Koteletthalter stecken, dass alle Rippen gleich ausgerichtet sind (siehe auch Seite 108).

3. Eine Zwei-Zonen-Glut für niedrige Hitze vorbereiten (siehe Seite 14–15). Die Glut sollte gerade ein Drittel des Kohlerosts bedecken. Eine große Tropfschale auf die leere Seite stellen und zur Hälfte mit warmem Wasser füllen.

4. Von dem Hickoryholz 2 Stücke abtropfen lassen und auf die heiße Glut legen. Den Grillrost einsetzen. Den Koteletthalter über ***indirekte niedrige Hitze*** stellen, dabei sollten die Knochenseiten der Ribs der Glut zugewandt sein. Den Deckel schließen, den Lüftungsschieber am Deckel halb schließen und die Ribs 1 Std. räuchern. In dieser Zeit die Hitze zwischen 120 °C und 150 °C durch Öffnen und Schließen des Schiebers halten (siehe auch Seite 109). Inzwischen die Barbecue- und Würzsauce zubereiten.

5. Die Zutaten für die Barbecue-Sauce in einem kleinen Topf vermischen und bei mittlerer Hitze auf dem Herd einige Minuten köcheln lassen. Den Topf vom Herd nehmen.

6. In einem zweiten kleinen Topf die Zutaten für die Würzsauce vermischen. Einige Minuten bei mittlerer Hitze auf dem Herd köcheln lassen, bis die Butter geschmolzen ist. Den Topf vom Herd nehmen.

7. Nach 1 Std. Grillzeit 8–10 frische Briketts nachlegen und die restlichen 2 Stücke Hickoryholz (abgetropft) auf die Glut legen. Die Ribs mit ein wenig Würzsauce bestreichen. In den wenigen Minuten, die Sie dafür brauchen, werden sich auch die frischen Briketts leichter entzünden, da der Deckel offen steht. Die Ribs bei geschlossenem Deckel 1 weitere Std. räuchern, dabei die Hitze wie bisher zwischen 120 °C und 150 °C halten.

8. Nach 2 Std. Grillzeit erneut 8–10 frische Briketts nachlegen. Die Ribs vorsichtig aus dem Koteletthalter nehmen und auf einer sauberen Arbeitsfläche großzügig mit der Würzsauce bestreichen. Zurück in den Koteletthalter stecken – alle Rippen, die zuvor nach unten gerichtet waren, sollten jetzt nach oben zeigen. Ribs, die schneller zu garen scheinen als die anderen, stecken Sie jetzt in den hinteren Teil des Koteletthalters, also weiter von der Glut entfernt. Die Ribs 1 weitere Std. räuchern und die Hitze abermals zwischen 120 °C und 150 °C halten.

9. Nach 3 Std. Grillzeit machen Sie die erste Garprobe: Die Ribs sind fertig, wenn der Großteil der Knochenenden etwa 6 mm frei liegt, die Ribs sich beim Hochheben an einer Ecke in der Mitte biegen und das Fleisch sich mühelos zerteilen lässt. Andernfalls müssen sie weitergegart werden, wobei nicht alle Ribs gleichzeitig fertig werden. Beachten Sie, dass die Gesamtgrillzeit 3–4 Std. beträgt. Die fertigen Ribs mit etwas Barbecue-Sauce bestreichen und einige Minuten über direkte Hitze legen, bis sie knusprig sind. Auf ein Backblech heben, fest in Alufolie schlagen und 10–15 Min. ruhen lassen. Warm mit der restlichen Barbecue-Sauce servieren.

Nr. 3

DER WEBER SPEZIAL TIPP

Amy Anderson

Anfangs nahm Amy Anderson bei amerikanischen Barbecue-Wettstreits alleine teil. Sie nannte sich »Smokin' Bullet«, weil ihr bevorzugter Grill »The Bullet« war – ein Weber® Smokey Mountain Cooker™ Räuchergrill. Das war vor 13 Jahren. Dann trat Amy unter dem Namen »Mad Momma & the Kids« zusammen mit ihrer Mutter auf und gewann im Jahr 2000 die Weltmeisterschaft in Irland. Als nächste kam Melanie Tapia dazu, und Amy und ihre Mitstreiterinnen siegten bei den Landesmeisterschaften in Washington, Kalifornien, Arizona und Idaho – jedes Mal mit dem »Bullet«-Grill.

Amy und Melanie, die inzwischen ihr eigenes Restaurant, das Ranch House BBQ, betreiben, raten bei der Zubereitung ihrer preisgekrönten Ribs im Stil der amerikanischen Nordwestküste dazu, einige Stücke trockenes Kirsch- und Apfelholz zusammen mit ein wenig Mesquiteholz auf die Glut zu legen. Eine süße, milde Kombination, die die Würzmischung und Sauce dieses Rezepts wunderbar ergänzt.

LIVE FIRE WISDOM · WEBER'S CHARCOAL ·

Ribs vom Ranch House BBQ

Zubereitungszeit: 30 Min.
Ruhezeit: 30–40 Min.
Grillzeit: 4–5 Std.

Für 4–6 Personen

4 Baby Back Ribs aus der Kotelettrippe

Für die Würzmischung
2 EL Gewürzsalz
1 EL Zucker
1 EL reines Chilipulver
1 EL edelsüßes Paprikapulver
1 TL frisch gemahlener schwarzer Pfeffer
1 TL Knoblauchpulver
1 TL Zwiebelpulver
1 TL getrocknete italienische Kräutermischung

4 EL Senf

Für die Sauce
250 ml Ketchup
75 ml Apfelessig
2 EL brauner Zucker
4 TL Worcestersauce
1 EL Honig
1 EL Melasse (Reformhaus)
½ TL Knoblauchpulver

4 faustgroße Stücke von Apfel-, Kirsch-, und Mesquiteholz, nicht gewässert

1. Einen Räuchergrill (siehe Seite 24–25) vorbereiten, indem Sie 3 Anzündwürfel in der Brennkammer anzünden. Einen Anzündkamin eineinhalbmal mit nicht angezündeten Holzkohlebriketts füllen und die Briketts gleichmäßig in der Brennkammer verteilen. Die unteren Lüftungsschieber vollständig öffnen, bis nach etwa 20 Min. die Briketts mit weißer Asche bedeckt sind.

2. Inzwischen jeweils auf der Rückseite der Ribs die Spitze eines Fleischthermometers direkt an einem Knochen unter die Haut schieben. Die Haut anheben und lockern, bis sie reißt, dann eine Ecke mit einem Stück Küchenpapier festhalten und die Haut vollständig abziehen (siehe Seite 108).

3. In einer Schüssel die Zutaten für die Würzmischung vermengen. Beide Seiten der Ribs mit ein wenig Senf bestreichen, anschließend gleichmäßig mit der Würzmischung bestreuen. Die Ribs 30–40 Min. bei Zimmertemperatur ruhen lassen.

4. Wenn die Briketts mit weißer Asche bedeckt sind, den Wasserbehälter einsetzen und zu Dreivierteln mit warmem Wasser füllen. Die beiden Grillroste auflegen. Den Deckel schließen, den Lüftungsschieber am Deckel vollständig öffnen und ein Thermometer in eine der Öffnungen stecken. Sobald die Temperatur auf 175 °C oder auch höher gestiegen ist, die unteren Lüftungsschieber vollständig schließen. Die Temperatur wird langsam auf etwa 105–120 °C zurückgehen. Jetzt die unteren Lüftungsschieber halb öffnen und 2 Holzstücke auf die Glut legen. Die Tür sofort wieder schließen, damit die Hitze gehalten wird.

5. Die Ribs aufrecht in einen Koteletthalter stecken und diesen mittig auf den oberen Grillrost setzen, dabei gegebenenfalls die Enden der Ribs so wegbiegen, dass sie auf den Grill passen. Den Deckel schließen. Prüfen Sie noch einmal, ob die unteren Lüftungsschieber mindestens halb geöffnet sind. Die Ribs 3 ½–4 Std. räuchern, die Temperatur sollte dabei konstant zwischen 105 °C und 120 °C liegen, bis einige Knochenenden etwa 1 ¼ cm frei liegen. Nach 2 Std. Räuchern die restlichen Holzstücke auf die Glut legen. Wenn die Hitze zu stark steigt, die unteren Lüftungsschieber ein wenig mehr schließen, wenn sie zu sehr sinkt, die Lüftungsschieber weiter öffnen. Sobald Sie die Lüftungsschieber ganz öffnen müssen, 8–10 Briketts nachlegen, die Sie zuvor im Anzündkamin vorgeglüht haben und die bereits mit weißer Asche überzogen sind.

6. Während die Rippenstücke räuchern, die Sauce vorbereiten. Dafür die Zutaten in einem kleinen Topf zu einer glatten Sauce verrühren und auf dem Herd bei mittlerer Hitze ein paar Minuten köcheln lassen, dabei gelegentlich umrühren. Den Topf vom Herd nehmen.

7. Wenn mehrere Knochenenden der Ribs frei liegen, die Ribs mit ein wenig Sauce bestreichen. Dafür den Koteletthalter aus dem Räuchergrill nehmen und den Deckel sofort wieder schließen, damit die Hitze gehalten wird. Die Rippenstücke auf eine saubere Arbeitsfläche legen und jeweils beide Seiten leicht mit der Sauce bestreichen. Anschließend die Ribs zurück in den Halter stecken – alle Rippen, die zuvor nach unten gerichtet waren, sollten jetzt nach oben zeigen. Den Koteletthalter zurück in den Grill stellen und die Ribs weitere 30–60 Min. garen, bis das Fleisch ganz zart ist und sich mühelos zerteilt, wenn Sie zwei Rippen auseinanderziehen. Nach Belieben die Ribs noch einmal mit etwas Sauce bestreichen und warm servieren.

Über Kirschholz geräucherte vietnamesische Spareribs

Zubereitungszeit: 25 Min.
Marinierzeit: über Nacht bis zu 24 Std.
Grillzeit: 3–4 Std.

Für 4–6 Personen

Für die Marinade
60 ml vietnamesische Fischsauce
60 ml frisch gepresster Orangensaft
4 EL fein gehacktes frisches Koriandergrün
3 EL Vollrohrrohzucker
2 EL Sojasauce
2 TL fein abgeriebene Schale von 1 Bio-Limette
1 EL frisch gepresster Limettensaft
1 EL fein gehackter Knoblauch
1 EL fein gehackter frischer Ingwer

2 Schälrippchen (Spareribs), je etwa 1 ¼–1 ½ kg
5 EL grob gehacktes frisches Koriandergrün

4 kleine Handvoll Kirschholzchips, mind. 30 Min. gewässert

1. Die Zutaten für die Marinade vermengen.

2. Das über den Knochen hängende Fleisch der Spareribs abschneiden und wegwerfen, anschließend die Ribs wie in Step 4 und 5 auf Seite 108 beschrieben vorbereiten.

3. Die Spareribs in einen sehr großen, wiederverschließbaren Plastikbeutel legen und mit der Marinade übergießen. Die Luft aus dem Beutel streichen und den Beutel fest verschließen. Mehrmals wenden, damit die Ribs gleichmäßig von der Marinade überzogen sind. Die Spareribs über Nacht oder bis zu 24 Std. im Kühlschrank marinieren und gelegentlich wenden.

4. Eine Zwei-Zonen-Glut für niedrige Hitze vorbereiten (siehe Seite 14–15). Eine Tropfschale auf die leere Seite des Holzkohlerosts stellen und zur Hälfte mit warmem Wasser füllen.

5. Die Spareribs vor dem Grillen 20–30 Min. Zimmertemperatur annehmen lassen. Aus dem Beutel nehmen und die Marinade in einen kleinen Topf gießen. Die Marinade auf dem Herd aufkochen, dann 30 Sek. sanft köcheln lassen. Vom Herd nehmen und beiseitestellen.

6. Die Hälfte der Chips abtropfen lassen und auf die Glut geben. Den Grillrost gründlich reinigen. Wenn die Chips zu rauchen beginnen, die Spareribs mit der Knochenseite nach unten über ***indirekter niedriger Hitze*** etwa 1 Std. garen.

7. Nach einer Stunde 8 –10 frische Briketts auf der Glut verteilen. Die andere Hälfte der Chips abtropfen lassen und auf die Glut streuen. Die Spareribs jetzt, anschließend etwa alle 30 Min., mit der Marinade bestreichen und bei geschlossenem Deckel weitergaren, bis das Fleisch ganz zart ist und die Knochenenden etwa 6 mm frei liegen. In dieser Zeit die Ribs gegebenenfalls auf dem Rost umplatzieren. Die gesamte Grillzeit beträgt 3–4 Std., dabei jede Stunde 8–10 frische Briketts nachlegen.

8. Die fertigen Spareribs vom Grill nehmen, mit Alufolie abdecken und 10–15 Min. ruhen lassen. In einzelne Portionen schneiden, mit dem Koriandergrün bestreuen und servieren.

Spareribs im St.-Louis-Stil vorbereiten

1. Das spitz zulaufende Ende der Rippenstücke, das kaum Fleisch hat, abschneiden.

2. Die zähen Fleischteile an der Seite, die sich unterhalb der waagerecht verlaufenden Fettauflage befinden, ebenfalls abschneiden.

3. Die Fleischseite der Spareribs von überschüssigem Fett, Bindegewebe und Sehnen befreien. Das über den Knochen hängende Fleisch ebenfalls entfernen.

4. Bei Bedarf die Rippenstücke halbieren, damit sie auf den Grill passen.

DER WEBER SPEZIAL TIPP

Dave Biondi

Dave Biondi widmet sich in seinem Ruhestand der Beschaulichkeit des Barbecue. Nach 30 Jahren als Bewährungshelfer in einigen schwierigen Wohngegenden um Oakland, Kalifornien, fand er, es sei an der Zeit, sich zu entspannen. Er kaufte sich einen kleinen Räuchergrill für den Garten und brachte sich selbst das Grillen von ansehnlichen Spareribs bei. Dann traf er auf einen ähnlich gesinnten Barbecue-Liebhaber, Ric Gilbert, der bei Kochwettbewerben einen Preis nach dem anderen gewann. Ric lud Dave in sein Team ein und entfachte damit seine unstillbare Leidenschaft nach dem perfekten Barbecue.

Dave hat dieses Rezept nach einer kulinarischen Reise durch die legendären Barbecue-Restaurants von Memphis, Tennessee, entwickelt. Dort werden die Spareribs traditionell »trocken« bereitet, das heißt, sie werden kurz vor dem Servieren mit einer essighaltigen Sauce begossen und mit einer trockenen Würzmischung überzogen. Dave tendiert zu der wachsenden Vorliebe in Memphis zu »nassen« Spareribs, die großzügig mit einer milden, süßen Barbecue-Sauce auf Tomatenbasis bestrichen werden. Was allen großartigen Spareribs jedoch gemeinsam ist, ist das Räuchern. Für Daves Rezept sollten Sie Eichen- und Apfelholz verwenden – auf keinen Fall aber Hickory, da sein dominantes Aroma Daves wunderbar ausgewogene Sauce überdecken würde.

LIVE FIRE WISDOM · WEBER'S CHARCOAL

Daves Spareribs im neuen Memphis-Stil

Zubereitungszeit: 40 Min.
Marinierzeit: 3–6 Std.
Grillzeit: 5–6 Std.

Für 6 Personen

3 Schälrippchen (Spareribs), je 1 ¼–1 ½ kg
250 ml Apfelsaft
Saft von 1 Zitrone

Für die Würzmischung
1 EL brauner Zucker
1 EL grobes Meersalz
1 EL Paprikapulver
1 EL reines Chilipulver
½ EL gemahlener Kreuzkümmel
½ EL Knoblauchgranulat
1 TL Senfpulver
¼ TL Cayennepfeffer
¼ TL frisch gemahlener schwarzer Pfeffer

Für die Sauce
500 ml Ketchup
115 g brauner Zucker
60 ml Apfelessig
2 EL Senf
2 TL frisch gemahlener schwarzer Pfeffer
2 TL grobes Meersalz
1 TL Worcestersauce
1 TL Knoblauchgranulat
Saft von ½ Zitrone

125 ml Apfelsaft (in einer Sprühflasche)

3 faustgroße Stücke Eichen-/Apfelholz, nicht gewässert

1. Das über den Knochen hängende Fleisch der Spareribs abschneiden und wegwerfen. Auf der Rückseite die Spitze eines Fleischthermometers direkt an einem Knochen unter die Haut schieben. Die Haut anheben und lockern, bis sie reißt, dann eine Ecke mit einem Stück Küchenpapier

S

festhalten und die Haut vollständig abziehen (siehe Seite 108). Die Spareribs in einen großen Bräter oder ein tiefes Backblech legen und mit dem Apfel- und Zitronensaft übergießen. Die Spareribs einige Male im Saft wenden, damit sie gleichmäßig von ihm überzogen sind. Abdecken und 1–2 Std. kalt stellen.

2. In einer Schüssel die Zutaten für die Würzmischung vermengen.

3. Die Spareribs aus dem Kühlschrank nehmen. Den Saft abgießen (er wird nicht mehr gebraucht) und die Spareribs rundum mit der Würzmischung bestreuen. Im Bräter oder Backblech abgedeckt weitere 2–4 Std. kalt stellen. Die Spareribs 1 Std. vor dem Grillen aus dem Kühlschrank nehmen.

4. Einen **Weber® Smokey Mountain Cooker**™ Räuchergrill auf eine Temperatur von 105–120 °C bringen (siehe Seite 24–25). Die Eichen-/Apfelholzstücke auf die heiße Glut legen.

5. Die Grillroste gründlich reinigen. Die Spareribs mit der Knochenseite nach unten so auf die beiden Roste im Räuchergrill legen, dass sie in einer Lage daraufpassen. Die Garzeit beträgt ab jetzt um die 5–6 Std. Die Ribs sind fertig, wenn die Knochenenden mindestens 6 mm frei liegen (an manchen Knochen werden es sogar bis zu 2 ½ cm sein) und das Fleisch sich mühelos zerteilt, wenn Sie die Ribs mit der Grillzange an einem Ende anheben. In der Zwischenzeit die Sauce zubereiten.

6. In einem mittelgroßen Topf alle Zutaten für die Sauce bis auf den Zitronensaft vermischen und auf dem Herd bei niedriger Hitze etwa 20 Min. köcheln lassen, gelegentlich umrühren. Den Zitronensaft zufügen und weitere 5 Min. köcheln lassen. Den Topf vom Herd nehmen.

7. Nach etwa 3 Std. Garzeit sollten Sie damit beginnen, alle 30 Min. die Fleischseite der Spareribs mit Apfelsaft zu besprühen, dann bräunen sie besser. Sobald die Spareribs aussehen, als würden sie auf einer Seite verkohlen, die Ribs vom Grill nehmen (schließen Sie schnell wieder den Deckel, um die Hitze zu halten), einzeln in Alufolie schlagen und zurück in den Räuchergrill legen. Etwa 30 Min., bevor sie gar sind, auf beiden Seiten mit etwas Sauce bestreichen.

8. Die fertigen Spareribs auf einem Schneidbrett einige Minuten ruhen lassen. In einzelne Portionen schneiden und warm mit der restlichen Sauce servieren.

Schweinefilets auf Cajun-Art mit Bohnensalat

Zubereitungszeit: 30 Min.
Grillzeit: 15–20 Min.

Für 4 Personen

Für den Salat
2 EL Erdnuss- oder Pflanzenöl
2 dicke Scheiben Frühstücksspeck, in 1 cm große Würfel geschnitten
8 EL fein gewürfelte Zwiebeln
8 EL fein gewürfelter Staudensellerie
8 EL fein gewürfelte rote Paprikaschoten
1 Dose rote Bohnen (etwa 280 g Abtropfgewicht), die Bohnen abgespült und abgetropft
1 Dose Pinto- bzw. Wachtelbohnen (etwa 280 g Abtropfgewicht), die Bohnen abgespült und abgetropft
2 EL Dijon-Senf, 2 EL Zucker
1 EL Apfelessig, ½ TL Tabasco
¼ TL grobes Meersalz
3 EL fein gehackte frische glatte Petersilie

Für die Würzmischung
2 TL fein gehackte frische Thymianblättchen
1 ½ TL grobes Meersalz
Je 1 TL Knoblauch- und Zwiebelgranulat
1 TL Paprikapulver
1 TL brauner Zucker
¾ TL frisch gemahlener schwarzer Pfeffer
¼ TL Cayennepfeffer

2 Schweinefilets am Stück, je etwa 500 g, küchenfertig vorbereitet
2 EL Dijon-Senf
Erdnuss- oder Pflanzenöl

1. Das Öl in einer Pfanne (Ø 26 cm) bei mittlerer Temperatur auf dem Herd erhitzen und den Speck darin unter gelegentlichem Rühren etwa 2 Min. braten. Die Zwiebeln hinzufügen und 3–4 Min. unter gelegentlichem Rühren glasig schwitzen. Sellerie und Paprika einfüllen und alles weitere 2–3 Min. unter gelegentlichem Rühren garen. Die restlichen Zutaten für den Salat, außer der Petersilie, gut untermischen. Etwa 5 Min. weitergaren, dabei hin und wieder umrühren. Die Pfanne vom Herd nehmen und den Salat auf Zimmertemperatur abkühlen lassen. In eine Schüssel umfüllen und mit Salz abschmecken. Kurz vor dem Servieren mit der Petersilie bestreuen.

2. In einer kleinen Schüssel die Zutaten für die Würzmischung vermengen.

3. Die Filets rundum mit Senf bestreichen, anschließend kräftig mit der Würzmischung einreiben und zuletzt mit Öl bepinseln. Vor dem Grillen 20–30 Min. bei Zimmertemperatur ruhen lassen.

4. Eine Zwei-Zonen-Glut für mittlere Hitze vorbereiten (siehe Seite 14–15).

5. Den Grillrost gründlich reinigen. Die Filets über ***direkter mittlerer Hitze*** bei geschlossenem Deckel 15–20 Min. grillen, bis sie außen gleichmäßig schön gebräunt, innen aber noch leicht rosa sind und eine Kerntemperatur von rund 65 °C haben. In dieser Zeit etwa alle 5 Min. wenden und gegebenenfalls umplatzieren, damit sie gleichmäßig garen. Die Filets vom Grill nehmen und 3–5 Min. ruhen lassen. Vor dem Servieren quer zur Faser in Scheiben schneiden und warm mit dem mit Petersilie bestreuten Bohnensalat servieren.

Schweinefilet küchenfertig vorbereiten

1. Die sehnenreiche Auflage des Filets heißt Silberhaut.

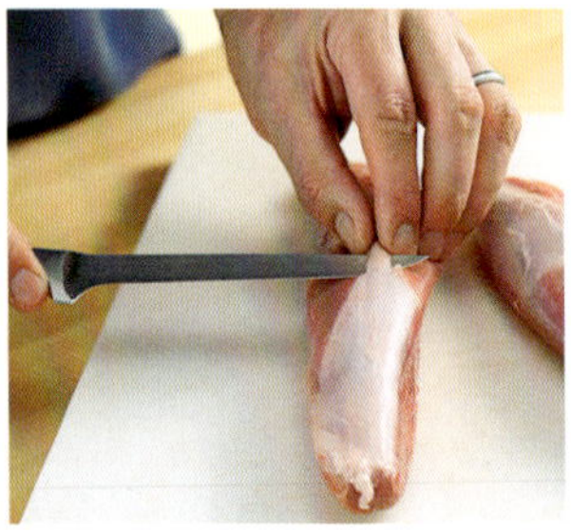

2. Mit der Spitze eines scharfen Messers ein Ende der Silberhaut ablösen.

3. Das abgelöste Ende mit den Fingern festhalten und mit dem Messer die Haut abtrennen.

4. Das küchenfertige Filet sollte möglichst vollständig von der Silberhaut befreit sein.

S

Schweinefilet texanisch

Zubereitungszeit: 15 Min.
Marinierzeit: mind. 1 Std.
Grillzeit: 15 Min.

Für 4 Personen

Für die Marinade
1 gestrichener TL Kreuzkümmelsamen
1 gehäufter TL Fenchelsamen
2 Gewürznelken
1 gestrichener EL Paprikapulver
Abgeriebene Schale und Saft von 1 Bio-Orange
10 Zweige frischer Thymian
4 Knoblauchzehen, geschält, grob gehackt
150 ml Ketchup
70 ml Balsamico-Essig

2 Schweinefilets am Stück, je etwa 500 g
10 Stängel frisches Koriandergrün, zum Garnieren

2 Weber® Doppelspieße

1. Kreuzkümmel, Fenchelsamen und Nelken im Mörser zerstoßen und mit den restlichen Zutaten zu einer Marinade vermischen. Die Filets in einen großen, wiederverschließbaren Plastikbeutel legen und mit der Marinade übergießen. Die Luft aus dem Beutel streichen und den Beutel fest verschließen. Mehrmals wenden, damit die Filets gleichmäßig von der Marinade überzogen sind. Mind. 1 Std. marinieren lassen.

2. Eine Zwei-Zonen-Glut für mittlere Hitze vorbereiten (siehe Seite 14–15).

3. Das Fleisch aus der Marinade nehmen und abtropfen lassen (die Marinade wird nicht mehr gebraucht). Die Filets an den Längsseiten nebeneinanderlegen und quer mit den beiden Doppelspießen durchstechen.

4. Den Grillrost gründlich reinigen. Das Fleisch über ***direkter mittlerer Hitze*** bei geöffnetem Deckel in 7 Min. rundum Farbe annehmen lassen, dann über ***indirekter mittlerer Hitze*** bei geschlossenem Deckel etwa 8 Min. grillen, bis es im Kern noch leicht rosa ist. In dieser Zeit die Filets bei Bedarf auf dem Rost umplatzieren, damit sie gleichmäßig garen.

5. Die Filets vom Grill nehmen, nach Belieben auf einer Servierplatte anrichten, mit dem Koriandergrün garnieren und servieren.

Schweinenackensteaks mit Kürbiskernen

Zubereitungszeit: 5 Min.
Grillzeit: 5–10 Min.

Für 4 Personen

Für die Würzmischung
80 g Kürbiskerne
20 g weiße Sesamsamen
1 TL grobes Meersalz
20 g schwarze Pfefferkörner, zerstoßen

20 ml Olivenöl
10 g Dijon-Senf

4 Schweinenackensteaks, je 250–300 g und etwa 2 ½ cm dick

1. In einer kleinen Schüssel die Zutaten für die Würzmischung vermengen.

2. Eine Zwei-Zonen-Glut für starke Hitze vorbereiten (siehe Seite 14–15).

3. Das Öl mit dem Senf verrühren. Die Steaks auf beiden Seiten leicht mit der Ölmischung bestreichen, anschließend in einer flachen Schale in der Würzmischung wenden, bis sie vollständig davon bedeckt sind. Die Steaks vor dem Grillen 20–30 Min. bei Zimmertemperatur ruhen lassen.

4. Den Grillrost gründlich reinigen. Die Steaks über ***direkter starker Hitze*** bei geschlossenem Deckel 3–5 Min. grillen, in dieser Zeit einmal wenden und für ein gleichmäßiges Garen gegebenenfalls auf dem Rost umplatzieren. Anschließend bei ***indirekter starker Hitze*** und geschlossenem Deckel 2–5 Min. weitergrillen, bis sie gar sind.

5. Die Steaks vom Grill nehmen und 3–5 Min. ruhen lassen. Warm servieren.

S

Schweinekoteletts mit Balsamico-Paste

Zubereitungszeit: 10 Min.
Grillzeit: 12 Min.

Für 4 Personen

4 Schweinekoteletts, je 3 cm dick
50 g schwarze Pfefferkörner
4 Knoblauchzehen, geschält
20 g frischer Thymian
1 frische rote Chilischote
20 ml Balsamico-Essig
90 ml Olivenöl

1. Eine Zwei-Zonen-Glut für mittlere Hitze vorbereiten (siehe Seite 14–15).

2. Die Koteletts von überschüssigem Fett befreien, den Fettrand mit einem scharfen Messer jeweils dreimal einschneiden.

3. Pfefferkörner, Knoblauch, Thymian und Chili in einem Mörser grob zerstoßen. Essig und Öl zugeben und alles zu einer Paste verarbeiten. Die Koteletts auf beiden Seiten mit der Paste bestreichen.

4. Den Grillrost gründlich reinigen. Die Koteletts über ***direkter mittlerer Hitze*** bei geschlossenem Deckel von beiden Seiten 3 Min. grillen, anschließend bei ***indirekter mittlerer Hitze*** und geschlossenem Deckel etwa 6 Min. gar ziehen lassen.

S

Schweinekoteletts mit Gorgonzola

Zubereitungszeit: 10 Min.
Grillzeit: 12–15 Min.

Für 4 Personen

4 Schweinekoteletts
Olivenöl
Meersalz und frisch gemahlener schwarzer Pfeffer
80 g Rucola, gewaschen und verlesen
200 g Gorgonzola, in 4 Scheiben geschnitten

1. Eine Zwei-Zonen-Glut für starke Hitze vorbereiten (siehe Seite 14–15).

2. Die Koteletts auf beiden Seiten leicht mit Olivenöl bestreichen und mit Salz und Pfeffer würzen.

3. Den Grillrost gründlich reinigen. Die Koteletts über ***direkter starker Hitze*** bei geschlossenem Deckel je nach Dicke etwa 7–10 Min. grillen, bis sie fast durchgegart sind. In dieser Zeit einmal wenden und für ein gleichmäßiges Garen gegebenenfalls auf dem Rost umplatzieren. Die Koteletts anschließend über ***indirekte starke Hitze*** legen. Die Rucolablätter auf das Fleisch geben und jedes Kotelett mit 1 Gorgonzolascheibe belegen. Die Koteletts 5 Min. bei geschlossenem Deckel indirekt weitergaren, bis der Käse geschmolzen ist.

Filetkoteletts mit Whisky-Barbecue-Sauce

Zubereitungszeit: 10 Min.
Grillzeit: 8–12 Min.

Für 4 Personen

Für die Würzmischung
2 TL Paprikapulver
1 TL brauner Zucker
1 TL grobes Meersalz
½ TL frisch gemahlener schwarzer Pfeffer
½ TL Knoblauchgranulat
½ TL Zwiebelgranulat
¼ TL gemahlener Kreuzkümmel
1 kräftige Prise gemahlene Gewürznelken
Cayennepfeffer

Für die Sauce
5 EL fertige Steaksauce
5 EL Ketchup
4 EL Scotch Whisky
2 EL Dijon-Senf
2 EL brauner Zucker
½ TL Zwiebelgranulat

Grobes Meersalz
Frisch gemahlener schwarzer Pfeffer

4 Filetkoteletts vom Schwein, je 300–350 g und etwa 3 cm dick
Erdnussöl

1 große Handvoll Hickoryholzchips, mind. 30 Min. gewässert

1. In einer kleinen Schüssel die Zutaten für die Würzmischung vermengen.

2. In einem kleinen Topf mit schwerem Boden die Zutaten für die Sauce verrühren. Auf dem Herd bei starker Hitze aufkochen, anschließend bei niedriger Hitze 20 Min. unter häufigem Rühren köcheln lassen. Mit Salz und Pfeffer abschmecken.

3. Die Koteletts auf beiden Seiten leicht mit Öl bestreichen, anschließend kräftig mit der Würzmischung einreiben. Vor dem Grillen 20–30 Min. bei Zimmertemperatur ruhen lassen.

4. Eine Zwei-Zonen-Glut für starke Hitze vorbereiten (siehe Seite 14–15).

5. Die Chips abtropfen lassen und über die Glut streuen. Den Grillrost gründlich reinigen. Die Koteletts über ***direkter starker Hitze*** bei geschlossenem Deckel 6–8 Min. scharf anbraten, bis sie das typische Grillmuster annehmen, dabei einmal wenden und gegebenenfalls auf dem Rost umplatzieren, damit sie gleichmäßig garen. Anschließend über ***indirekter starker Hitze*** und bei geschlossenem Deckel 2–4 Min. weitergrillen, bis das Fleisch innen rosa und saftig ist. Vom Grill nehmen und 3–5 Min. ruhen lassen. Inzwischen die Sauce über direkter Hitze aufwärmen. Die Koteletts warm mit der Sauce servieren.

S

In Orangensaft und Ingwer marinierte Stielkoteletts

Zubereitungszeit: 10 Min.
Marinierzeit: 1–2 Std.
Grillzeit: 5–10 Min.

Für 4 Personen

Für die Marinade
250 ml frisch gepresster Orangensaft
2 TL geriebener frischer Ingwer
1 TL fein gehackter Knoblauch
1 TL dunkles Sesamöl
½ TL grobes Meersalz
¼ TL zerstoßene rote Chiliflocken

4 Stielkoteletts vom Schwein mit Rippenknochen, je etwa 2 cm dick
Pflanzenöl
½ TL grobes Meersalz
¼ TL frisch gemahlener schwarzer Pfeffer

1. In einer mittelgroßen Schüssel die Zutaten für die Marinade vermischen.

2. Die Koteletts in einen großen, wiederverschließbaren Plastikbeutel legen und mit der Marinade übergießen. Die Luft aus dem Beutel streichen und den Beutel fest verschließen. Mehrmals wenden, damit das Fleisch gleichmäßig von der Marinade überzogen ist. Den Beutel flach in einen Behälter legen und die Koteletts 1–2 Std. im Kühlschrank marinieren, gelegentlich wenden.

3. Eine Zwei-Zonen-Glut für starke Hitze vorbereiten (siehe Seite 14–15).

4. Die Koteletts aus dem Beutel nehmen, die Marinade zurückbehalten. Das Fleisch auf beiden Seiten mit Küchenpapier trocken tupfen und gegebenenfalls Ingwer- und Knoblauchreste entfernen. Die Koteletts rundum leicht mit Öl bestreichen und gleichmäßig mit Salz und Pfeffer würzen. Vor dem Grillen 20–30 Min. bei Zimmertemperatur ruhen lassen. In der Zwischenzeit die Marinade in einem kleinen Topf auf dem Herd bei starker Hitze aufkochen und 30 Sek. köcheln lassen. Den Topf vom Herd nehmen.

5. Den Grillrost gründlich reinigen. Die Koteletts über ***direkter starker Hitze*** bei geschlossenem Deckel 3–5 Min. grillen, bis sie schön gemustert, aber nicht verkohlt sind, dabei ein- bis zweimal wenden und gegebenenfalls umplatzieren, damit sie gleichmäßig garen. Anschließend die Koteletts über ***indirekter starker Hitze*** 2–5 Min. weitergrillen, bis das Fleisch sich fest anfühlt, im Kern aber noch ein wenig rosa ist. In dieser Zeit die Koteletts erneut ein- bis zweimal wenden, gelegentlich mit der aufgekochten Marinade bestreichen und für ein gleichmäßiges Garen umplatzieren. Die Koteletts warm servieren.

Eingelegte Schweinesteaks mit süßem Papaya-Relish

Zubereitungszeit: 20 Min.
Einlegezeit: 2 Std.
Grillzeit: 10–15 Min.

Für 6 Personen

Für die Lake
Je 5 EL Zucker und grobes Meersalz

6 Schweinesteaks aus der Lende, je etwa 180 g und 3 cm dick

Für das Relish
5 EL Zucker
60 ml Reisweinessig
4 EL in feine Scheiben geschnittene Frühlingszwiebeln, nur die weißen und hellgrünen Teile
2 EL frisch gepresster Limettensaft
1 TL fein gehackte Jalapeño-Chilischote
½ TL gemahlener Kreuzkümmel
½ TL grobes Meersalz
1 kräftige Prise frisch gemahlener schwarzer Pfeffer
900 g reifes Papayafruchtfleisch, in 1 cm große Würfel geschnitten
125 g rote Paprikaschote, fein gewürfelt
4 EL fein gehackte frische Basilikumblätter
Pflanzenöl
1 TL grobes Meersalz
¾ TL frisch gemahlener schwarzer Pfeffer

1. Für die Lake in einer großen Schüssel Zucker und Salz in 1 ½ l kaltem Wasser verrühren, bis sie sich aufgelöst haben. Die Steaks einlegen, abdecken und für 2 Std. in den Kühlschrank stellen.

2. Für das Relish in einem großen Topf Zucker, Essig, Frühlingszwiebeln, Limettensaft, Chili, Kreuzkümmel, Salz und Pfeffer vermischen. Auf dem Herd aufkochen, dann die Papaya und Paprikaschote dazugeben und durchmischen. Bei mittlerer Hitze etwa 5 Min. unter gelegentlichem Rühren köcheln lassen, bis die Papaya sehr weich, aber noch nicht matschig ist. Auf Zimmertemperatur abkühlen lassen. Das Basilikum hinzufügen, abschmecken und das Relish beiseitestellen.

3. Eine Zwei-Zonen-Glut für mittlere Hitze vorbereiten (siehe Seite 14–15).

4. Die Steaks aus der Lake nehmen (sie wird nicht mehr gebraucht). Auf beiden Seiten mit Küchenpapier trocken tupfen, anschließend leicht mit Öl bestreichen und gleichmäßig mit dem Salz und Pfeffer würzen.

5. Den Grillrost gründlich reinigen. Die Steaks über ***direkter mittlerer Hitze*** bei geschlossenem Deckel 10–15 Min. grillen, dabei einmal wenden und für ein gleichmäßiges Garen auf dem Rost umplatzieren. Am Ende sollen die Steaks noch leicht rosa sein und eine Kerntemperatur von rund 65 °C haben. Warm mit dem Relish servieren.

Mango-Schweinefleisch-Spieße

Zubereitungszeit: 20 Min.
Grillzeit: 5–8 Min.

Für 4–6 Personen

250 ml frisch gepresster Orangensaft
2 EL Honig
Fein abgeriebene Schale und 2 EL Saft von
1 Bio-Limette
½ TL fein geriebener Ingwer, ¼ TL grobes Meersalz
1 EL in feine Streifen geschnittene frische Minzeblätter
900 g ausgelöste Schweinelendenkoteletts, überschüssiges
Fett entfernt, in 2½–3½ cm große Würfel geschnitten
2 EL Olivenöl
Je 1 TL reines Chilipulver und grobes Meersalz
½ TL gemahlener Kreuzkümmel
Je ½ TL Knoblauchgranulat und getrockneter Oregano
¼ TL frisch gemahlener schwarzer Pfeffer
2 große Mangos, je 350–450 g, geschält,
in 1–2½ cm große Stücke geschnitten

16 Holzspieße, mind. 30 Min. gewässert

1. In einem kleinen Topf Orangensaft, Honig, Limettenschale und -saft, Ingwer und Salz vermischen. Auf dem Herd bei mittlerer Hitze 20–30 Min. sanft köcheln lassen, bis die Mischung auf 125 ml eingekocht und sirupartig ist. Die Sauce abkühlen lassen, dann die Minze zufügen.

2. Das Fleisch in einer Schüssel gleichmäßig mit dem Öl überziehen. Die Gewürze vermengen, das Fleisch damit bestreuen und gründlich durchmischen.

3. Das Fleisch abwechselnd mit der Mango auf Spieße stecken. 20–30 Min. bei Zimmertemperatur ruhen lassen.

4. Eine Zwei-Zonen-Glut für starke Hitze vorbereiten (siehe Seite 14–15).

5. Den Grillrost gründlich reinigen. Die Spieße über ***direkter starker Hitze*** bei geschlossenem Deckel 5–8 Min. grillen, bis das Fleisch im Kern noch ganz leicht rosa ist, dabei einmal wenden und bei Bedarf umplatzieren. Mit der Sauce beträufelt warm servieren.

Gegrillte Schinken-Käse-Panini

Zubereitungszeit: 10 Min.
Grillzeit: 5–8 Min.

Für 4 Personen

4 flache Panini
2–3 EL körniger Senf
12 dünne Scheiben (etwa 225 g) italienischer
luftgetrockneter Schinken
6 dünne Scheiben (etwa 180 g) italienischer Provolone
2 geröstete rote Paprikaschoten, in 2½ cm breite
Streifen geschnitten
2–3 Handvoll frische Basilikumblätter
Olivenöl

1. Eine Zwei-Zonen-Glut für niedrige Hitze vorbereiten (siehe Seite 14–15).

2. Die Brötchen aufschneiden. Beide Schnittflächen mit Senf bestreichen. Den Schinken in kleinere Stücke schneiden und jeweils die untere Brötchenhälfte damit belegen. Die Käsescheiben halbieren und auf dem Schinken verteilen, dann Paprika und Basilikum darauflegen. Mit der oberen Brötchenhälfte bedecken und kräftig andrücken.

Jedes Panino mit einer schweren Pfanne auf den Rost drücken.

3. Die Brötchen auf beiden Seiten leicht mit Öl bestreichen. Den Grillrost gründlich reinigen. Die Panini auf den Rost legen und jedes mit einem geeigneten Gegenstand, etwa einer gusseisernen Pfanne, beschweren. Über ***direkter niedriger Hitze*** bei geöffnetem Deckel 5–8 Min. grillen, dabei jedes Panino einmal wenden und für ein gleichmäßiges Garen gegebenenfalls auf dem Rost umplatzieren. Am Ende sollen die Panini auf beiden Seiten schön geröstet und der Käse geschmolzen sein.

4. Die Brötchen auf ein Schneidbrett legen und quer halbieren oder, wenn sie als Vorspeisen gereicht werden, in kleinere Stücke schneiden. Warm servieren.

MANGO-SCHWEINEFLEISCH-SPIESSE

GEGRILLTE SCHINKEN-KÄSE-PANINI

S

Schinkensteaks mit Honig-Senf-Glasur und Bohnen-Salsa

Zubereitungszeit: 15 Min.
Salsa: 1–2 Std. ziehen lassen
Grillzeit: 8–12 Min.

Für 4 Personen

Für die Salsa

1 Dose (450 g Füllmenge) Augenbohnen oder kleine weiße Bohnen, die Bohnen abgespült und abgetropft
200 g fein gewürfelte entkernte Tomaten
4 EL fein geschnittene Frühlingszwiebeln
2 EL fein gehackte frische glatte Petersilie
2 EL frisch gepresster Limettensaft
2 EL Olivenöl
½ TL grobes Meersalz
¼ TL frisch gemahlener schwarzer Pfeffer

Für die Glasur

2 EL Olivenöl
1 EL Honig
1 EL Dijon-Senf
¼ TL Chilipulver (Gewürzmischung)

2 Scheiben geräucherter Kochschinken, je etwa 550 g und gut 1 cm dick

1. In einer mittelgroßen Schüssel die Zutaten für die Salsa gründlich vermischen und möglichst 1–2 Std. bei Zimmertemperatur ziehen lassen, damit sich die Aromen gut verbinden. Nach Belieben nachwürzen.

2. Eine Zwei-Zonen-Glut für mittlere Hitze vorbereiten (siehe Seite 14–15).

3. In einer kleinen Schüssel Öl, Honig, Senf und Chilipulver zu einer glatten Glasur verrühren.

4. Den Grillrost gründlich reinigen. Die Schinkenscheiben über ***direkter mittlerer Hitze*** bei geschlossenem Deckel 6–8 Min. grillen, dabei ein- bis zweimal wenden und auf dem Rost drehen, bis sie auf beiden Seiten das typische Grillmuster angenommen haben. Leicht mit der Honig-Senf-Glasur bestreichen und bei geschlossenem Deckel 2–4 Min. weitergrillen, bis die Ränder kross und die Schinkensteaks richtig heiß sind. In dieser Zeit beide Seiten noch ein- bis zweimal glasieren und die Steaks auf dem Rost drehen.

5. Die Schinkensteaks vom Grill nehmen und in einzelne Portionen schneiden. Mit der Salsa – möglichst ohne die angesammelte Flüssigkeit in der Schüssel – anrichten und warm servieren.

S

Grillschinken mit Orangen-Glasur

Zubereitungszeit: 15 Min.
Grillzeit: 1 ¼–2 Std.

Für 10–12 Personen

1 geräucherter Kochschinken mit Knochen, 3 ½–4 ½ kg, raumtemperiert

Für die Glasur
175 ml frisch gepresster Orangensaft
125 ml Chilisauce
5 EL Apfelessig, 2 EL brauner Zucker
Je 1 EL Dijon-Senf und Sojasauce
½ TL frisch gemahlener schwarzer Pfeffer

2 große Handvoll Pekan- oder Apfelholzchips, mind. 30 Min. gewässert

1. Eine Drei-Zonen-Glut für niedrige Hitze vorbereiten (siehe Seite 17). Eine große Tropfschale zwischen die beiden Glutbetten stellen und zur Hälfte mit warmem Wasser füllen. Die Chips abtropfen lassen und auf die glühenden Kohlen geben.

2. Den Schinken mit der flachen Seite nach unten in eine 25 x 35 cm große, stabile Aluschale ohne Löcher setzen. Die Schale auf den Grillrost stellen und etwa 250 ml Wasser angießen. Den Deckel schließen und den Schinken über ***indirekter niedriger Hitze*** etwa 1 Std. garen. Idealerweise liegt die Temperatur dabei anfangs zwischen 150 °C und 175 °C, nach 1 Std. dann bei etwa 150 °C. Ist die Hitze zu hoch, den Lüftungsschieber am Deckel bis zur Hälfte schließen, fällt sie zu stark ab, den Schieber ganz öffnen.

3. Inzwischen in einem kleinen Topf die Zutaten für die Glasur vermischen und auf dem Herd in 5–10 Min. köchelnd auf 250 ml reduzieren, gelegentlich umrühren.

4. Nach 1 Std. Grillzeit den Schinken (nicht die flache Seite) mit der Glasur bestreichen. Wenn kaum mehr Wasser in der Aluschale ist, 125 ml zugießen und den Schinken weiter bei geschlossenem Deckel über ***indirekter niedriger Hitze*** garen. Das Wasser in der Schale sollte dabei nur eben sieden, stellen Sie den Lüftungsschieber am Deckel entsprechend ein. Um die Temperatur zu halten, müssen Sie nun alle 45–60 Min. 10–12 frische Briketts nachlegen.

5. Den Schinken weitergaren und mit der Glasur bestreichen, bis seine Kerntemperatur 57 °C erreicht. Sollte er in dieser Zeit zu stark bräunen, mit Alufolie abdecken und nicht mehr glasieren. Die gesamte Grillzeit beträgt 1 ¼–2 Std., rechnen Sie etwa 10 Min. pro 450 g.

6. Den fertigen Schinken, die Alufolie gegebenenfalls abnehmen, vorsichtig auf ein Schneidbrett heben. Den Schinken lose in ein neues Stück Alufolie schlagen und 15–25 Min. ruhen lassen. Den Schinken tranchieren und warm servieren.

Gegrilltes Spanferkel

Zubereitungszeit: 20 Min.
Grillzeit: 1½–2 Std.

Für 4 Personen

800 g Spanferkel aus der Keule
Grobes Meersalz

Für die Würzsauce
1 frische rote Chilischote
1 Knoblauchzehe, geschält
50 g Petersilie, die Blätter abgezupft
10 ml Sojasauce
Saft von 1 Limette
50 g Blütenhonig
50 ml Olivenöl
Meersalz und frisch gemahlener schwarzer Pfeffer

80 g Perlzwiebeln
50 g Staudensellerie
100 g Möhren
100 g Petersilienwurzel
Olivenöl

1 große Grillform Weber® Style™

1. Das Fleisch 15 Min. in kräftig gesalzenem Wasser bei mittlerer Hitze auf dem Herd vorgaren. Herausnehmen, abtropfen lassen und in die Schwarte Rauten schneiden.

2. Für die Würzsauce die Chilischote fein würfeln. Die Knoblauchzehe fein hacken, die Petersilienblätter in Streifen schneiden. Chili und Knoblauch mit der Sojasauce, dem Limettensaft und dem Blütenhonig vermischen. Das Olivenöl unterrühren, salzen, pfeffern und die in Streifen geschnittene Petersilie untermengen.

3. Eine Zwei-Zonen-Glut für mittlere Hitze vorbereiten (siehe Seite 14–15).

4. Das Fleisch mit der Würzsauce überziehen, den Rest zum Bestreichen beiseitestellen. Perlzwiebeln, Staudensellerie, Möhren und Petersilienwurzel schälen und in 2 x 2 cm große Stücke schneiden. Öl in die Grillform geben und das Gemüse einfüllen, dann das vorbereitete Fleisch darauflegen. Die Grillform auf den Rost stellen und das Fleisch 1½–2 Std. bei ***indirekter mittlerer Hitze*** (achten Sie auf eine konstante Temperatur von 180 °C) und geschlossenem Deckel garen, dabei mehrfach mit der restlichen Würzsauce bepinseln, bis das Fleisch eine Kerntemperatur von 77 °C erreicht hat.

Gegrilltes Spanferkel

Zubereitungszeit: 20 Min.
Grillzeit: 1½–2 Std.

Für 4 Personen

800 g Spanferkel aus der Keule
Grobes Meersalz

Für die Würzsauce
1 frische rote Chilischote
1 Knoblauchzehe, geschält
50 g Petersilie, die Blätter abgezupft
10 ml Sojasauce
Saft von 1 Limette
50 g Blütenhonig
50 ml Olivenöl
Meersalz und frisch gemahlener schwarzer Pfeffer

80 g Perlzwiebeln
50 g Staudensellerie
100 g Möhren
100 g Petersilienwurzel
Olivenöl

1 große Grillform Weber® Style™

1. Das Fleisch 15 Min. in kräftig gesalzenem Wasser bei mittlerer Hitze auf dem Herd vorgaren. Herausnehmen, abtropfen lassen und in die Schwarte Rauten schneiden.

2. Für die Würzsauce die Chilischote fein würfeln. Die Knoblauchzehe fein hacken, die Petersilienblätter in Streifen schneiden. Chili und Knoblauch mit der Sojasauce, dem Limettensaft und dem Blütenhonig vermischen. Das Olivenöl unterrühren, salzen, pfeffern und die in Streifen geschnittene Petersilie untermengen.

3. Eine Zwei-Zonen-Glut für mittlere Hitze vorbereiten (siehe Seite 14–15).

4. Das Fleisch mit der Würzsauce überziehen, den Rest zum Bestreichen beiseitestellen. Perlzwiebeln, Staudensellerie, Möhren und Petersilienwurzel schälen und in 2 x 2 cm große Stücke schneiden. Öl in die Grillform geben und das Gemüse einfüllen, dann das vorbereitete Fleisch darauflegen. Die Grillform auf den Rost stellen und das Fleisch 1½–2 Std. bei ***indirekter mittlerer Hitze*** (achten Sie auf eine konstante Temperatur von 180 °C) und geschlossenem Deckel garen, dabei mehrfach mit der restlichen Würzsauce bepinseln, bis das Fleisch eine Kerntemperatur von 77 °C erreicht hat.

G

GEFLÜGEL

136 Hähnchenspieße mit Erdnusssauce
138 Hähnchen-Tortillas mit Tomatillo-Salsa
140 Hähnchen-Burritos
141 Gegrillte Hähnchen-Käse-Panini mit Rucola
142 Chinesischer Hähnchensalat
143 Hähnchenbrust mit Rosmarin und Oliven-Mayonnaise
144 Paella mit Hähnchen, Wurst und Garnelen
146 In Tequila marinierte Hähnchenschenkel
146 Gegrillte Hähnchenschenkel Hong Kong
Charcoal Fanatic Nr. 5 148 Holzkohle-Fan: Andy Griffith
149 Andys Jerk-Chicken
150 Hähnchenschenkel mit Alabama-Grillsauce
151 Gegrillte Entenkeulen mit Bourbon-Würzsauce
152 Asia-Entenbrust mit Senfsauce
Charcoal Fanatic Nr. 6 154 Holzkohle-Fan: John Gerald Gleeson
154 Johns Grillhähnchen mit Würzpaste
156 Barbecue-Hähnchen mit Pfirsich-Chutney
158 Räucherhähnchen
160 Bierdosen-Hähnchen mit Knoblauch und Oregano
161 Ein ganzes Hähnchen vom Spieß
162 Puten-Burger mit Frühlingszwiebeln und Pilzen
164 Einen Truthahn grillen
166 Saftiger Truthahn vom Grill mit Bratensauce

Hähnchenspieße mit Erdnusssauce

Zubereitungszeit: 30 Min.
Marinierzeit: 1–4 Std.
Grillzeit: 2 x 6 Min.

Für 4 Personen

Für die Marinade
4 EL Erdnussöl
Saft und abgeriebene Schale von 1 Bio-Limette
1 EL Fischsauce
2 TL scharfe Chili-Knoblauch-Sauce (Asia-Laden)
1 TL gemahlene Koriandersamen
1 TL gemahlener Kreuzkümmel

4 Hähnchenbrustfilets, je etwa 250 g

Für den Salat
1 Salatgurke
1 EL fein gehackte frische Minzeblätter
2 TL frisch gepresster Limettensaft
1 TL Zucker
½ TL grobes Meersalz

Für die Sauce
125 g Erdnusscreme
125 ml Kokosmilch
2 EL frisch gespresster Limettensaft
2 TL scharfe Chili-Knoblauch-Sauce (Asia-Laden)
2 TL Fischsauce

16 Holzspieße, mind. 30 Min. gewässert

1. In einer mittelgroßen Schüssel die Zutaten für die Marinade vermischen.

2. Jede Hähnchenbrust quer in 1 cm breite Streifen schneiden. Die Hähnchenstreifen in der Schüssel vollständig mit der Marinade überziehen. Abdecken und 1–4 Std. in den Kühlschrank stellen.

3. Die Gurke längs vierteln, die Kerne entfernen und das Fruchtfleisch quer in sehr dünne Scheiben schneiden. In einer Schüssel die Gurkenscheiben mit den restlichen Zutaten für den Salat vermengen. Mind. 30 Min. bei Zimmertemperatur ziehen lassen.

4. In einem kleinen Topf die Zutaten für die Sauce vermischen und auf sehr kleiner Stufe 3–5 Min. unter gelegentlichem Rühren mit dem Schneebesen erwärmen, bis eine glatte Sauce entsteht. Die Sauce nicht köcheln lassen! Sollte sie zu dickflüssig sein, 1–2 EL Wasser einarbeiten. Den Topf vom Herd nehmen.

5. Das Hähnchenfleisch aus der Marinade nehmen (sie wird nicht weiterverwendet) und jeweils 2–3 Streifen der Länge nach auf die Spieße stecken.

6. Eine Zwei-Zonen-Glut für starke Hitze vorbereiten (siehe Seite 14–15).

7. Den Grillrost gründlich reinigen. Die Hähnchenspieße in zwei Durchgängen über ***direkter starker Hitze*** bei geschlossenem Deckel 6 Min. grillen, dabei die Holzenden der Spieße über indirekte Hitze legen, damit sie nicht verbrennen. Die Hähnchenspieße nach 4 Min. wenden und bei geschlossenem Deckel 2 Min. weitergrillen, bis sich das Fleisch fest anfühlt und durchgebraten ist. In dieser Zeit die Spieße bei Bedarf auf dem Rost umplatzieren, damit sie gleichmäßig garen. In der Zwischenzeit die Sauce auf dem Herd bei niedriger Hitze erwärmen. Die Hähnchenspieße warm mit dem Salat und der Erdnusssauce servieren.

Hähnchen-Tortillas mit Tomatillo-Salsa

Zubereitungszeit: 25 Min.
Marinierzeit: 2 Std.
Grillzeit: 15–20 Min.

Für 4–6 Personen

Für die Marinade
4 EL frisch gepresster Orangensaft
3 EL frisch gepresster Limettensaft
3 EL Olivenöl
2 EL fein gehacktes frisches Koriandergrün
1 EL fein gehackte frische Jalapeño-Chilischote
1 EL fein gehackter Knoblauch
¾ TL gemahlener Kreuzkümmel
½ TL grobes Meersalz

4 Hähnchenbrustfilets, je etwa 200 g

G

Für die Salsa
1 mittelgroße Zwiebel, geschält und in 1 cm breite Scheiben geschnitten
Olivenöl
10 mittelgroße Tomatillos (etwa 250 g), die Hülle entfernt, gewaschen
1 kleine Jalapeño-Chilischote, das Stielende entfernt
1 Handvoll frische Korianderblätter und zarte -stiele
1 mittelgroße Knoblauchzehe, geschält
½ TL Vollrohrrohzucker
½ TL grobes Meersalz

12 Weizenmehltortillas (Ø 20 cm)
200 g Sauerrahm (20 %)

1. In einer Schüssel die Zutaten für die Marinade mit einem Schneebesen verrühren. Die Hähnchenfilets in einem großen, wiederverschließbaren Plastikbeutel mit der Marinade übergießen. Die Luft aus dem Beutel streichen und den Beutel fest verschließen. Mehrmals wenden, damit das Fleisch gleichmäßig von der Marinade überzogen ist. 2 Std. kalt stellen.

2. Eine Zwei-Zonen-Glut für starke Hitze vorbereiten (siehe Seite 14–15).

Wählen Sie Tomatillos, die schön fest sind.

3. Für die Salsa die Zwiebelscheiben auf beiden Seiten leicht mit Öl bestreichen. Den Grillrost gründlich reinigen. Zwiebeln, Tomatillos und Chili über ***direkter starker Hitze*** bei geschlossenem Deckel 5–8 Min. grillen, bis sie schön gebräunt sind, dabei ein- bis zweimal wenden und gegebenenfalls umplatzieren, damit sie gleichmäßig garen. Die Tomatillos sollen am Ende ganz weich sein. Vom Grill nehmen und zusammen mit den restlichen Zutaten in der Küchenmaschine zu einer möglichst glatten Salsa mixen. Abschmecken und die Salsa in eine Servierschüssel umfüllen.

4. Für mittlere Hitze gegebenenfalls Holzkohle nachlegen. Das Hähnchenfleisch aus der Marinade nehmen (sie wird nicht weiterverwendet). Einen Stapel von je 6 Tortillas in Alufolie einschlagen. Wenn die gewünschte Temperatur erreicht ist, den Grillrost gründlich reinigen. Das Hähnchenfleisch über ***direkter mittlerer Hitze*** bei geschlossenem Deckel 10–12 Min. grillen, bis es sich fest anfühlt und durchgegart ist, dabei ein- bis zweimal wenden und bei Bedarf auf dem Rost umplatzieren, damit es gleichmäßig gart. Gleichzeitig die Tortillapakete 3–5 Min. über ***indirekte mittlere Hitze*** legen, bis die Fladen durchgewärmt und weich sind. Das Fleisch und die Tortillas vom Grill nehmen. Das Fleisch in möglichst dünne Scheiben schneiden.

5. Die Tortillas aus der Folie wickeln und mit dem Hähnchenfleisch füllen. Warm mit der Salsa und dem Sauerrahm servieren.

Hähnchen-Burritos

G

Zubereitungszeit: 30 Min.
Grillzeit: 10–15 Min.

Ergibt 8 Burritos

- 4 Hähnchenbrustfilets, je etwa 200 g
- Olivenöl
- ½ TL gemahlener Kreuzkümmel
- ½ TL grobes Meersalz
- ¼ TL frisch gemahlener schwarzer Pfeffer
- 2 mittelgroße Poblano-Chilischoten
- 2 EL Butter
- 1 große Zwiebel, 1 cm groß gewürfelt
- 2 TL fein gehackter Knoblauch
- 200 g pikanter französischer Weichkäse (vorzugsweise Neufchâtel), in Stücke geschnitten
- 400 g fein gewürfelte reife Tomaten
- 4 EL fein gehacktes frisches Koriandergrün
- 180 g geriebener milder Cheddar
- 8 Weizenmehltortillas (Ø 20–25 cm)
- 1 Dose schwarze Bohnen (etwa 425 g Füllmenge), die Bohnen abgespült und abgetropft
- 500 ml Tomatensalsa (aus dem Glas)

1. Eine Zwei-Zonen-Glut für mittlere Hitze vorbereiten (siehe Seite 14–15).

2. Die Hähnchenbrüste auf beiden Seiten leicht mit Öl bestreichen und gleichmäßig mit Kreuzkümmel, Salz und Pfeffer würzen. Den Grillrost gründlich reinigen. Das Fleisch über ***direkter mittlerer Hitze*** bei geschlossenem Deckel 8–12 Min. grillen, bis es durchgegart ist, dabei ein- bis zweimal wenden und bei Bedarf umplatzieren. Gleichzeitig die Chilis 7–9 Min. unter mehrmaligem Wenden rundum dunkel bräunen. Die Chilis in einer mit Frischhaltefolie abgedeckten Schüssel 10 Min. beiseitestellen, anschließend die verkohlte Haut abziehen und die Chilis von den Stielenden und Samen befreien. Das Fruchtfleisch 5 mm groß würfeln. Das Hähnchenfleisch in 5 mm breite Streifen schneiden.

3. Die Butter in einem Topf auf dem Herd bei mittlerer Hitze zerlassen. Die Zwiebel darin in etwa 5 Min. unter gelegentlichem Rühren weich dünsten, dann den Knoblauch zufügen und 2–3 Min. mitdünsten. Den Käse zugeben und glatt rühren. Chilis, Tomaten und das Fleisch untermengen und alles weitere 5 Min. garen. Den Koriander einrühren und den Topf vom Herd nehmen.

4. Eine Lage geriebenen Käse auf jede Tortilla streuen, dabei einen 1 cm breiten äußeren Rand lassen. Jeweils etwas von der Hähnchen-Käse-Mischung und den Bohnen darauflöffeln. Die Seiten über die Füllung schlagen und die Tortillas aufrollen. Mit der Nahtseite nach unten über ***direkter mittlerer Hitze*** bei geöffnetem Deckel 2–3 Min. grillen, dabei einmal behutsam wenden, bis der geriebene Käse geschmolzen ist und die Burritos schön gemustert sind. Warm mit der Tomatensalsa servieren.

Gegrillte Hähnchen-Käse-Panini mit Rucola

Zubereitungszeit: 15 Min.
Grillzeit: 8–10 Min.

Für 4 Personen

4 Hähnchenbrustfilets, je etwa 150 g
Olivenöl
1 TL Chilipulver (Gewürzmischung)
1 TL grobes Meersalz
½ TL frisch gemahlener schwarzer Pfeffer
3 EL Mayonnaise
2 EL Dijon-Senf
8 Scheiben italienisches Landbrot, je etwa 1 cm dick
2 Handvoll zarte Rucolablätter
4 dünne Scheiben geräucherter Gouda

1. Eine Zwei-Zonen-Glut für starke Hitze vorbereiten (siehe Seite 14–15).

2. Die Hähnchenbrüste zwischen zwei Lagen Frischhaltefolie auf 1 cm flach klopfen. Das Fleisch auf beiden Seiten leicht mit Öl bestreichen und gleichmäßig mit Chilipulver, Salz und Pfeffer würzen. Den Grillrost gründlich reinigen. Das Fleisch über ***direkter starker Hitze*** bei geschlossenem Deckel 4–5 Min. grillen, bis es sich fest anfühlt und durchgegart ist. In dieser Zeit einmal wenden und bei Bedarf umplatzieren, damit es gleichmäßig gart.

3. In einer Schüssel die Mayonnaise mit dem Senf vermischen.

Die Hähnchenbrüste zwischen zwei Lagen Frischhaltefolie gleichmäßig flach klopfen.

4. Die Brotscheiben in einer Lage auf ein großes Backblech legen. Mit Olivenöl beträufeln, wenden und mit der Senf-Mayonnaise bestreichen. 4 Brotscheiben jeweils mit Hähnchen, Rucola und Käse belegen und die restlichen Brotscheiben mit der Mayonnaiseseite nach unten darauflegen. Die belegten Brote kräftig andrücken. Sie können die Brote bis zu diesem Schritt einige Stunden vor dem Servieren vorbereiten und in Frischhaltefolie gewickelt kalt stellen.

5. Die Panini über ***direkte niedrige Hitze*** legen und mit einem Backblech abdecken, das Sie mit einem Gegenstand, beispielsweise einer gusseisernen Pfanne, beschweren. Bei geöffnetem Deckel die Panini auf beiden Seiten 4–5 Min. goldbraun grillen, dabei einmal mit einem Pfannenheber wenden und die Brote für ein gleichmäßiges Garen bei Bedarf umplatzieren. Am Ende soll der Käse geschmolzen sein. Die Panini vom Grill nehmen, halbieren oder vierteln und warm servieren.

Chinesischer Hähnchensalat

G

Zubereitungszeit: 30 Min.
Grillzeit: 10–12 Min.

Für 4 Personen

Für den Salat
- 2 Hähnchenbrustfilets, je etwa 200 g
- 1 EL Erdnussöl
- ½ TL reines Chilipulver, ½ TL grobes Meersalz
- ¼ TL frisch gemahlener schwarzer Pfeffer
- 2 mittelgroße Möhren, grob geraspelt
- 150 g Cashewkerne, grob gehackt
- 1 große Handvoll Sprossen
- 5 EL in feine Scheiben geschnittene Frühlingszwiebeln, nur die weißen und hellgrünen Teile
- 4 EL Schnittlauchröllchen

Für das Dressing
- 2 EL Erdnussöl, 1 EL Reisweinessig
- 2 TL Honig, 1 TL Sojasauce
- 1 TL schwarze Bohnensauce mit Knoblauch (Asia-Laden)
- 1 TL fein gehackter Knoblauch
- 1 TL fein geriebener frischer Ingwer
- ½ TL dunkles Sesamöl
- 1 kräftige Prise Senfpulver
- 1 kräftige Prise frisch gemahlener schwarzer Pfeffer

1. Eine Zwei-Zonen-Glut für mittlere Hitze vorbereiten (siehe Seite 14–15).

2. Das Hähnchenfleisch leicht mit Öl bestreichen und gleichmäßig mit Chilipulver, Salz und Pfeffer würzen. Den Grillrost gründlich reinigen. Das Fleisch über ***direkter mittlerer Hitze*** bei geschlossenem Deckel 10–12 Min. grillen, dabei ein- bis zweimal wenden, bis es sich fest anfühlt und durchgegart ist. In dieser Zeit das Fleisch bei Bedarf auf dem Rost umplatzieren, damit es gleichmäßig gart. Vom Grill nehmen und abkühlen lassen.

3. Das abgekühlte Hähnchenfleisch mit den Fingern grob in etwa 5 mm breite und 2–2 ½ cm lange Stücke zerpflücken. In einer großen Schüssel mit den restlichen Zutaten für den Salat gründlich vermischen.

4. In einer kleinen Schüssel die Zutaten für das Dressing mit dem Schneebesen zu einer glatten Mischung verrühren. Den Salat mit so viel Dressing anmachen, dass alle Zutaten leicht damit überzogen sind. Sofort servieren oder mit Frischhaltefolie abgedeckt bis zu 8 Std. kalt stellen und anschließend raumtemperiert servieren.

Hähnchenbrust mit Rosmarin und Oliven-Mayonnaise

Zubereitungszeit: 15 Min.
Marinierzeit: 1–2 Std.
Grillzeit: 10–12 Min.

Für 4 Personen

Für die Paste
4 EL Olivenöl
1 EL fein gehackte frische Rosmarinblätter
1 EL Dijon-Senf
1 EL frisch gepresster Zitronensaft
2 TL fein gehackter Knoblauch
1 TL grobes Meersalz
½ TL gemahlene Fenchelsamen
¼ TL frisch gemahlener schwarzer Pfeffer

4 Hähnchenbrustfilets, je etwa 180 g

Für die Oliven-Mayonnaise
125 ml Mayonnaise
2 EL dunkle Olivenpaste (Tapenade)
1 EL frisch gepresster Zitronensaft
1 TL fein gehackte frische Rosmarinblätter
¼ TL frisch gemahlener schwarzer Pfeffer

1. In einer kleinen Schüssel die Zutaten für die Paste vermischen. Die holzigen Stiele der Rosmarinzweige beiseitelegen und später auf die Glut geben. Die Hähnchenfilets auf beiden Seiten mit der Paste bestreichen und abgedeckt auf einem Teller 1–2 Std. kalt stellen.

2. In einer kleinen Schüssel die Zutaten für die Oliven-Mayonnaise mit dem Schneebesen zu einer glatten Masse verrühren. Abdecken und bis 30 Min. vor dem Servieren in den Kühlschrank stellen.

3. Eine Zwei-Zonen-Glut für mittlere Hitze vorbereiten (siehe Seite 14–15).

4. Den Grillrost gründlich reinigen. Die Rosmarinstiele auf die Glut legen. Die Hähnchenfilets über ***direkter mittlerer Hitze*** bei geschlossenem Deckel 10–12 Min. grillen, bis das Fleisch sich fest anfühlt und durchgegart ist. Die Filets in dieser Zeit ein- bis zweimal wenden und gegebenenfalls auf dem Rost umplatzieren, damit sie gleichmäßig garen. Vom Grill nehmen und warm oder raumtemperiert mit der Oliven-Mayonnaise servieren.

G

Paella mit Hähnchen, Wurst und Garnelen

Zubereitungszeit: 25 Min.
Grillzeit: etwa 1 Std.

Für 4–6 Personen

Für die Brühe
150 g Zwiebeln, in 1 cm große Würfel geschnitten
1 ½ EL in feine Scheiben geschnittener Knoblauch
2 EL Olivenöl
1 EL Tomatenmark
1 Lorbeerblatt
¼ TL Paprikapulver
¼ TL getrockneter Oregano
1 ½ l Hühnerbrühe
¼ TL grobes Meersalz
¼ TL zerstoßene Safranfäden

4 ausgelöste Hähnchenoberschenkel ohne Haut, je etwa 100 g
4 EL Olivenöl
½ TL grobes Meersalz
¼ TL frisch gemahlener schwarzer Pfeffer
2 große scharfe italienische Würste, je etwa 170 g
Je 1 große rote und grüne Paprikaschote, in 1 cm große Stücke geschnitten
325 g Arborio-Reis
15 mittelgroße rohe ungeschälte Garnelen, Darm entfernt
1 EL grob gehackte frische glatte Petersilie

1. Eine Zwei-Zonen-Glut für starke Hitze vorbereiten (siehe Seite 14–15).

2. In einem ofenfesten Topf die Zwiebeln mit dem Knoblauch über ***direkter starker Hitze*** in dem Öl 3–5 Min. unter häufigem Rühren glasig dünsten. Tomatenmark, Lorbeerblatt, Paprikapulver und Oregano zufügen und unter ständigem Rühren etwa 1 Min. garen. Die Hühnerbrühe, Salz und Safran dazugeben und im verschlossenen Topf zum Kochen bringen. Den Deckel abnehmen, den Topf mittig auf den Grillrost schieben und die Brühe etwa 5 Min. köcheln lassen. Anschließend das Lorbeerblatt entfernen, den Topf erneut verschließen, vorsichtig vom Grill nehmen und beiseitestellen.

3. Die Hähnchenschenkel auf beiden Seiten leicht mit 2 EL des Olivenöls bestreichen und gleichmäßig mit Salz und Pfeffer würzen. Den Grillrost gründlich reinigen. Das Hähnchenfleisch über ***direkter starker Hitze*** bei geschlossenem Deckel 4–6 Min. grillen, bis es schön gebräunt, aber noch nicht gar ist. Das Fleisch dabei einmal wenden und für ein gleichmäßiges Garen bei Bedarf umplatzieren. Gleichzeitig die Würste über ***indirekter starker Hitze*** 8–12 Min. grillen, bis sie fest sind; gelegentlich wenden und gegebenenfalls auf dem Rost umplatzieren. Das Hähnchenfleisch und die Würste auf einem Schneidbrett in 2 cm große Stücke schneiden.

4. Zur Fertigstellung der Paella müssen Sie jetzt wahrscheinlich Holzkohle für starke Hitze nachlegen.

5. Wenn die Glut die erforderliche Temperatur erreicht hat, eine etwa 30 cm große gusseiserne Pfanne über ***direkte starke Hitze*** stellen. Die restlichen 2 EL Olivenöl in die Pfanne geben und, bevor es zu rauchen beginnt, die Paprikaschoten hinzufügen. Unter gelegentlichem Rühren in 3–4 Min. weich braten. 1 ¼ l der Brühe in die Pfanne gießen und den Reis gleichmäßig einstreuen – er muss vollständig von der Brühe bedeckt sein. Die Pfanne so auf dem Grillrost platzieren, dass die Brühe nur sanft köchelt, und den Reis bei geschlossenem Grilldeckel 15 Min. garen. In dieser Zeit die Pfanne ein- bis zweimal drehen.

6. Das Hähnchenfleisch und die Wurst unter den Reis geben. Sollte er zu trocken aussehen, die restlichen 250 ml Brühe hinzufügen und gut umrühren, damit der Reis nicht am Pfannenboden ansetzt. Die Paella bei geschlossenem Grilldeckel etwa 10 Min. weitergaren, bis der Reis bissfest ist. Die Pfanne in dieser Zeit einmal drehen.

7. Jetzt die Garnelen unter den Reis geben, kurz umrühren, den Grilldeckel erneut schließen und die Garnelen 5–7 Min. garen, bis sie gerade eben durch sind und der Reis am Pfannenboden schon ein wenig knusprig wird. Die Pfanne vorsichtig vom Grill nehmen. Die Paella abschmecken und mit der Petersilie bestreuen. Vor dem Servieren etwa 5 Min. abkühlen lassen.

In Tequila marinierte Hähnchenschenkel

Zubereitungszeit: 10 Min.
Marinierzeit: 6–8 Std.
Grillzeit: 30–40 Min.

Für 4 Personen

Für die Marinade
125 ml frisch gepresster Orangensaft
4 EL Tequila
2 EL frisch gepresster Limettensaft
2 EL Olivenöl
1 EL Tabasco (vorzugsweise Chipotle Pepper)
1 EL grob gehackter Knoblauch
1 ½ TL grobes Meersalz
1 TL getockneter Oregano
¼ TL frisch gemahlener schwarzer Pfeffer

8 Hähnchenoberschenkel, je etwa 150 g, überschüssiges Fett entfernt

1. In einer Schüssel die Zutaten für die Marinade vermischen. Das Fleisch in einem großen, wiederverschließbaren Plastikbeutel mit der Marinade übergießen. Die Luft aus dem Beutel streichen und den Beutel fest verschließen. Mehrmals wenden, dann flach in einen geeigneten Behälter legen und 6–8 Std. kalt stellen. In dieser Zeit die Hähnchenschenkel einmal wenden.

2. Eine Zwei-Zonen-Glut für niedrige Hitze vorbereiten (siehe Seite 14–15).

3. Das Fleisch aus der Marinade nehmen, die Marinade in einen kleinen Topf gießen. Auf dem Herd aufkochen und mind. 30 Sek. köcheln lassen. Die Hähnchenschenkel 20–30 Min. vor dem Grillen ruhen lassen.

4. Den Grillrost gründlich reinigen. Die Hähnchenschenkel mit der Hautseite nach unten über ***direkter niedriger Hitze*** bei geschlossenem Deckel 30–40 Min. grillen, bis das Fleisch fest und durchgebraten ist, dabei alle 5 Min. wenden und die Schenkel bei Bedarf umplatzieren, damit sie gleichmäßig garen. In den letzten 20 Min. das Fleisch auf beiden Seiten mehrmals mit der aufgekochten Marinade bestreichen. Warm oder raumtemperiert servieren.

Gegrillte Hähnchenschenkel Hong Kong

Zubereitungszeit: 10 Min.
Marinierzeit: 2 Std.
Grillzeit: 30–40 Min.

Für 4 Personen

4 Hähnchenoberschenkel, je etwa 150 g, überschüssiges Fett entfernt
4 Hähnchenunterschenkel, je etwa 100 g
1 TL grobes Meersalz
½ TL frisch gemahlener schwarzer Pfeffer

Für die Sauce
2 EL Hoisin-Sauce (Asia-Laden)
2 EL Apfelessig
1 ½ EL Dijon-Senf
2 TL Sojasauce, 2 TL Erdnussöl
¼ TL frisch gemahlener schwarzer Pfeffer

1. Das Hähnchenfleisch auf allen Seiten mit Salz und Pfeffer würzen. Abgedeckt 2 Std. kalt stellen. Vor dem Grillen 20–30 Min. Zimmertemperatur annehmen lassen.

2. Inzwischen eine Zwei-Zonen-Glut für mittlere Hitze vorbereiten (siehe Seite 14–15).

3. In einer kleinen Schüssel die Zutaten für die Sauce verrühren.

4. Den Grillrost gründlich reinigen. Die Hähnchenschenkel mit der Hautseite nach unten über ***direkter mittlerer Hitze*** bei geschlossenem Deckel etwa 10 Min. grillen, bis sie goldbraun sind, dabei gelegentlich wenden und auf dem Grillrost umplatzieren.

5. Die Hähnchenschenkel anschließend über ***indirekte mittlere Hitze*** legen und bei geschlossenem Deckel etwa 10 Min. weitergrillen. Anschließend jede Seite leicht mit der Sauce bestreichen und weitere 10–20 Min. über ***indirekter mittlerer Hitze*** bei geschlossenem Deckel garen, bis beim Einstechen klarer Fleischsaft austritt und das Fleisch am Knochen nicht mehr rosa ist. In dieser Zeit gelegentlich wenden und mit der Sauce bestreichen. Die Schenkel nach Bedarf umplatzieren, damit sie gleichmäßig garen. Warm oder raumtemperiert servieren.

IN TEQUILA MARINIERTE HÄHNCHENSCHENKEL

GEGRILLTE HÄHNCHENSCHENKEL HONG KONG

DER WEBER SPEZIAL TIPP

Andy Griffith

Der leidenschaftliche Holzkohle-Griller Andy Griffith bringt wenig Geduld auf für blasse Imitationen des berühmten jamaikanischen »Jerk-Chicken«. »Tut mir leid«, meint er, »aber diese leicht gewürzten, über Gas gegrillten Hühnerbrüste haben einfach nichts mit dem zu tun, was ich in einigen Jerk-Hütten auf Jamaika gegessen habe.« Schon in seiner Kinder- und Jugendzeit in South Wales verbrachte Andy von Zeit zu Zeit seine Ferien in der Karibik. »Dort«, sagt er, »durchdringt das umwerfende rauchige Aroma das Fleisch bis zu den Knochen – der Geschmack ist schlicht elektrisierend.«

Die Hähnchenschenkel mit Einschnitten versehen, damit die Aromen der Marinade und des Rauchs tief in das Fleisch dringen können.

Andys Version von Jerk-Chicken startet mit einer flüssigen Marinade, mit der er die Hähnchenober- und unterschenkel (bitte kein Brustfleisch verwenden) überzieht. Die wirklich wichtigen Gewürze sind Piment, Thymian und natürlich Chilischoten – und die nicht zu knapp! Sein Jerk-Chicken ist scharf, sogar ziemlich scharf. »Aber«, beruhigt Andy, »keine Sorge, mit einem kalten Bier und einem Taschentuch geht's einem wieder gut.«

Auf Jamaika wird Jerk traditionell über Pimentholz bereitet. Andy empfiehlt als Ersatz Apfelholz, vorausgesetzt, die Marinade enthält genug Piment. Er räuchert das Hähnchenfleisch bei niedriger Temperatur, danach ist es so zart, dass es förmlich von den Knochen fällt. Um dann aber die Haut kross und knusprig hinzubekommen, wird es abschließend über die heiße Glut gelegt. Auf diese Weise lässt sich das Fleisch auch schnell wieder erwärmen, nachdem man es mehrere Stunden kalt gestellt hat.

LIVE FIRE WISDOM · WEBER'S CHARCOAL ·

Andys Jerk-Chicken

Zubereitungszeit: 25 Min.
Marinierzeit: 12–15 Std.
Grillzeit: etwa 2 Std.

Für 4–6 Personen

Für die Marinade

125 ml frisch gepresster Orangensaft
125 ml frisch gepresster Limettensaft
1 Bund Frühlingszwiebeln, die weißen und hellgrünen Teile grob gehackt
2–3 sehr scharfe Chilischoten, Stielansatz und Samen entfernt
3 große Knoblauchzehen, grob gehackt
1 EL frische Thymianblättchen (oder 2 TL getrockneter Thymian)
1 EL gemahlener Piment
1 EL grobes Meersalz
2 TL frisch gemahlener schwarzer Pfeffer
1 TL gemahlener Zimt
1 TL Senfpulver
¼ TL frisch geriebene Muskatnuss

1 ½ kg Hähnchenober- und -unterschenkel

2 große Handvoll Apfelholzchips (oder 2 große Holzstücke), mind. 30 Min. gewässert

1. Die Zutaten für die Marinade (tragen Sie Gummihandschuhe, wenn Sie die Chilis vorbereiten) in der Küchenmaschine etwa 1 Min. durchmixen, bis die festen Zutaten vollständig zerkleinert sind.

2. Von den Hähnchenschenkeln überschüssiges Fett und herabhängendes Fleisch entfernen und wegwerfen. Mit einem scharfen Messer jeweils ein paar flache Einschnitte in das Fleisch schneiden. Die Schenkel in ein tiefes Backblech legen und mit einem Löffel auf allen Seiten mit der Marinade überziehen. Mit Frischhaltefolie abgedeckt 12–15 Std. in den Kühlschrank stellen.

3. Eine Zwei-Zonen-Glut für niedrige Hitze vorbereiten (siehe Seite 14–15). Häufen Sie die Holzkohle so auf eine Seite, dass nicht mehr als ein Drittel des Kohlerosts mit ihr bedeckt ist. Wenn Sie einen Räuchergrill verwenden, sollte die Temperatur zwischen 105 °C und 120 °C liegen. Die Hälfte der Chips (oder 1 Holzstück) abtropfen lassen und auf die Glut legen.

4. Das Fleisch aus der Marinade nehmen und 20–30 Min. bei Zimmertemperatur ruhen lassen. Die Marinade in einen kleinen Topf gießen und abgedeckt kalt stellen.

5. Den Grillrost gründlich reinigen. Wenn das Holz zu rauchen beginnt, die Hähnchenschenkel mit der Hautseite nach unten über ***indirekter niedriger Hitze*** bei geschlossenem Deckel 1 Std. grillen. Danach müssen Sie bei einem Holzkohlegrill wahrscheinlich 8–10 frische Briketts (oder die entsprechende Menge Kohlestücke) nachlegen.

6. Die Marinade auf dem Herd zum Kochen bringen und mind. 30 Sek. köcheln lassen. Anschließend das Fleisch rundum mit der Marinade bestreichen und mit der Hautseite nach oben zurück auf den Rost legen. Die restlichen Chips (bzw. das Holzstück) abtropfen lassen und auf die Glut geben. Das Fleisch bei geschlossenem Deckel 45–60 Min. weitergrillen, bis es durchgegart ist. Vom Grill nehmen und vor dem Servieren 30–60 Min. kalt stellen.

7. Eine Zwei-Zonen-Glut für mittlere Hitze vorbereiten (siehe Seite 14–15).

8. Um die Haut knusprig zu grillen, die Hähnchenschenkel mit der Hautseite nach unten über ***direkter mittlerer Hitze*** bei geschlossenem Deckel 5–10 Min. grillen, dabei ein- bis zweimal wenden und für ein gleichmäßiges Bräunen gegebenenfalls umplatzieren, bis das Fleisch durchgewärmt und die Haut rundum schön gebräunt und knusprig ist. Warm servieren.

Hähnchenschenkel mit Alabama-Grillsauce

G

Zubereitungszeit: 15 Min.
Grillzeit: 30–40 Min.

Für 4–6 Personen

Für die Sauce
1 große Zwiebel, geschält
2 mittelgroße Knoblauchzehen, geschält
4 EL Butter
125 ml trockener Weißwein
250 ml Salatmayonnaise
1 kleine Handvoll grob gehackte frische Estragonblätter
4 EL Apfelessig (5 % Säure)
2 EL frisch gepresster Zitronensaft
1 EL Dijon-Senf
1 EL Zucker
½ TL mittelscharfe Chilisauce
1 TL Meersalz
1 TL grob zerstoßener schwarzer Pfeffer

16 Hähnchenunterschenkel, je etwa 100 g
Pflanzenöl
2 TL grobes Meersalz
½ TL frisch gemahlener schwarzer Pfeffer

1. Zwiebel und Knoblauch musartig fein hacken. In einem Topf die Butter bei mittlerer Hitze auf dem Herd zerlassen und die Zwiebel-Knoblauch-Mischung darin unter gelegentlichem Rühren 2–3 Min. dünsten. Mit dem Wein ablöschen, gut umrühren und den Wein in 2–3 Min. auf die Hälfte reduzieren, gelegentlich umrühren. Den Topfinhalt etwa 5 Min. abkühlen lassen, dann die restlichen Zutaten für die Sauce unterrühren. Die Sauce sollte am Ende eine leicht stichfeste Konsistenz haben. Abdecken und vor dem Servieren 1 Std. kalt stellen.

2. Eine Zwei-Zonen-Glut für mittlere Hitze vorbereiten (siehe Seite 14–15). Das Fleisch vor dem Grillen 20–30 Min. Zimmertemperatur annehmen lassen. Rundum mit Öl bestreichen und mit Salz und Pfeffer würzen.

3. Den Grillrost gründlich reinigen. Die Hähnchenschenkel über ***indirekter mittlerer Hitze*** bei geschlossenem Deckel 30–40 Min. grillen, dabei gelegentlich wenden und umplatzieren, bis beim Einstechen klarer Fleischsaft austritt und das Fleisch durchgegart ist. Während der letzten 5–10 Min. das Fleisch leicht mit der weißen Grillsauce bestreichen. Die Hähnchenschenkel warm zusammen mit der restlichen Sauce servieren. Sie hält sich übrigens bis zu 2 Wochen im Kühlschrank.

LIVE FIRE WISDOM

In den Südstaaten der USA isst man zu Gegrilltem gerne weiße Alabama-Sauce, die auf Mayonnaise basiert. Das in ganz Alabama bekannte Grundrezept wird durch die Zugabe von Weißwein und Estragon wunderbar abgewandelt.

Gegrillte Entenkeulen mit Bourbon-Würzsauce

Zubereitungszeit: 10 Min.
Grillzeit: 45–60 Min.

Für 6 Personen

Für die Sauce
125 ml Ketchup
4 EL Bourbon Whiskey
2 EL brauner Zucker
1 EL Melasse (Reformhaus)
1 EL Worcestersauce
1 EL Dijon-Senf
1 EL Apfelessig
½ TL Zwiebelgranulat
½ TL grobes Meersalz
¼ TL chinesisches Fünf-Gewürze-Pulver (nach Belieben)

6 Entenkeulen, je etwa 250 g
2 TL grobes Meersalz
1 TL Chilipulver (Gewürzmischung)
1 TL frisch gemahlener schwarzer Pfeffer

1. Die Zutaten für die Sauce in einem kleinen Topf in 65 ml Wasser mit dem Schneebesen verrühren. Auf dem Herd bei starker Hitze aufkochen, die Temperatur reduzieren und die Sauce etwa 1 Min. köcheln lassen.

2. Die Entenkeulen gleichmäßig mit dem Salz, Chilipulver und Pfeffer würzen. Vor dem Grillen 20–30 Min. bei Zimmertemperatur ruhen lassen.

3. Eine Zwei-Zonen-Glut für starke Hitze vorbereiten (siehe Seite 14–15). Eine große Tropfschale auf die leere Seite des Kohlerosts stellen.

4. Den Grillrost gründlich reinigen. Die Entenkeulen mit der Hautseite nach unten über ***indirekter starker Hitze*** bei geschlossenem Deckel 30 Min. grillen. Anschließend 8–10 frische Briketts (oder die entsprechende Menge Kohlestücke) auf die Glut geben. Die Entenkeulen wenden und für ein gleichmäßiges Garen gegebenenfalls auf dem Grillrost umplatzieren. Bei geschlossenem Deckel weitergrillen, bis das Fleisch am Knochen nicht mehr rot ist und die Kerntemperatur knapp 80 °C beträgt. Rechnen Sie mit einer Gesamtgrillzeit von 45–60 Min. Während der letzten 10 Min. die Keulen auf allen Seiten immer wieder leicht mit der Sauce bestreichen. Warm servieren.

Asia-Entenbrust mit Senfsauce

Zubereitungszeit: 25 Min.
Grillzeit: 10–12 Min.

Für 4–6 Personen

Für die Würzmischung
1 EL Paprikapulver
1 TL grobes Meersalz
1 TL gemahlene Koriandersamen
1 TL chinesisches Fünf-Gewürze-Pulver
½ TL Ingwerpulver
¼ TL gemahlener Piment
¼ TL Cayennepfeffer

4 ausgelöste fleischige Entenbrüste mit Haut, je etwa 300–350 g und etwa 2 ½ cm dick

Für die Sauce
4 EL Dijon-Senf
2 EL Sojasauce
1 TL Honig
¼ TL scharfes Chiliöl

1 Handvoll Apfelholzchips, mind. 30 Min. gewässert

1. In einer kleinen Schüssel die Zutaten für die Würzmischung vermengen. Mit einem scharfen Messer die Haut und das darunterliegende Fett der Entenbrüste rautenförmig einschneiden, dabei aber nicht das Fleisch verletzen. Überschüssiges Fett und abstehende Haut an den Rändern entfernen und wegwerfen. Die Entenbrüste rundum mit der Würzmischung einreiben und vor dem Grillen bei Zimmertemperatur 20–30 Min. ruhen lassen.

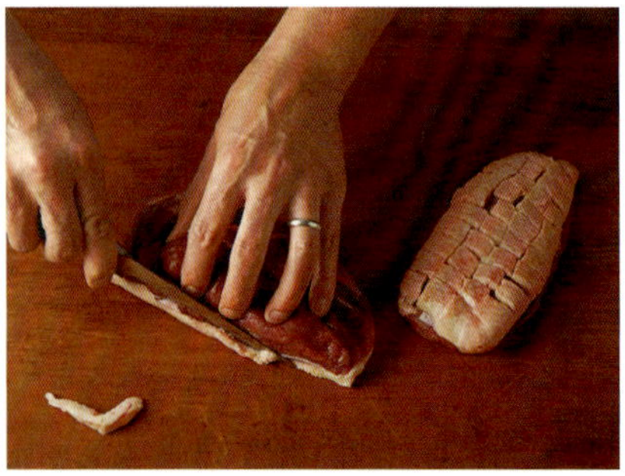

Das rautenförmige Einschneiden von Haut und Fett erleichtert das Auslassen des Fetts beim Grillen. Überschüssige Haut an den Rändern abschneiden.

Die Hautseite über dem Bereich mit nur einer Lage Holzkohle zu grillen, mindert die Gefahr hochschlagender Flammen. Dabei tritt etwas Fett aus und die Haut wird knusprig gebraten.

2. Eine Drei-Zonen-Glut für starke Hitze vorbereiten (siehe Seite 16).

3. In einer Schüssel die Zutaten für die Sauce verrühren.

4. Die Chips abtropfen lassen und auf die heiße Glut geben. Den Grillrost gründlich reinigen. Wenn die Chips zu rauchen beginnen, die Entenbrüste mit der Hautseite nach unten über den Bereich mit nur einer Lage Holzkohle auf den Rost legen. Das Fett wird schmelzen und die Haut knusprig braten ohne die Gefahr von auflodernden Flammen. Das Fleisch bei geschlossenem Deckel 3–4 Min. grillen, bis die Hautseite dunkel gebräunt ist, dabei die Entenbrüste gegebenenfalls umplatzieren und drehen, damit sie gleichmäßig garen. Wenden und über ***direkter starker Hitze*** bei geschlossenem Deckel weitere 3–4 Min. grillen, bis die Unterseite ein Grillmuster angenommen hat. Sollten Flammen hochschlagen, das Fleisch vorübergehend über indirekte Hitze legen. Zuletzt die Entenbrüste auf die andere Seite des Grillrosts schieben, so nah wie möglich an die Glut, aber nicht direkt darüber. Über ***indirekter starker Hitze*** bei geschlossenem Deckel etwa 4 Min. weitergrillen, bis das Fleisch sehr rosa (medium rare) gebraten ist, dabei einmal wenden. Vom Grill nehmen, lose mit Alufolie abdecken und 3–4 Min. ruhen lassen. Das Fleisch quer zur Faser tranchieren, anrichten und warm mit der Sauce zum Dippen servieren.

Barbecue-Hähnchen mit Pfirsich-Chutney

Zubereitungszeit: 25 Min.
Grillzeit: 1 ¼–1 ½ Std.

Für 4 Personen

Für das Chutney
250 g abgetropfte Dosenpfirsiche, klein geschnitten
5 EL Pfirsichsaft aus der Dose
5 EL Ketchup
2 EL Pfirsichkonfitüre
2 TL Apfelessig
2 TL Senf
½ TL Worcestersauce
¼ TL grobes Meersalz
1 kräftige Prise gemahlener Piment

Für die Würzmischung
1 TL Paprikapulver
1 TL reines Chilipulver
1 TL grobes Meersalz
1 TL getrockneter Salbei
½ TL Zwiebelgranulat
¼ TL gemahlener Kreuzkümmel
¼ TL frisch gemahlener schwarzer Pfeffer

1 schweres küchenfertiges Hähnchen, etwa 2 kg, halbiert, Rückgrat und Flügelspitzen entfernt
Olivenöl

1 kleine Handvoll Pekanholzchips (oder 1 Holzstück), mind. 30 Min. gewässert

1. In einem mittelgroßen Topf die Zutaten für das Chutney vermischen. Auf dem Herd zum Kochen bringen, die Hitze reduzieren und 10 Min. köcheln lassen. Den Topf vom Herd nehmen und das Chutney abkühlen lassen. Wenn es zu dickflüssig ist, noch 1–2 EL Pfirsichsaft unterrühren.

2. In einer kleinen Schüssel die Zutaten für die Würzmischung vermengen.

3. Jede Hähnchenhälfte auf beiden Seiten leicht mit Öl bestreichen und gleichmäßig mit der Würzmischung einreiben. Vor dem Grillen 20–30 Min. bei Zimmertemperatur ruhen lassen.

4. Eine Zwei-Zonen-Glut für mittlere Hitze vorbereiten (siehe Seite 14–15).

5. Die Chips oder das Holzstück abtropfen lassen und auf die Glut geben. Den Grillrost gründlich reinigen. Wenn das Holz zu rauchen beginnt, die Hähnchenhälften mit der Brustseite nach oben über ***indirekte mittlere Hitze*** legen, dabei sollten die Schenkel der Glut zugewandt sein. Den Deckel schließen und das Fleisch garen, bis es nach 1 ¼–1 ½ Std. an der dicksten Stelle des Schenkels (beim Einstechen aber nicht den Knochen berühren) eine Kerntemperatur von 82 °C erreicht hat. Bei Bedarf die Hälften in dieser Zeit gelegentlich drehen, damit sie gleichmäßig bräunen und garen.

6. Um die Hitze zu halten, müssen alle 30–45 Min. 10–12 frische Briketts (oder die entsprechende Menge Kohlestücke) nachgelegt werden. Während der letzten 5–10 Min. die Hautseite der Hähnchenhälften mit etwas Chutney bestreichen. Wenn sie durchgegart sind, das Fleisch vom Grill nehmen und 5–10 Min. ruhen lassen. Tranchieren und warm mit dem Chutney servieren.

Barbecue-Hähnchen mit Pfirsich-Chutney

Zubereitungszeit: 25 Min.
Grillzeit: 1 ¼–1 ½ Std.

Für 4 Personen

Für das Chutney
250 g abgetropfte Dosenpfirsiche, klein geschnitten
5 EL Pfirsichsaft aus der Dose
5 EL Ketchup
2 EL Pfirsichkonfitüre
2 TL Apfelessig
2 TL Senf
½ TL Worcestersauce
¼ TL grobes Meersalz
1 kräftige Prise gemahlener Piment

Für die Würzmischung
1 TL Paprikapulver
1 TL reines Chilipulver
1 TL grobes Meersalz
1 TL getrockneter Salbei
½ TL Zwiebelgranulat
¼ TL gemahlener Kreuzkümmel
¼ TL frisch gemahlener schwarzer Pfeffer

1 schweres küchenfertiges Hähnchen, etwa 2 kg, halbiert, Rückgrat und Flügelspitzen entfernt
Olivenöl

1 kleine Handvoll Pekanholzchips (oder 1 Holzstück), mind. 30 Min. gewässert

1. In einem mittelgroßen Topf die Zutaten für das Chutney vermischen. Auf dem Herd zum Kochen bringen, die Hitze reduzieren und 10 Min. köcheln lassen. Den Topf vom Herd nehmen und das Chutney abkühlen lassen. Wenn es zu dickflüssig ist, noch 1–2 EL Pfirsichsaft unterrühren.

2. In einer kleinen Schüssel die Zutaten für die Würzmischung vermengen.

3. Jede Hähnchenhälfte auf beiden Seiten leicht mit Öl bestreichen und gleichmäßig mit der Würzmischung einreiben. Vor dem Grillen 20–30 Min. bei Zimmertemperatur ruhen lassen.

4. Eine Zwei-Zonen-Glut für mittlere Hitze vorbereiten (siehe Seite 14–15).

5. Die Chips oder das Holzstück abtropfen lassen und auf die Glut geben. Den Grillrost gründlich reinigen. Wenn das Holz zu rauchen beginnt, die Hähnchenhälften mit der Brustseite nach oben über ***indirekte mittlere Hitze*** legen, dabei sollten die Schenkel der Glut zugewandt sein. Den Deckel schließen und das Fleisch garen, bis es nach 1 ¼–1 ½ Std. an der dicksten Stelle des Schenkels (beim Einstechen aber nicht den Knochen berühren) eine Kerntemperatur von 82 °C erreicht hat. Bei Bedarf die Hälften in dieser Zeit gelegentlich drehen, damit sie gleichmäßig bräunen und garen.

6. Um die Hitze zu halten, müssen alle 30–45 Min. 10–12 frische Briketts (oder die entsprechende Menge Kohlestücke) nachgelegt werden. Während der letzten 5–10 Min. die Hautseite der Hähnchenhälften mit etwas Chutney bestreichen. Wenn sie durchgegart sind, das Fleisch vom Grill nehmen und 5–10 Min. ruhen lassen. Tranchieren und warm mit dem Chutney servieren.

DER WEBER SPEZIAL TIPP

John Gerald Gleeson

Ungefähr 350 km nördlich vom Trubel der amerikanischen Großstadt Detroit, am Ufer eines unberührten kleinen Sees, hat sich John Gleeson nach einer erfolgreichen Anwaltskarriere in den Ruhestand zurückgezogen. Mit der Zeit hat er ein Gespür dafür entwickelt, welche Art von Holzkohle für die verschiedenen Grillgerichte die richtige ist. Im nachfolgenden Rezept beispielsweise bevorzugt John Briketts, weil sie gleich zu Anfang eine starke Hitze entwickeln und diese nur sehr langsam verlieren (pro Stunde um die 40 °C). Bei Holzkohlestücken dagegen verläuft der Temperaturverlust schneller, was bedeutet, dass häufiger Kohle nachgelegt werden muss. John verwendet die aromareicheren Holzkohlestücke deshalb für schnell garendes Grillgut wie Steaks und Koteletts. Für alles, was länger braucht als 30 Minuten, nutzt er Briketts, oft zusammen mit Holzchips.

Für Geflügel schätzt John das Aroma von Apfelholzchips, aber auch die holzigen Zweige von Kräutern wie Rosmarin und Thymian. In beiden Fällen entwickelt sich ein delikates Raucharoma, das dem zarten Hähnchenfleisch zusätzlich Geschmack verleiht, es aber nicht dominiert.

LIVE FIRE WISDOM · WEBER'S CHARCOAL ·

Johns Grillhähnchen mit Würzpaste

Zubereitungszeit: 15 Min.
Grillzeit: 50–60 Min.

Für 4–6 Personen

Für die Würzpaste
- 5 EL Olivenöl
- 2 EL Dijon-Senf
- 1 EL gemahlene Orangenschale
- 2 TL grobes Meersalz
- 1 ½ TL getrockneter Thymian
- 1 TL getrockneter Salbei
- 1 TL getrockneter Majoran
- ½ TL frisch gemahlener schwarzer Pfeffer

- 4 kleine küchenfertige Hähnchen, je etwa 800 g
- 1 große Bio-Orange, in 4 Spalten geschnitten

- 1 kleine Handvoll Apfelholzchips, mind. 30 Min. gewässert

Johns Geheimtipp: gemahlene Orangenschale

1. In einer kleinen Schüssel die Zutaten für die Würzpaste vermischen.

2. Die Hähnchen innen und außen unter fließendem kaltem Wasser waschen und mit Küchenpapier trocken tupfen. Die Flügel auf den Rücken drehen. Die Hähnchen außen mit der Paste bestreichen. Jeweils den Saft 1 Orangenspalte in die Bauchhöhlen ausdrücken, anschließend die Orangenspalte hineinstopfen. Die Hähnchen mit Küchengarn dressieren (siehe Seite 226).

3. Eine geteilte Drei-Zonen-Glut für starke Hitze vorbereiten (siehe Seite 17) und zwischen den beiden Kohlehaufen eine große Tropfschale stellen.

4. Den Grillrost gründlich reinigen. Die Chips aus dem Wasser nehmen, abtropfen lassen und auf einen der beiden Kohlehaufen streuen. Die Hähnchen in einer Reihe über ***indirekte starke Hitze*** legen und bei geschlossenem Deckel 50–60 Min. grillen, bis beim Einstechen klarer Fleischsaft austritt und das Fleisch am Knochen nicht mehr rosa ist. Für ein gleichmäßiges Garen und Bräunen in dieser Zeit zwei- bis dreimal wenden und auf dem Grillrost umplatzieren.

5. Die durchgegarten Hähnchen vom Grill nehmen und 5–10 Min. ruhen lassen. Das Küchengarn entfernen und die Hähnchen nach Belieben tranchieren oder auf einem Reisbett anrichten und warm servieren. Im Sommer jedoch passt zu Johns Hähnchen am besten ein knackiger Blattsalat, den Sie mit einem leichten, frischen Dressing anmachen.

Barbecue-Hähnchen mit Pfirsich-Chutney

Zubereitungszeit: 25 Min.
Grillzeit: 1¼–1½ Std.

Für 4 Personen

Für das Chutney
250 g abgetropfte Dosenpfirsiche, klein geschnitten
5 EL Pfirsichsaft aus der Dose
5 EL Ketchup
2 EL Pfirsichkonfitüre
2 TL Apfelessig
2 TL Senf
½ TL Worcestersauce
¼ TL grobes Meersalz
1 kräftige Prise gemahlener Piment

Für die Würzmischung
1 TL Paprikapulver
1 TL reines Chilipulver
1 TL grobes Meersalz
1 TL getrockneter Salbei
½ TL Zwiebelgranulat
¼ TL gemahlener Kreuzkümmel
¼ TL frisch gemahlener schwarzer Pfeffer

1 schweres küchenfertiges Hähnchen, etwa 2 kg, halbiert, Rückgrat und Flügelspitzen entfernt
Olivenöl

1 kleine Handvoll Pekanholzchips (oder 1 Holzstück), mind. 30 Min. gewässert

1. In einem mittelgroßen Topf die Zutaten für das Chutney vermischen. Auf dem Herd zum Kochen bringen, die Hitze reduzieren und 10 Min. köcheln lassen. Den Topf vom Herd nehmen und das Chutney abkühlen lassen. Wenn es zu dickflüssig ist, noch 1–2 EL Pfirsichsaft unterrühren.

2. In einer kleinen Schüssel die Zutaten für die Würzmischung vermengen.

3. Jede Hähnchenhälfte auf beiden Seiten leicht mit Öl bestreichen und gleichmäßig mit der Würzmischung einreiben. Vor dem Grillen 20–30 Min. bei Zimmertemperatur ruhen lassen.

4. Eine Zwei-Zonen-Glut für mittlere Hitze vorbereiten (siehe Seite 14–15).

5. Die Chips oder das Holzstück abtropfen lassen und auf die Glut geben. Den Grillrost gründlich reinigen. Wenn das Holz zu rauchen beginnt, die Hähnchenhälften mit der Brustseite nach oben über ***indirekte mittlere Hitze*** legen, dabei sollten die Schenkel der Glut zugewandt sein. Den Deckel schließen und das Fleisch garen, bis es nach 1¼–1½ Std. an der dicksten Stelle des Schenkels (beim Einstechen aber nicht den Knochen berühren) eine Kerntemperatur von 82 °C erreicht hat. Bei Bedarf die Hälften in dieser Zeit gelegentlich drehen, damit sie gleichmäßig bräunen und garen.

6. Um die Hitze zu halten, müssen alle 30–45 Min. 10–12 frische Briketts (oder die entsprechende Menge Kohlestücke) nachgelegt werden. Während der letzten 5–10 Min. die Hautseite der Hähnchenhälften mit etwas Chutney bestreichen. Wenn sie durchgegart sind, das Fleisch vom Grill nehmen und 5–10 Min. ruhen lassen. Tranchieren und warm mit dem Chutney servieren.

Räucherhähnchen

Zubereitungszeit: 10 Min.
Pökelzeit: 1 ½–2 Std.
Grillzeit: 1 ¼–1 ½ Std.

Für 2–4 Personen

1 schweres küchenfertiges Hähnchen, etwa 2 kg
4 EL grobes Meersalz, plus ½ TL
1 ½ EL Butter, zerlassen
½ TL frisch gemahlener schwarzer Pfeffer

1 große Handvoll Eichenholzchips, mind. 30 Min. gewässert

1. Die Flügelspitzen des Hähnchen auf den Rücken drehen. Das Hähnchen außen und innen mit den 4 EL Salz würzen – der Vogel soll wie mit einer feinen Schneeschicht vom Salz bedeckt sein. In Frischhaltefolie wickeln und 1 ½–2 Std. in den Kühlschrank stellen.

2. Das Hähnchen innen und außen unter fließendem kaltem Wasser abspülen und mit Küchenpapier trocken tupfen. Das Hähnchen außen mit der zerlassenen Butter bestreichen, mit dem ½ TL Salz und dem Pfeffer würzen. Das Hähnchen nicht dressieren. Den Vogel vor dem Grillen 20–30 Min. Zimmertemperatur annehmen lassen.

3. Eine Zwei-Zonen-Glut für mittlere Hitze vorbereiten (siehe Seite 14–15).

4. Die Chips abtropfen lassen und auf die Glut streuen. Den Grillrost gründlich reinigen. Wenn die Chips zu rauchen beginnen, das Hähnchen mit der Brustseite nach oben über ***indirekte mittlere Hitze*** legen, dabei sollten die Schenkel der Glut zugewandt sein. Den Deckel schließen und das Hähnchen garen, bis es nach 1 ¼–1 ½ Std. an der dicksten Stelle eines Schenkels (beim Einstechen aber nicht den Knochen berühren) eine Kerntemperatur von 82 °C erreicht hat. Bei Bedarf den Vogel in dieser Zeit gelegentlich drehen, damit er gleichmäßig bräunt und gart. Um die Hitze zu halten, müssen alle 30–45 Min. 10–12 frische Briketts (oder die entsprechende Menge Kohlestücke) nachgelegt werden.

Das Pökeln und anschließende Räuchern verleiht dem Hähnchen eine intensiv mahagonifarbene Haut.

5. Das fertige Hähnchen vom Grill nehmen und 10 Min. ruhen lassen. Tranchieren und für ein Sandwich wie auf der Abb. rechts das Fleisch nach Belieben in Scheiben schneiden. Warm oder raumtemperiert servieren.

Bierdosen-Hähnchen mit Knoblauch und Oregano

G

Zubereitungszeit: 15 Min.
Marinierzeit: 2–4 Std.
Grillzeit: 1–1 ½ Std.

Für 2–4 Personen

4 kleine Knoblauchzehen, geschält
2 TL getrockneter Oregano
1 TL grobes Meersalz
½ TL zerstoßene rote Chiliflocken
1 EL Pflanzenöl
2 TL frisch gepresster Limettensaft
1 küchenfertiges Hähnchen, 1 ½–1 ¾ kg

1 Dose (0,33 l) Bier, raumtemperiert

1. Knoblauch, Oregano, Salz und die zerstoßenen Chiliflocken im Mörser zu einer möglichst glatten Paste verarbeiten. Öl und Limettensaft hinzufügen und alles gründlich vermischen.

2. Das Hähnchen unter fließendem kaltem Wasser innen und außen waschen und mit Küchenpapier trocken tupfen. Das Hähnchen rundum mit der Paste bestreichen. Abgedeckt 2–4 Std. im Kühlschrank marinieren.

3. Eine geteilte Drei-Zonen-Glut für mittlere Hitze vorbereiten (siehe Seite 17). Eine große Tropfschale in die Mitte stellen und zur Hälfte mit warmem Wasser füllen.

4. Das Hähnchen vor dem Grillen 20–30 Min. Zimmertemperatur annehmen lassen. Die Dose abwaschen, öffnen und die Hälfte des Biers abgießen. Mit einem Dosenöffner zwei weitere Löcher in den Dosendeckel stanzen. Die Dose auf eine feste Unterlage stellen und die Bauchhöhle des Hähnchens über die Dose stülpen. Die Schenkel so nach vorne biegen, dass sie zusammen mit der Dose eine Art Dreifuß bilden und das Hähnchen aufrecht steht. Die Flügelspitzen auf den Rücken drehen.

5. Das Dosen-Hähnchen über ***indirekte mittlere Hitze*** stellen und bei geschlossenem Deckel 1–1 ½ Std. grillen, bis beim Einstechen klarer Fleischsaft austritt und die Kerntemperatur an der dicksten Stelle eines Schenkels (dabei aber nicht den Knochen berühren) 82 °C beträgt. In dieser Zeit das Hähnchen für ein gleichmäßiges Bräunen und Garen bei Bedarf behutsam drehen. Um die Hitze zu halten, müssen alle 30–45 Min. 10–12 frische Briketts (oder die entsprechende Menge Kohlestücke) nachgelegt werden. Das durchgegarte Hähnchen auf der Dose vorsichtig vom Grill nehmen, achten Sie dabei vor allem auf das heiße Bier in der Dose! Das Hähnchen etwa 10 Min. ruhen lassen, bevor Sie es von der Dose heben und tranchieren. Warm servieren.

Ein ganzes Hähnchen vom Spieß

Zubereitungszeit: 10 Min.
Marinierzeit: 8–12 Std.
Grillzeit: 1–1½ Std.

Für 2–4 Personen

Für die Marinade

Abgeriebene Schale und Saft von 1 Bio-Zitrone
2 TL Olivenöl
1 TL Currypulver
1 TL Dijon-Senf
1 TL getrockneter Thymian
1 TL Knoblauchgranulat
¾ TL grobes Meersalz
½ TL Cayennepfeffer

1 küchenfertiges Hähnchen, 1½–1¾ kg

1 Rotisserie-Spieß

1. In einer mittelgroßen Schüssel die Zutaten für die Marinade zu einer Paste verarbeiten. Die Flügelspitzen des Hähnchens entfernen. Das Hähnchen unter fließendem kaltem Wasser innen und außen waschen, mit Küchenpapier trocken tupfen und in eine große Schüssel legen. Außen rundum mit der Paste bestreichen und abgedeckt 8–12 Std. im Kühlschrank marinieren.

2. Eine geteilte Drei-Zonen-Glut aus Mesquiteholzkohlestücken für mittlere Hitze vorbereiten (siehe Seite 17). Eine große Tropfschale zwischen die beiden Kohlehaufen stellen und zur Hälfte mit warmem Wasser füllen.

3. Das Hähnchen mit Küchengarn dressieren (siehe Seite 226) und mittig auf den Rotisserie-Spieß stecken (folgen Sie dabei der Herstelleranweisung). Den Spieß an der entsprechenden Halterung befestigen und den Motor anschalten. Das Hähnchen über ***indirekter mittlerer Hitze*** bei geschlossenem Deckel 1–1½ Std. grillen, bis die Kerntemperatur an der dicksten Stelle eines Schenkels (beim Einstechen aber nicht den Knochen berühren) 82 °C beträgt. In dieser Zeit alle 30–45 Min. 5–6 frische Briketts (oder die entsprechende Menge Kohlestücke) nachlegen.

4. Wenn das Hähnchen gar ist, den Motor abschalten und den Spieß mit Grillhandschuhen abnehmen. Das Hähnchen aufrecht über die Tropfschale halten, damit die in der Bauchhöhle angesammelte Flüssigkeit abfließen kann. Das Hähnchen vom Spieß nehmen und auf einem Schneidbrett etwa 10 Min. ruhen lassen. Tranchieren und warm servieren.

Puten-Burger mit Frühlingszwiebeln und Pilzen

Zubereitungszeit: 25 Min.
Kühlzeit: 2–3 Std.
Grillzeit: 10–15 Min.

Für 8 Personen

250 g frische Shiitake-Pilze
2 EL in feine Scheiben geschnittener Knoblauch
4 EL Olivenöl, plus ein wenig mehr für die Burger
1 EL fein gehackter frischer Ingwer
100 g fein geschnittene Frühlingszwiebeln
1 ¼ TL grobes Meersalz
½ TL frisch gemahlener schwarzer Pfeffer
1 kg Putenhackfleisch
1 EL fein gehackte frische Thymianblättchen
1 EL Sojasauce
2 TL dunkles Sesamöl
2 TL Senfpulver
8 Burger-Brötchen mit Sesam
Dijon-Senf (nach Belieben)
Tabasco (nach Belieben)

1. Die Pilze mit feuchtem Küchenpapier abreiben. Die Stiele abschneiden und wegwerfen. Die Pilze in etwa 5 mm große Würfel schneiden.

2. In einer Pfanne, die groß genug ist, dass die Pilze später darin in einer Lage Platz haben, den Knoblauch auf mittlerer Stufe unter Rühren 3 Min. in dem Öl goldbraun braten. Ingwer und Frühlingszwiebeln dazugeben und etwa 1 Min. mitbraten, bis die Frühlingszwiebeln beginnen weich zu werden. Die Pfanne vom Herd nehmen. Mit einem Schaumlöffel den Pfanneninhalt auf ein Backblech geben, dabei möglichst viel von dem aromatischen Öl in der Pfanne lassen. Die Pilze in einer Lage in die Pfanne füllen und mit ½ TL Salz und ¼ TL Pfeffer würzen. Bei mittlerer Hitze unter gelegentlichem Rühren 6–8 Min. braten, bis sie karamellisieren. Die Pilze auf dem Backblech ausbreiten und abkühlen lassen.

3. In einer großen Schüssel das Putenhackfleisch mit der Pilz-Mischung, Thymian, Sojasauce, Sesamöl, Senfpulver und den restlichen ¾ TL Salz und ¼ TL Pfeffer behutsam, aber gründlich vermengen. Die Fleischfarce in 8 gleich große Portionen teilen und aus jeder etwa 10 cm große und 2 cm dicke Burger formen. Die Burger abgedeckt 2–3 Std. in den Kühlschrank stellen.

4. Eine Zwei-Zonen-Glut für starke Hitze vorbereiten (siehe Seite 14–15).

5. Die Burger auf beiden Seiten mit etwas Öl bestreichen. Den Grillrost gründlich reinigen. Die Burger über ***direkter starker Hitze*** bei geschlossenem Deckel 6–8 Min. grillen, bis sie schön gebräunt sind. In dieser Zeit einmal wenden, sobald sie sich leicht vom Rost lösen lassen, und gegebenenfalls umplatzieren, damit sie gleichmäßig garen. Anschließend über ***indirekter starke Hitze*** 4–6 Min. weitergrillen und bei Bedarf nochmals auf dem Grillrost umplatzieren, bis die Kerntemperatur 75 °C beträgt.

6. Die aufgeschnittenen Burger-Brötchen mit der Schnittfläche nach unten etwa 20–30 Sek. bei geöffnetem Deckel über direkter Hitze rösten. Die warmen Burger in den Brötchen anrichten und nach Belieben zusammen mit Senf und Tabasco servieren.

EINEN TRUTHAHN GRILLEN

Vor einigen Jahren bin ich von geschmacksarmem, im Ofen gebratenem Truthahn auf leicht geräucherten Truthahn vom Grill umgestiegen. Anfangs übernahm ich die Garzeiten im Ofen auch beim Grillen, ich berechnete demnach pro 500 g Fleisch gut 15 Min. bei 160 °C. Das Resultat war nicht schlecht, vor allem wegen des leicht rauchigen Aromas, allerdings missfiel mir, dass das Brustfleisch schon zu trocken war, ehe die Keulen überhaupt gar waren. Dann entdeckte ich das Nasspökeln mit einer aromatisierten Salzwasserlösung. Sie durchfeuchtet das Fleisch, sodass die Brust heißer gegrillt werden kann als üblich, bevor sie austrocknet.

Der nächste Schritt besteht darin, das Brustfleisch langsamer zu garen als die Keulen. Dafür lege ich den Truthahn mit der Brust nach unten in einen mit Flüssigkeit gefüllten Bräter. Auf diese Weise grillt das Schenkelfleisch wie gewohnt, die Brust dagegen wird durch den Bräter und die Flüssigkeit vor der Hitze geschützt. Nach etwa 1 Std. wende ich den Vogel und grille Brust- und Schenkelfleisch gemeinsam fertig – am Ende ist beides herrlich geräuchert und ungemein saftig. Mit der Bratenflüssigkeit können Sie anschließend eine hervorragende Sauce zubereiten.

Wenn Sie die Holzkohle halbkreisförmig auf einer Seite des Kohlerosts arrangieren, erzielen Sie auf dieser Seite höhere Temperaturen. Eine mit warmem Wasser gefüllte Tropfschale hilft dabei, die Hitze der Glut konstant zu halten, die idealerweise zwischen 150 °C und 175 °C liegen sollte.

Am Tag vor dem Grillen

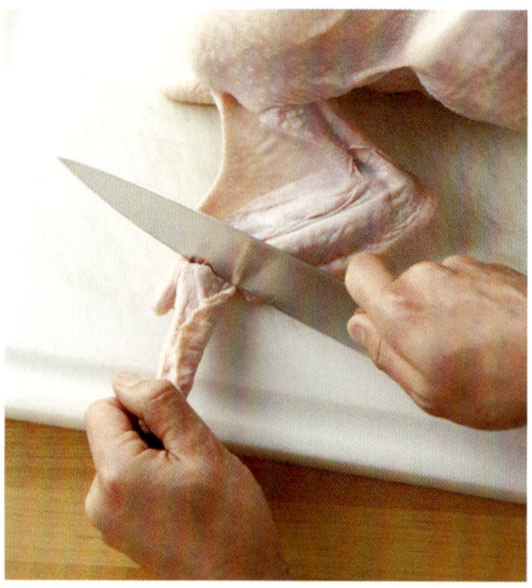

1. Die Flügelspitzen enthalten kaum Fleisch und verbrennen sehr schnell, schneiden Sie sie deshalb am Gelenk ab. Entfernen Sie den Hals und nehmen Sie die Innereien aus der Bauchhöhle. Alles zusammen wird später für die Bratensauce verwendet und zunächst kalt gestellt.

2. Eine Kühlbox teilweise mit Eiswürfeln füllen, anschließend die Box mit einem großen, reißfesten sauberen Plastikbeutel auskleiden. Den Truthahn mit der Brustseite nach unten in den Beutel legen und mit der Lake sowie 3 l Wasser übergießen.

3. Die Seiten des Plastikbeutels so nach oben zusammenführen und verschließen, dass die Flüssigkeit den Truthahn möglichst vollständig bedeckt. Wichtig dabei ist, dass die Brust komplett in der Flüssigkeit liegt, nur ein Teil des Rückens darf gegebenenfalls frei bleiben.

Den Truthahn indirekt grillen

1. In einem ofenfesten schweren Bräter Geflügelfond mit aromatischem Gemüse und den zurückbehaltenen Truthahnteilen vermengen. Den Vogel mit der Brustseite nach unten einlegen. Den Bräter über indirekte niedrige Hitze stellen und Holzchips auf die Glut streuen.

2. Nach einer Stunde werden die Keulen, die Flügel und der Rücken goldbraun sein, das Brustfleisch hingegen beginnt erst jetzt zu garen. Den Truthahn wenden und mit der Brustseite nach oben zu Ende grillen.

3. Sollten Teile des Truthahns zu dunkel werden, diese mit Alufolie abdecken. Der Truthahn ist fertig, wenn die Kerntemperatur an der dicksten Stelle des Schenkels (beim Einstechen aber nicht den Knochen berühren) etwa 80 °C beträgt bzw. das Fleisch am Schenkelansatz nicht mehr rosa ist.

Die Bratensauce zubereiten

1. Den durchgesiebten Fond aus dem Bräter mit einer Mehlschwitze, einer Mischung aus Mehl und Butter, binden. Den Bratenfond unter kräftigem Rühren mit einem Schneebesen zugießen, damit keine Klümpchen entstehen.

2. Die Sauce wird nicht andicken, solange sie nicht den Siedepunkt erreicht. Unter ständigem Rühren aufkochen lassen.

3. Die Hitze reduzieren und die Sauce sanft köcheln lassen, bis sie die gewünschte Konsistenz erreicht hat. Abschmecken und gegebenenfalls nachwürzen.

Saftiger Truthahn vom Grill mit Bratensauce

Zubereitungszeit: 30 Min.
Einlegezeit: 18–24 Std.
Grillzeit: 2 ½–3 ½ Std.

Für 10–12 Personen

Für die Lake
2 l Apfelsaft
250 g grobes Meersalz
2 EL getrockneter Rosmarin
2 EL getrockneter Thymian
1 EL getrockneter Salbei
1 TL grob zerstoßener schwarzer Pfeffer

1 küchenfertiger Truthahn (Pute), 4 ½–5 ½ kg (frisch oder aufgetaut)
125 ml zerlassene Butter
1 TL frisch gemahlener schwarzer Pfeffer
1 ½ l Geflügelfond
1 große Zwiebel, geschält und grob gehackt
2 große Möhren, grob gehackt
2 Stangen Sellerie, grob gehackt

Für die Sauce
1 l Bratenfond (bestehend aus dem Bratenfond des Bräters und Geflügelfond)
4 EL Butter
4 EL Weizenmehl
85 ml trockener Weißwein
2 EL fein gehackte frische glatte Petersilie
Grobes Meersalz
Frisch gemahlener schwarzer Pfeffer

4 kleine Stücke Apfelholz oder 4 kleine Handvoll Apfelholzchips, mind. 30 Min. gewässert

1. In einem großen Topf die Zutaten für die Lake kräftig verrühren, bis sich das Salz aufgelöst hat.

2. Befolgen Sie Step 1 von Seite 164. Anschließend den Truthahn innen und außen unter fließendem kaltem Wasser abspülen. Er muss nicht dressiert werden.

3. Befolgen Sie Step 2 und Step 3 von Seite 164. Anschließend die Kühlbox schließen und den Truthahn 18–24 Std. beiseitestellen.

4. Eine halbkreisförmige Glut (siehe Seite 164) für niedrige Hitze vorbereiten (siehe Seite 15). Den Truthahn aus der Lake heben (sie wird nicht weiterverwendet) und unter fließendem kaltem Wasser innen und außen abspülen, mit Küchenpapier trocken tupfen. Mit etwas zerlassener Butter bestreichen und mit dem Pfeffer würzen.

5. Den Geflügelfond in einen schweren, etwa 23 x 30 cm großen Bräter gießen. Zwiebeln, Möhren, Sellerie sowie die kalt gestellten Truthahnteilen hinzufügen und den Vogel mit der Brust nach unten einlegen.

6. Den Bräter so in die Mitte des Grillrosts stellen, dass die Keulen der Glut zugewandt sind. 2 Holzstücke oder 2 Handvoll Chips abtropfen lassen und auf die Kohlen legen. Den Truthahn über ***indirekter niedriger Hitze*** (150–175 °C) bei geschlossenem Deckel 1 Std. garen.

7. Anschließend 10–12 frische Briketts mit einer langstieligen Zange einzeln zwischen die glühenden Kohlen legen. Das restliche Holz abtropfen lassen und auf die Glut geben. Den Truthahn vorsichtig im Bräter wenden und mit der Brustseite nach oben bei ***indirekter niedriger Hitze*** und geschlossenem Deckel 1 Std. garen.

8. Den Truthahn mit der restlichen zerlassenen Butter begießen. Sollten Teile des Vogels zu dunkel werden, diese fest mit Alufolie umwickeln. Erneut 10–12 frische Briketts nachlegen und den Truthahn bei ***indirekter niedriger Hitze*** und geschlossenem Deckel fertig garen. Rechnen Sie insgesamt mit einer Garzeit von 2 ½–3 ½ Std. Am Ende sollte die Kerntemperatur an der dicksten Stelle des Schenkels rund 80 °C betragen (dabei nicht den Knochen berühren), die des Brustfleischs 75 °C. Den Truthahn auf ein Schneidbrett heben, locker mit Alufolie abdecken und 20–30 Min. ruhen lassen (die Kerntemperatur wird jetzt noch um ein paar Grad steigen). Inzwischen die Bratensauce zubereiten (siehe dazu auch Seite 165).

9. Den Fond aus dem Bräter durch ein Sieb passieren (die festen Bestandteile im Sieb anschließend wegwerfen) und entfetten. Mit so viel Geflügelfond auffüllen, dass 1 l Flüssigkeit entsteht. Die Butter und das Mehl im Bräter bei mittlerer Temperatur erhitzen. Sobald die Butter geschmolzen ist, die Mischung mit einem Holzlöffel 5 Min. kräftig verrühren, bis sie die Farbe von Erdnusscreme annimmt. Den Fond und den Wein zugießen, alles zum Kochen bringen und dabei ständig mit einem Schneebesen rühren, um alle Klümpchen aufzulösen. Die Hitze reduzieren und die Sauce ein paar Minuten sanft köcheln lassen, bis sie die gewünschte Konsistenz erreicht hat. Ist sie zu dickflüssig, portionsweise noch etwas Geflügelfond unterrühren. Die Sauce abschmecken und mit der Petersilie bestreuen. Den Truthahn tranchieren und warm mit der Bratensauce servieren.

F

FISCH

170 Auf Zedernholz gegrillter, glasierter Lachs

172 Fenchelwürziger Lachs mit Gazpacho-Salat

174 Über Hickoryholz geräucherte Makrele

174 Sardinen in Weißweinessig mit Johannisbeeren

176 Bachforelle mit Zitrone und Rosmarin

176 Saiblingfilets mit gegrilltem Gemüse-Konfetti

178 Würziger Zackenbarsch mit Gelber-Paprika-Sauce

179 Schwertfischsteaks mit Mandel-Knoblauch-Butter

180 Curry-Thunfischsteaks mit warmem Spinat-Bohnen-Salat

182 Rotbarsch texanisch mit Chili-Salsa

184 Holzkohle-Fan: Dave Scully

185 Daves Fisch-Tacos

186 Griechischer Meeresfrüchtesalat

187 Gegrillte Garnelen mit süß-saurer Sauce

Auf Zedernholz gegrillter, glasierter Lachs

Zubereitungszeit: 10 Min.
Grillzeit: 15–25 Min.

Für 6–8 Personen

Für die Glasur
1 EL Hoisin-Sauce (Asia-Laden)
1 EL Dijon-Senf
1 EL frisch gepresster Zitronensaft
1 EL Butter, zerlassen
½ TL dunkles Sesamöl

1 großes Lachsfilet mit Haut, 1–1 ¼ kg, etwa 40 cm lang und 2 cm dick
½ TL grobes Meersalz
¼ TL frisch gemahlener schwarzer Pfeffer

1 unbehandeltes Zedernholzbrett, etwa 40 x 20 cm, mind. 1 Std. gewässert

Der Behälter, in dem das Brett eingeweicht wird, muss groß genug sein. Beschweren Sie das Holzbrett mit einem geeigneten Gegenstand, damit es im Wasser nicht nach oben treibt.

1. Eine Zwei-Zonen-Glut für mittlere Hitze vorbereiten (siehe Seite 14–15).

2. In einer kleinen Schüssel die Zutaten für die Glasur vermischen.

3. Das Lachsfilet mit der Hautseite nach unten auf ein großes Schneidbrett legen. Mit einer Pinzette alle Gräten aus dem Filet entfernen. Ohne die Haut zu durchtrennen, den Lachs zuerst längs halbieren, dann quer in 6–8 Portionen schneiden. Das Lachsfleisch gleichmäßig mit der Glasur überziehen, dabei auch ein wenig Glasur in die Schnittstellen streichen. Das Filet gleichmäßig mit Salz und Pfeffer würzen.

4. Das Holzbrett auf den Grillrost über ***direkte mittlere Hitze*** legen und den Deckel schließen. Sobald nach einigen Minuten das Brett zu knistern beginnt und Rauch aus dem Grill steigt, den Lachs mit der Hautseite nach unten mittig auf das Brett legen. Den Deckel schließen und den Lachs 15–25 Min. auf dem Brett garen, bis er an der Oberfläche schön gebräunt und sein Fleisch durchgängig blassrosa ist. Sollte in dieser Zeit die Rauchentwicklung im Grill zu stark sein, löschen Sie mit Hilfe von Wasser aus einer Flasche die Flammen am Holzbrett. Gegebenenfalls müssen Sie das Brett aber auch über indirekte Hitze legen, um weitere hochschlagende Flammen zu vermeiden. Die Grillzeit verlängert sich dadurch.

5. Das Brett mit dem Lachs vorsichtig vom Grill nehmen und auf eine feuerfeste Unterlage legen. Den Lachs im Ganzen direkt auf dem Brett servieren oder portionsweise auf Tellern anrichten. Dazu mit einem Pfannenwender die einzelnen Filets von der Haut abheben. Warm oder raumtemperiert servieren.

Fenchelwürziger Lachs mit Gazpacho-Salat

Zubereitungszeit: 25 Min.
Kühlzeit: 1–8 Std.
Marinierzeit: 1 Std.
Grillzeit: 8–10 Min.

Für 6 Personen

Für den Salat
2 EL Olivenöl
75 g fein gewürfelte rote Zwiebeln
2 TL fein gehackter Knoblauch
400 g fein gewürfelte Tomaten
175 g fein gewürfelte Zucchinis
150 g fein gewürfelte entkernte Salatgurke
175 g fein gewürfelte rote Paprikaschoten
½ TL grobes Meersalz
1 kräftige Prise frisch gemahlener schwarzer Pfeffer
1 TL Balsamico-Essig
2 EL fein gehackte frische Dillspitzen
Tabasco

F

Für die Würzmischung
1 TL gemahlene Fenchelsamen
1 TL grobes Meersalz
1 TL reines Chilipulver
½ Selleriesamen (Gewürz)
½ TL frisch gemahlener schwarzer Pfeffer

6 Lachsfilets ohne Haut, je etwa 230 g und 2 ½ cm dick
Olivenöl

1. Auf dem Herd das Öl bei mittlerer Hitze in einer großen Pfanne (Ø etwa 30 cm) erhitzen und die Zwiebeln darin in 2–3 Min. unter gelegentlichem Rühren glasig schwitzen. Den Knoblauch zufügen und 1 Min. garen, dabei ab und zu umrühren. Tomaten-, Zucchini-, Gurken- und Paprikawürfel dazugeben, salzen und pfeffern und die Mischung unter gelegentlichem Rühren etwa 1 Min. dünsten, bis die Tomaten ein wenig Flüssigkeit abgegeben haben. Die Pfanne vom Herd nehmen, den Essig und Dill unterrühren. Den Pfanneninhalt in eine große Schüssel umfüllen und mind. 1 Std. bis hin zu 8 Std. kalt stellen (in dieser Zeit wird sich weiterer Gemüsesaft ansammeln). Die Schüssel etwa 30 Min. vor dem Servieren aus dem Kühlschrank nehmen und den Gazpacho-Salat mit Salz, Pfeffer und Tabasco abschmecken.

2. Inzwischen in einer kleinen Schüssel die Zutaten für die Würzmischung vermengen. Die Lachsfilets auf beiden Seiten gleichmäßig mit Olivenöl bestreichen und mit der Würzmischung bestreuen. Abgedeckt für 1 Std. in den Kühlschrank stellen.

3. Eine Zwei-Zonen-Glut für starke Hitze vorbereiten (siehe Seite 14–15).

4. Den Grillrost gründlich reinigen. Die Lachsfilets über ***direkter starker Hitze*** bei geschlossenem Deckel grillen, bis sie den gewünschten Gargrad erreicht haben. Rechnen Sie mit 8–10 Min. für medium rare (halb durchgebraten), dabei die Filets nach 6–7 Min. einmal wenden und für ein gleichmäßiges Garen bei Bedarf auf dem Grillrost umplatzieren. Den warmen Lachs auf dem Gazpacho-Salat anrichten und servieren, dabei nach Belieben etwas von dem in der Schüssel angesammelten Gemüsesaft vorher abgießen.

Über Hickoryholz geräucherte Makrele

Zubereitungszeit: 15 Min.
Einweichzeit: mind. 1 Std.
Grillzeit: 10–12 Min.

Für 4 Personen

4 ganz frische küchenfertige Makrelen, je etwa 250–300 g
1 Zweig frischer Rosmarin, die Blätter abgezupft
40 ml Olivenöl

40–80 g Hickoryholzchips (nach Geschmack), mind. 1 Std. in 200 ml Bier eingeweicht

1. Eine Zwei-Zonen-Glut für mittlere Hitze vorbereiten (siehe Seite 14–15).

2. Die Makrelen mit einem scharfen Messer auf beiden Seiten dreimal bis auf die Gräten einschneiden. Die Rosmarinblätter fein hacken und mit dem Olivenöl vermischen. Die Makrelen auf beiden Seiten mit dem Rosmarinöl bestreichen und 20 Min. bei Zimmertemperatur marinieren.

3. Den Grillrost gründlich reinigen. Die Hickorychips aus dem Bier nehmen, abtropfen lassen und auf die heiße Glut geben.

4. Die Fische über ***indirekter mittlerer Hitze*** bei geschlossenem Deckel 5–6 Min. pro Seite grillen, je nach Größe und Dicke der Makrelen auch länger, bis sie gar sind und sich auf Daumendruck fest anfühlen. Anrichten und warm servieren.

Sardinen in Weißweinessig mit Johannisbeeren

F

Zubereitungszeit: 10 Min.
Grillzeit: 8 Min.

Für 4 Personen

100 g Schwarze Johannisbeeren
80 g Pinienkerne
50 g Petersilie
150 g Schalotten
100 ml Olivenöl
Salz und frisch gemahlener schwarzer Pfeffer
60 ml Weißweinessig, plus etwas mehr zum Beträufeln
600 g küchenfertige Sardinen ohne Kopf

1. Eine Zwei-Zonen-Glut für mittlere Hitze vorbereiten (siehe Seite 14–15).

2. Die Johannisbeeren behutsam waschen und von den Stängeln zupfen. Die Pinienkerne in einer Pfanne ohne Fett goldbraun rösten. Die Petersilie waschen, trocken schütteln und mit den Stielen fein hacken.

3. Die Schalotten schälen, halbieren und in Halbringe schneiden. 90 ml Olivenöl in eine Pfanne geben und die Schalotten darin bei mittlerer Hitze auf dem Herd anschwitzen. Salzen, pfeffern und mit dem Essig ablöschen. Die Johannisbeeren zufügen und kurz mitdünsten.

4. Den Grillrost gründlich reinigen. Die Sardinen in den restlichen 10 ml Olivenöl wenden und über ***direkter mittlerer Hitze*** bei geschlossenem Deckel etwa 8 Min. grillen, dabei einmal wenden und für ein gleichmäßigen Garen gegebenenfalls auf dem Rost umplatzieren.

5. Die fertigen Sardinen auf einer Servierplatte anrichten, mit etwas Weißweinessig beträufeln und die warme Johannisbeer-Mischung darübergeben. Zuletzt mit der Petersilie und den Pinienkernen bestreuen und servieren.

ÜBER HICKORYHOLZ GERÄUCHERTE MAKRELE

SARDINEN IN WEISSWEINESSIG MIT JOHANNISBEEREN

Bachforelle mit Zitrone und Rosmarin

Zubereitungszeit: 20 Min.
Grillzeit: 8–10 Min.

Für 4 Personen

4 küchenfertige Bachforellen, je etwa 250–280 g
1 TL grobes Meersalz
¼ TL frisch gemahlener schwarzer Pfeffer
Olivenöl
2 Bio-Zitronen
1 kleine Handvoll Rosmarinzweige

1 Fischkorb für 4 Forellen oder 2 Fischkörbe für je 2 Forellen

1. Eine Zwei-Zonen-Glut für starke Hitze vorbereiten (siehe Seite 14–15).

2. Die Forellen wie ein Buch aufklappen und innen mit Salz und Pfeffer würzen. Wieder schließen und außen leicht mit Öl bestreichen.

3. Die Enden der Zitronen abschneiden und wegwerfen. Die Zitronen quer in etwa 5 mm breite Scheiben schneiden. Eine Seite des Fischkorbs in einer Lage mit der Hälfte der Zitronenscheiben belegen und die Fische daraufsetzen. Die restlichen Scheiben auf die Forellen legen. Den Korb schließen und sichern. Achten Sie darauf, dass dabei die Haut der Fische nicht verletzt wird.

4. Den Deckel des Grills öffnen und die Rosmarinzweige in die Glut werfen. Die Forellen im Korb über ***direkter starker Hitze*** bei geöffnetem Deckel 8–10 Min. grillen, bis Zitronenscheiben und Forellenhaut schön gebräunt und die Filets auch an der dicksten Stelle durchgegart sind. In dieser Zeit den Fischkorb mehrmals wenden und drehen.

5. Den Korb vom Grill nehmen und behutsam öffnen. Die Zitronenscheiben auf dem Fisch abnehmen und wegwerfen. Mit einem großen Fischwender die Forellen ohne die unteren Zitronenscheiben einzeln aus dem Korb auf einen Servierteller heben und warm servieren.

Saiblingfilets mit gegrilltem Gemüse-Konfetti

Zubereitungszeit: 10 Min.
Grillzeit: 20–25 Min.

Für 4 Personen

Für das Gemüse-Konfetti
2 Maiskolben, Hüllblätter entfernt
1 mittelgroße rote Zwiebel, in 1 cm breite Scheiben geschnitten
Olivenöl
450 g Kirschtomaten, geviertelt
6 EL fein gehackte frische Basilikumblätter
1 EL Champagner-Essig
2 TL fein gehackter Knoblauch
Grobes Meersalz
Frisch gemahlener schwarzer Pfeffer

4 Saiblingfilets mit Haut, je etwa 230 g und 2 ½ cm dick

1. Eine Zwei-Zonen-Glut für mittlere Hitze vorbereiten (siehe Seite 14–15).

2. Mais und Zwiebelscheiben leicht mit Öl bestreichen. Den Grillrost gründlich reinigen. Beide Zutaten über ***direkter mittlerer Hitze*** bei geschlossenem Deckel grillen, bis der Mais nach 12–15 Min. goldbraun ist und die Zwiebelscheiben nach 8–10 Min. weich sind, dabei gelegentlich wenden. Vom Grill nehmen und abkühlen lassen.

3. Die Glut für starke Hitze vorbereiten. Dafür einen Anzündkamin zu einem Viertel mit frischen Briketts füllen und die Briketts gleichmäßig auf der Glut verteilen. Den Grilldeckel für 10–15 Min. geöffnet lassen, bis sie glühen. Inzwischen die Maiskörner in eine mittelgroße Schüssel von den Kolben schaben. Die Zwiebelscheiben grob hacken und dazugeben. Die restlichen Zutaten für das Konfetti zufügen, durchmischen, salzen und pfeffern.

4. Den Fisch rundum mit Öl bestreichen und mit ¾ TL Salz und ½ TL Pfeffer würzen. Den Grillrost gründlich reinigen. Die Filets mit der Hautseite nach oben über ***direkter starker Hitze*** bei geschlossenem Deckel 5–6 Min. grillen, wenden und 3–4 Min. weitergrillen, bis sie im Kern leicht rosa sind. Warm mit dem Gemüse servieren.

BACHFORELLE MIT ZITRONE UND ROSMARIN

SAIBLINGFILETS MIT GEGRILLTEM GEMÜSE-KONFETTI

Würziger Zackenbarsch mit Gelber-Paprika-Sauce

Zubereitungszeit: 15 Min.
Grillzeit: 15–20 Min.

Für 4 Personen

Für die Sauce
2 mittelgroße gelbe Paprikaschoten
2 EL Olivenöl
2 TL fein gehackter Knoblauch
150 g sehr fein gewürfelte Zwiebeln
1 EL Weißweinessig
1–2 EL Sahne
Grobes Meersalz

Für die Würzmischung
2 TL Currypulver, 1 TL gemahlener Piment
1 TL gemahlener Kreuzkümmel
1 TL frisch gemahlener schwarzer Pfeffer
1 TL grobes Meersalz
¼ TL geriebene Muskatnuss

4 Zackenbarschfilets, je 180–230 g und etwa 2 cm dick
Pflanzenöl

1. Eine Zwei-Zonen-Glut für starke Hitze vorbereiten (siehe Seite 14–15).

2. Die ganzen Paprikaschoten über direkter starker Hitze bei geschlossenem Deckel 10–12 Min. rösten, dabei häufig wenden, bis die Haut Blasen wirft und rundum verkohlt ist. Die heißen Paprikaschoten in einer mit Frischhaltefolie abgedeckten Schüssel etwa 10 Min. beiseitestellen.

3. Von den abgekühlten Paprikaschoten die Haut abziehen, Stiele, Samen und Trennwände entfernen. Die Schoten grob würfeln. In einer kleinen Pfanne auf mittlerer bis hoher Stufe das Öl erhitzen. Zuerst den Knoblauch und die Zwiebeln darin 3–4 Min. unter gelegentlichem Rühren dünsten, dann die Paprika in 3–4 Min. weich dünsten, dabei ab und zu umrühren. Mit dem Essig ablöschen. Das Gemüse in einem Standmixer fein pürieren. Die Pfanne sauber auswischen und das Gemüsepüree einfüllen. Die Sahne unterrühren und die Sauce mit Salz abschmecken.

4. Gegebenenfalls Holzkohle nachlegen, um die Fischfilets anschließend bei starker Hitze zu grillen.

5. In einer kleinen Schüssel die Zutaten für die Würzmischung vermengen. Die Filets auf beiden Seiten leicht mit Öl bestreichen und gleichmäßig mit der Würzmischung bestreuen. Wenn die gewünschte Grilltemperatur erreicht ist, den Grillrost gründlich reinigen. Die Filets über ***direkter starker Hitze*** bei geschlossenem Deckel 5–8 Min. grillen, dabei nach 3–5 Min. einmal wenden und für ein gleichmäßiges Garen bei Bedarf umplatzieren, bis das Fischfleisch fast blättrig zerfällt und im Kern nicht mehr durchsichtig ist. Die Sauce erwärmen und zusammen mit den warmen Filets servieren.

Schwertfischsteaks mit Mandel-Knoblauch-Butter

Zubereitungszeit: 20 Min.
Marinierzeit: 1–2 Std.
Grillzeit: 8–10 Min.

Für 4 Personen

Für die Marinade
4 EL Olivenöl
Saft und abgeriebene Schale von 1 Bio-Zitrone
2 EL fein gehackte frische Dillspitzen
1 EL fein gehackter Knoblauch
1 TL zerstoßene rote Chiliflocken
¾ TL grobes Meersalz
½ TL getrockneter Thymian

4 Schwertfischsteaks, je 230–280 g und 2 ½ cm dick
4 Zitronenspalten

Für die Butter
3–4 EL geschälte ganze Mandeln
3 große Knoblauchzehen, geschält
3 EL weiche Butter
1 EL fein gehackte frische Dillspitzen
½ TL grobes Meersalz
¼ TL frisch gemahlener schwarzer Pfeffer

1 kleine Handvoll Eichenholzchips, mind. 30 Min. gewässert

1. In einer kleinen Schüssel die Zutaten für die Marinade vermischen.

2. Die Schwertfischsteaks in einer Lage auf eine Platte legen. Die gesamte Marinade über die Steaks löffeln und die Steaks in der Marinade wenden, bis sie gleichmäßig von ihr überzogen sind. Mit Frischhaltefolie abdecken und 1–2 Std. im Kühlschrank marinieren.

3. Die Mandeln und Knoblauchzehen in einer Pfanne auf mittlerer Stufe ohne Fett 4–6 Min. rösten, bis sie stellenweise dunkel gebräunt sind, dabei gelegentlich umrühren. Herausnehmen und abkühlen lassen, dann auf einem Schneidbrett in winzige Stücke hacken. In einer kleinen Schüssel mit den restlichen Zutaten vermischen, dabei mit einem Gabelrücken alles kräftig zerdrücken. Vor dem Servieren abgedeckt mind. 1 Std. kalt stellen.

4. Eine Zwei-Zonen-Glut für starke Hitze vorbereiten (siehe Seite 14–15). Die Eichenholzchips auf die Glut geben.

5. Die Steaks von der Platte nehmen, überschüssige Marinade und Flüssigkeit abtropfen lassen. Den Grillrost gründlich reinigen. Den Fisch über ***direkter starker Hitze*** bei geschlossenem Deckel 8–10 Min. grillen, jedes Steaks dabei einmal wenden, bis das Fleisch noch saftig, aber im Kern nicht mehr durchsichtig ist. Bei Bedarf den Fisch umplatzieren. Mit einem Klecks Butter auf einzelnen Tellern anrichten und warm mit den Zitronenspalten servieren.

Curry-Thunfischsteaks mit warmem Spinat-Bohnen-Salat

Zubereitungszeit: 20 Min.
Marinierzeit: 1 Std.
Grillzeit: 8–10 Min.

Für 4 Personen

Für den Salat
4 EL Olivenöl
75 g fein gehackte Zwiebeln
1 TL fein gehackter Knoblauch
1 TL getrockneter Oregan
4 große Handvoll grob gehackter frischer Spinat
1 Dose schwarze Bohnen (450 g Füllmenge), die Bohnen abgespült und abgetropft
1 EL frisch gepresster Limettensaft
¼ TL grobes Meersalz

5 EL Sauerrahm (20 %)
1 EL fein gehackte frische Korianderblätter

1 ¼ TL grobes Meersalz
½ TL Currypulver
½ TL reines Chilipulver
¼ TL frisch gemahlener schwarzer Pfeffer
4 Thunfischsteaks, je 180–230 g und etwa 2 ½ cm dick
Olivenöl

1. In einer großen Pfanne (Ø etwa 30 cm) das Öl auf mittlerer Stufe erhitzen. Die Zwiebeln darin unter gelegentlichem Rühren 3–4 Min. anschwitzen. Knoblauch und Oregano zufügen und etwa 1 Min. mitgaren, bis der Knoblauch zu bräunen beginnt, dabei ab und zu umrühren. Jetzt schnell die restlichen Salatzutaten einfüllen, durchmischen und die Pfanne abgedeckt beiseitestellen.

2. In einer kleinen Schüssel den Sauerrahm und das Koriandergrün vermischen.

3. In einer zweiten kleinen Schüssel das Meersalz mit dem Curry- und Chilipulver sowie dem Pfeffer vermengen. Die Thunfischsteaks auf beiden Seiten leicht mit Öl bestreichen und gleichmäßig mit der Currymischung würzen. Abgedeckt 1 Std. in den Kühlschrank stellen.

4. Eine Zwei-Zonen-Glut für starke Hitze vorbereiten (siehe Seite 14–15).

5. Den Grillrost gründlich reinigen. Die Thunfischsteaks über ***direkter starker Hitze*** bei geschlossenem Deckel 8–10 Min. grillen, in dieser Zeit einmal wenden und für ein gleichmäßiges Garen gegebenenfalls auf dem Rost umplatzieren, bis die Steaks das typische Grillmuster angenommen haben und das Fleisch im Kern gerade nicht mehr durchsichtig ist. Inzwischen den Spinat-Bohnen-Salat auf mittlerer Stufe erwärmen, dabei ab und zu umrühren.

6. Den warmen Salat auf den Steaks anrichten, einen Klecks Sauerrahm daraufgeben und servieren.

F

Rotbarsch texanisch mit Chili-Salsa

Zubereitungszeit: 20 Min.
Grillzeit: 15–18 Min.

Für 4 Personen

Für die Würzmischung
2 TL reines Chilipulver
1 TL grobes Meersalz
½ TL Knoblauchgranulat
½ TL getrockneter Oregano
¼ TL gemahlener Kreuzkümmel
¼ TL frisch gemahlener schwarzer Pfeffer

4 Filets ohne Haut vom Rotbarsch oder Red Snapper, je 180–230 g und etwa 2 cm dick
Olivenöl

Für die Salsa
4 mittelgroße Eiertomaten, Kerne entfernt, geviertelt
75 g fein gehackte rote Zwiebeln
1 Handvoll frische Korianderblätter und zarte -stiele
1–2 mittelgroße rote Chilischoten, Stiel und Samen entfernt, geviertelt
2 mittelgroße Knoblauchzehen, geschält und zerdrückt
1 EL Olivenöl
1 EL frisch gepresster Limettensaft
½ TL reines Chilipulver
¼ TL gemahlener Kreuzkümmel

Grobes Meersalz
Frisch gemahlener schwarzer Pfeffer

1. In einer kleinen Schüssel die Zutaten für die Würzmischung vermengen.

2. Die Fischfilets mit etwas Öl überziehen und gleichmäßig mit der Würzmischung bestreuen.

3. Eine Zwei-Zonen-Glut für starke Hitze vorbereiten (siehe Seite 14–15).

4. In einer großen Schüssel die Zutaten für die Salsa vermischen und in die Mitte eines etwa 60 cm langen Stücks Alufolie häufen. Die Folienseiten darüberschlagen und fest miteinander verschließen, sodass ein versiegeltes Päckchen entsteht.

5. Das Folienpäckchen über ***direkter starker Hitze*** bei geschlossenem Deckel etwa 10 Min. grillen, dabei einmal wenden, bis die Tomaten weich und die Chilis knusprig-zart sind. Das Päckchen mit einer Zange vom Grill nehmen, behutsam öffnen, um den Garprozess zu unterbrechen, dann 5–10 Min. abkühlen lassen. Den Inhalt des Päckchens in der Küchenmaschine oder im Standmixer zu einer stückigen Salsa pürieren. Wenn sie Ihnen zu flüssig erscheint, etwas Gemüsesaft abgießen. Nach Geschmack mit Salz und Pfeffer würzen.

6. Bei Bedarf Holzkohle für starke Hitze nachlegen.

7. Wenn die Glut die erforderliche Temperatur erreicht hat, den Grillrost gründlich reinigen. Die Filets über ***direkter starker Hitze*** bei geschlossenem Deckel 5–8 Min. grillen, dabei nach 3–5 Min. einmal wenden, bis das Fischfleisch fast blättrig zerfällt und im Kern nicht mehr durchsichtig ist. Bei Bedarf die Filets umplatzieren, damit sie gleichmäßig garen. Vom Grill nehmen, die Salsa darüberlöffeln und warm servieren.

LIVE FIRE WISDOM

Rotbarsch ähnelt dem Red Snapper, hat jedoch eine etwas festere, fleischigere Konsistenz. Auch Filets vom Lengdorsch eignen sich für diese würzig-scharfe Zubereitung. Welche Fischart Sie auch bevorzugen, grillen Sie zunächst eine Seite über sehr heißer Glut ein paar Minuten länger als die andere. So können Sie die Filets wenden, ohne dass sie am Grillrost haften bleiben, obendrein garen die Filets auf diese Weise gleichmäßiger.

DER WEBER SPEZIAL TIPP

Dave Scully

Als Finanzdirektor in New York führt Dave Scullys hektischer Job ihn seit Jahren kreuz und quer durch die Welt. Doch mit beharrlicher Regelmäßigkeit verbringen Dave und seine Familie den Sommer in einer kleinen Stadt an der Küste von Maine, wo das ruhige Leben sich kaum von dem aus Daves Kindertagen unterscheidet. Daves Kinder gehören zur fünften Generation der Scullys, die ihren Sommer in Maine verbringt. »Hier sind wir verankert«, sagt Dave, »und unser Urlaubsprogramm ist ganz einfach: Wir suchen nach Muscheln, wir segeln und angeln viel, und für das Abendessen wird gewöhnlich der Grill angeworfen und zubereitet, was die Saison gerade hergibt.«

Im August etwa tummelt sich der Felsenbarsch in den kalten Gewässern vor Maines schroffer Küste, außerdem werden der heimische Mais und weiße Pfirsiche reif. Der Mais ist so süß, dass man ihn roh essen kann. Dave meint jedoch, dass er vom Grillen über offenem Feuer noch besser schmeckt. Sowohl der Mais als auch die Pfirsiche gehören in Daves selbst kreierte Salsa, die er über den gegrillten Barsch in weichen Tacos löffelt.

Die Dicke der Fischfilets, so Dave, bestimmt die Art der Hitze, die Sie beim Grillen verwenden sollten. Wenn die Filets 2 ½ cm oder dünner sind, müssen sie direkt über der Glut gegrillt werden; sind sie dicker als 2 ½ cm, grillen Sie sie seitlich von den glühenden Kohlen, damit sie innen durchgaren können, bevor sie außen verkohlen. Ob mit der direkten oder indirekten Methode, grillen Sie die Filets immer mit der Hautseite nach unten ohne sie zu wenden. Die Haut schützt das empfindliche Fleisch vor der Hitze und hält es in Form. Wenn der Fisch gar ist, heben Sie das Fleisch mit einem Fischwender direkt von der Haut ab. Falls es dabei auseinanderfällt, ist das kein Grund zur Sorge: Sie müssen es anschließend ohnehin zerpflücken.

LIVE FIRE WISDOM · WEBER'S CHARCOAL

Die Filets sind gar (aber noch saftig), wenn das Fleisch in der Mitte gerade nicht mehr durchsichtig ist.

Schieben Sie einen Fischwender genau zwischen Fleisch und Haut und heben Sie das Fleisch von der Haut ab.

Daves Fisch-Tacos

Zubereitungszeit: 35 Min.
Einweichzeit: 1 Std.
Grillzeit: 12–15 Min.

Für 6 Personen

Für den Krautsalat

1 kleiner Kopf Weißkohl (etwa 500 g)
Grobes Meersalz
1 TL fein gehackter Knoblauch
½ TL frisch gemahlener schwarzer Pfeffer
2 EL Rotweinessig, 5 EL Olivenöl

Für die Salsa

1 großer weißfleischiger Pfirsich (oder Nektarine), in 1 cm große Stücke geschnitten
2 EL fein gehackte frische Minzeblätter
2 EL fein gehackte frische Korianderblätter
1 EL frisch gepresster Limettensaft
1 EL fein gehackte Serrano-Chilischote
Grobes Meersalz
2 sehr reife Maiskolben, Hüllblätter entfernt
Olivenöl

6 Filets vom Felsen- oder Wolfsbarsch mit Haut, je etwa 230 g und 2 ½ cm dick
1 TL grobes Meersalz
½ TL frisch gemahlener schwarzer Pfeffer
12 Weizenmehltortillas (Ø 20 cm)

1. Die Außenblätter des Kohls entfernen. Den Kohl längs vierteln, jeweils den Strunk herausschneiden und die Viertel quer in sehr dünne Streifen schneiden. In eine große Schüssel füllen, 1 EL grobes Meersalz zufügen und den Kohl mit Wasser bedecken. 1 Std. beiseitestellen.

2. Das Wasser abgießen, die Kohlstreifen trocken schleudern und zurück in die Schüssel füllen. In einer kleinen Schüssel Knoblauch, Pfeffer und Essig mit ½ TL Meersalz verrühren, dann unter ständigem Schlagen nach und nach das Öl untermischen. Etwa 1 Min. weiterrühren, bis sich alle Zutaten gut miteinander verbunden haben. Die Kohlstreifen nur leicht mit dem Dressing überziehen (vielleicht brauchen Sie nicht das gesamte Dressing) und gut durchmischen.

3. In einer mittelgroßen Schüssel Pfirsich, Minze, Koriander, Limettensaft, Chili und ¼ TL Meersalz vermengen.

4. Eine Zwei-Zonen-Glut für mittlere Hitze vorbereiten (siehe Seite 14–15).

5. Den Grillrost gründlich reinigen. Die Maiskolben mit etwas Öl bestreichen, anschließend über ***direkter mittlerer Hitze*** bei geschlossenem Deckel 6–7 Min grillen, dabei immer wieder wenden und gegebenenfalls auf dem Rost umplatzieren, bis sie rundum schön gebräunt sind. Vom Grill nehmen und abkühlen lassen. Die Körner herauslösen, in die Schüssel zu den Pfirsichstücken geben und die Mischung mit Salz abschmecken. Die Fischfilets auf beiden Seiten leicht mit Öl bestreichen und die Fleischseite mit Salz und Pfeffer würzen.

6. Wenn die Glut nicht heiß genug ist, einen Anzündkamin zu einem Viertel mit frischen Briketts füllen und die Briketts gleichmäßig auf der Glut verteilen. Das Glutbett sollte groß genug ist, damit später alle Filets über direkter Hitze liegen können. Den Deckel 10–15 Min. geöffnet lassen, dann für etwa 5 Min. schließen.

7. Den Grillrost gründlich reinigen. Den Fisch über ***direkter starker Hitze*** bei geschlossenem Deckel 6–8 Min. grillen, dabei nicht wenden, auch wenn die Haut verkohlt, bis das Fleisch fast blättrig zerfällt und in der Mitte nicht mehr durchsichtig ist. Mit einem Fischwender das Fleisch von der Haut abheben und in einer Schüssel in mundgerechte Stücke zerpflücken. Die Haut sollte sich anschließend mühelos mit einer Grillzange vom Rost ablösen lassen. Den Grillrost gründlich reinigen.

8. Jeweils einige Tortillas gleichzeitig über direkter Hitze bei geöffnetem Deckel 5–10 Sek. erwärmen, mit Fisch, Krautsalat und Salsa füllen und warm servieren.

Griechischer Meeresfrüchtesalat

Zubereitungszeit: 20 Min.
Marinierzeit: 20–30 Min.
Grillzeit: 5 Min.

Für 6 Personen

F

Für das Dressing
6 EL Olivenöl
3 EL Rotweinessig
½ TL fein gehackter Knoblauch
½ TL grobes Meersalz
½ TL getrockneter Oregano
¼ TL zerstoßene rote Chiliflocken

5 mittelgroße Strauchtomaten
125 g entkernte grüne Oliven, halbiert oder geviertelt
100 g in feine Scheiben geschnittener Staudensellerie
4 EL fein gewürfelte rote Zwiebeln
450 g kleine Garnelen, geschält, Darm entfernt
450 g Jakobsmuschelfleisch
2 EL grob gehackte frische glatte Petersilie

1 Grillpfanne (siehe Abb. rechts)

1. In einer kleinen Schüssel die Zutaten für das Dressing mit einem Schneebesen verrühren.

2. Die Tomaten quer in 1 cm breite Scheiben schneiden und auf einem Servierteller auslegen. In einer zweiten kleinen Schüssel Oliven, Sellerie und Zwiebeln vermischen.

3. In einer großen Schüssel die Garnelen und Jakobsmuscheln mit 4 EL des Dressing vermischen und abgedeckt 20–30 Min. in den Kühlschrank stellen.

4. Eine Zwei-Zonen-Glut für starke Hitze vorbereiten (siehe Seite 14–15).

Die Meeresfrüchte mehrmals in der Grillpfanne wenden.

5. Die Meeresfrüchte in ein Sieb abgießen, anschließend in einer Lage in der Grillpfanne ausbreiten und über ***direkter starker Hitze*** bei geschlossenem Deckel etwa 5 Min. grillen, bis sie außen leicht fest und innen vollständig durchgegart sind, dabei ein- bis zweimal wenden. Die Pfanne mit Grillhandschuhen vom Grill nehmen und auf einem Backblech abstellen. Die Meeresfrüchte in eine große Schüssel umfüllen, um den Garprozess zu unterbrechen.

6. Die gegrillten Meeresfrüchte auf den Tomatenscheiben verteilen und mit der Oliven-Sellerie-Mischung bestreuen. Nach Geschmack Dressing darübergeben und zuletzt über alles die gehackte Petersilie streuen. Raumtemperiert servieren.

Gegrillte Garnelen mit süß-saurer Sauce

Zubereitungszeit: 15 Min.
Marinierzeit: 1 Std.
Grillzeit: 5 Min.

Für 4–6 Personen

Für die Sauce
1 EL Erdnuss- oder Pflanzenöl
2 TL fein gehackter Knoblauch
1 TL geriebener frischer Ingwer
3 EL Orangenmarmelade
2 EL Reisweinessig
1 TL Dijon-Senf
1 TL Fischsauce

½ TL grobes Meersalz
½ TL reines Chilipulver
½ TL Paprikapulver
¼ TL frisch gemahlener schwarzer Pfeffer
900 g sehr große Garnelen, geschält, Darm entfernt
Erdnuss- oder Pflanzenöl

1. Für die Sauce das Öl in einem kleinen Topf auf mittlerer Stufe erhitzen. Den Knoblauch und den Ingwer darin in 30–60 Sek. goldbraun braten, dabei häufig umrühren. Die restlichen Zutaten dazugeben und unter Rühren weitere 30–60 Sek. garen, bis die Marmelade geschmolzen ist. Den Topf vom Herd nehmen.

2. In einer kleinen Schüssel das Salz mit dem Chili- und Paprikapulver sowie dem Pfeffer vermischen. Die Garnelen in eine große Schüssel geben und mit der Würzmischung bestreuen. Die Garnelen mit so viel Öl überziehen, dass sie leicht davon bedeckt sind, und gut durchmischen. Abgedeckt 1 Std. kalt stellen.

3. Eine Zwei-Zonen-Glut für starke Hitze vorbereiten (siehe Seite 14–15).

4. Den Grillrost gründlich reinigen. Die Garnelen über ***direkter starker Hitze*** bei geschlossenem Deckel knapp 5 Min. grillen, bis sie leicht gebräunt sind und das Fleisch in der Mitte gerade nicht mehr durchsichtig ist, dabei ein- bis zweimal wenden und für ein gleichmäßiges Garen bei Bedarf auf dem Grillrost umplatzieren. Zur Garprobe 1–2 Garnelen aufschneiden.

5. Die gegrillten Garnelen in eine saubere große Schüssel füllen, nach Geschmack mit der Sauce beträufeln und gut vermischen. Sofort servieren.

F

B

BEILAGEN

190 Gegrillte Maiskolben mit Chili-Butter

192 Butterweiche Zwiebeln vom Grill

193 Gegrillte Artischockenböden

194 Gegrillter grüner Spargel mit Balsamico

195 Gefüllte Kartoffeln mit Wasabi

196 Gegrillte Möhren

196 Eichelkürbis mit Butterglasur und Knoblauch

198 Salat mit gebratenem Speck und gegrillten Tomaten

200 Fenchel-Paprika-Salat mit Mozzarella

202 Tomatensalat mit gegrillten Auberginen

203 Salat mit Kritharaki und gegrilltem Gemüse

204 Käse-Nudel-Auflauf mit Chili und Frühlingszwiebeln

Gegrillte Maiskolben mit Chili-Butter

Zubereitungszeit: 10 Min.
Grillzeit: 15–20 Min.

Für 4 Personen

Für die Butter
60 g weiche Butter
2 EL fein gehackte frische Oreganoblättchen
½ TL grobes Meersalz
¼ TL reines Chilipulver
1 kräftige Prise Knoblauchgranulat
1 kräftige Prise frisch gemahlener schwarzer Pfeffer

4 Maiskolben mit Hüllblättern

1. Eine geteilte Drei-Zonen-Glut für mittlere Hitze vorbereiten (siehe Seite 17).

2. In einer kleinen Schüssel die Zutaten für die Butter mit dem Rücken einer Gabel zerdrücken und gut vermischen.

3. Die spitzen oberen Enden der Maiskolben einkürzen und die feinen Fäden, die aus den Hüllblättern herausragen, entfernen. Ein bis zwei Schichten der harten äußeren Hüllblätter ebenfalls entfernen.

4. Die Maiskolben vorsichtig in einer Reihe auf den Kohlerost zwischen die Glutbetten legen und bei geschlossenem Deckel 15–20 Min. rösten, bis die Hüllblätter stellenweise braun und die Maiskörner weich sind. In dieser Zeit die Kolben mehrmals auf dem Rost umplatzieren und gelegentlich wenden, damit sie gleichmäßig garen. Sollten die äußeren Blätter am Ende verkohlt sein, ist das in Ordnung.

Für ein gleichmäßiges Garen die Maiskolben gelegentlich wenden und auf dem Rost umplatzieren.

5. Mit einer langstieligen Zange die Maiskolben behutsam vom Rost nehmen. Schützen Sie Ihre Hände mit einem Küchentuch, wenn Sie anschließend von den einzelnen Kolben die Hüllblätter und restlichen Fäden abziehen. Die Körner rundum mit der Chili-Butter bestreichen und die Maiskolben warm servieren.

Sie können die gebutterten Maiskolben auf dem Grillrost einige Minuten über indirekter Hitze warm halten, während andere Zutaten zu Ende gegrillt werden.

Butterweiche Zwiebeln vom Grill

Zubereitungszeit: 10 Min.
Grillzeit: 1¼–1¾ Std.

Für 4–6 Personen

6 mittelgroße Zwiebeln, ungeschält, je etwa 250–280 g
60 g Butter
½ TL grobes Meersalz
¼ TL frisch gemahlener schwarzer Pfeffer
1 TL Sherry-Essig
1 EL fein gehackte frische glatte Petersilie

B

1. Eine Zwei-Zonen-Glut für mittlere Hitze vorbereiten (siehe Seite 14–15).

2. Die ungeschälten Zwiebeln so auf den Kohlerost legen, dass sie der Glut zugewandt sind. Den Deckel schließen und die Zwiebeln 1–1 ½ Std. garen, bis sie ganz weich sind. Die Zwiebeln in dieser Zeit gelegentlich umplatzieren und dabei bereits verkohlte Stellen an den Schalen von der Glut abwenden. Die Zwiebeln sind fertig, wenn sie an mehreren Stellen schwarz sind und Sie ein scharfes Messer mühelos in das Fruchtfleisch hineinschieben und wieder herausziehen können. Manche Zwiebeln müssen eventuell länger garen als andere.

3. Jetzt sollten Sie Holzkohle nachlegen, um die Zwiebeln anschließend bei mittlerer Hitze fertig zu grillen.

4. Die Zwiebeln vom Grill nehmen und vollständig abkühlen lassen. Einzeln behutsam schälen, dabei nicht die Wurzelenden beschädigen, da sie die Zwiebelschichten zusammenhalten. Anschließend jede Zwiebel längs durch Stielansatz und Wurzelende halbieren.

Während die Zwiebeln außen verkohlen, werden sie innen ganz weich.

5. Wenn die erforderliche Hitze erreicht ist, den Grillrost einsetzen. In einer stabilen, etwa 25 x 35 cm großen Aluschale die Butter über ***direkter mittlerer Hitze*** zerlassen. Die Zwiebelhälften in einer Lage einfüllen und mit Salz und Pfeffer würzen. Mit einer Grillzange in der zerlassenen Butter wenden, sodass sie mit ihr überzogen sind.

6. Die Aluschale über ***indirekte mittlere Hitze*** stellen und die Zwiebeln bei geschlossenem Deckel etwa 15 Min. weitergaren, dabei ein- bis zweimal behutsam wenden, bis sie zu bräunen beginnen. Sollten Sie die Zwiebeln nicht gleich servieren, die Schale mit Alufolie abdecken und die Zwiebeln bis zu 30 Min. über indirekter Hitze warm halten. Die Zwiebeln mit dem Sherry-Essig beträufeln, mit der Petersilie bestreuen und warm servieren.

Gegrillte Artischockenböden

Zubereitungszeit: 30 Min.
Grillzeit: 5 Min.

Für 6 Personen

6 große Artischocken, je 300–350 g
Saft von 1 Zitrone
2 EL Olivenöl
½ TL grobes Meersalz

1. Auf dem Herd 8–10 l Salzwasser in einem großen Topf zum Kochen bringen. In einer großen Schüssel den Zitronensaft mit reichlich Wasser vermischen.

2. Die Stiele der Artischocken bis auf 2 ½ cm einkürzen. Die äußeren Blätter abziehen, bis die gelblichen Innenblätter mit den hellgrünen Blattspitzen freiliegen. Die Artischocken auf die Seite legen und die stacheligen Blätter am Stiel entfernen. Die Artischocken längs durch den Stiel halbieren und die Hälften in das Wasser legen.

3. Jeweils 1 Artischockenhälfte aus dem Wasser nehmen und mit einem Teelöffel die violetten Blätter und das Heu herausschaben. Mit einem kleinen scharfen Messer die Blattansätze am Boden wegschneiden und die harten Teile des Stiels abschälen. Die Artischocke ins Wasser legen.

4. Die Artischocken in dem kochenden Salzwasser 10–12 Min. garen, bis man mühelos mit einem Messer in sie hineinstechen kann, sie aber nicht zu weich sind. Abseihen und in eine große Schüssel umfüllen. Noch warm behutsam mit dem Öl und Salz vermischen. Die Artischocken können so vorbereitet bis zu 4 Std. kalt gestellt werden. Anschließend raumtemperiert grillen.

5. Eine Zwei-Zonen-Glut für mittlere Hitze vorbereiten (siehe Seite 14–15).

6. Den Grillrost gründlich reinigen. Von den Artischocken überschüssiges Öl zurück in die Schüssel tropfen lassen. Die Artischocken über ***direkter mittlerer Hitze*** bei geschlossenem Deckel 5 Min. grillen, bis sie leicht gebräunt sind, dabei ein- bis zweimal wenden und bei Bedarf umplatzieren. Nach Belieben die Artischocken in dieser Zeit ein- bis zweimal mit dem Öl aus der Schüssel bestreichen. Warm servieren.

Eine ganze Artischocke, eine Artischocke ohne äußere harte Blätter und der Boden mit zartem Stiel.

Gegrillter grüner Spargel mit Balsamico

Zubereitungszeit: 5 Min.
Grillzeit: 5 Min.

Für 6 Personen

- 125 ml preiswerter Balsamico–Essig
- 1 kg mittelgroße grüne Spargelstangen
- 65 ml Olivenöl
- ½ TL grobes Meersalz
- ¼ TL frisch gemahlener schwarzer Pfeffer

1. Eine Zwei-Zonen-Glut für mittlere Hitze vorbereiten (siehe Seite 14–15).

2. In einem kleinen Topf den Essig bei mittlerer Hitze auf dem Herd zum Köcheln bringen. Die Temperatur herunterschalten und den Essig sanft köchelnd in etwa 10 Min. auf die Hälfte reduzieren. Am Ende sollte er so dickflüssig sein, dass er den Topfboden bedeckt, wenn Sie den Topf hin und her schwenken. Achten Sie darauf, dass der Essig nicht zu schnell einkocht, sonst entwickelt er statt eines süßen einen bitteren Geschmack. Den Topf vom Herd nehmen und den Essigsirup auf Zimmertemperatur abkühlen lassen (er wird dabei noch etwas dickflüssiger).

3. Den Spargel putzen. Die Stangen leicht mit Öl bestreichen und rundum mit dem Salz und Pfeffer würzen. Den Grillrost gründlich reinigen. Die Spargelstangen quer zu den Streben auf den Grillrost legen. Über ***direkter mittlerer Hitze*** bei geschlossenem Deckel 5 Min. grillen, bis sie schön gebräunt und knusprig-zart sind, dabei die Stangen gelegentlich drehen und gegebenenfalls umplatzieren, damit sie gleichmäßig garen.

4. Den Spargel auf einer Servierplatte oder einzelnen Tellern anrichten. Sollte der Balsamico-Sirup zu fest geworden sein, kurz über mittlerer Hitze erwärmen. Den Spargel mit dem Sirup beträufeln und nach Geschmack nochmals salzen. Warm oder raumtemperiert servieren.

Wenn Balsamico-Essig ganz langsam reduziert wird, entsteht ein süßlich saurer Sirup, der gegrilltem Spargel jede Menge Pep verleiht. Verwenden Sie den sehr geschmacksintensiven Sirup jedoch sparsam.

B

Gefüllte Kartoffeln mit Wasabi

Zubereitungszeit: 10 Min.
Grillzeit: 40–55 Min.

Für 4–8 Personen

- 4 mehlig kochende Kartoffeln mit Schale (je 250–280 g), gewaschen, trocken getupft
- Pflanzenöl
- 200 g Sauerrahm (20 %)
- 250 g geriebener milder Cheddar (vorzugsweise kalifornischer Monterey Jack)
- 2 TL Dijon-Senf
- 1 TL Wasabi (japanische Meerrettichpaste)
- 1 TL grobes Meersalz
- ¼ TL frisch gemahlener schwarzer Pfeffer

1. Eine Zwei-Zonen-Glut für mittlere Hitze vorbereiten (siehe Seite 14–15).

2. Die Kartoffeln längs halbieren und jede Hälfte rundum mit etwas Öl bestreichen. Den Grillrost gründlich reinigen. Die Kartoffeln über ***direkter mittlerer Hitze*** bei geschlossenem Deckel 30–40 Min. rösten, bis sie weich und goldbraun sind. Dabei drei- bis viermal wenden und für ein gleichmäßiges Garen nach Bedarf umplatzieren. Garen Sie die Kartoffeln über indirekter Hitze fertig, wenn sie in dieser Zeit zu dunkel werden. Vom Grill nehmen und abkühlen lassen.

3. Die Kartoffeln mit einem kleinen scharfen Messer im Abstand von 5 mm von den Rändern der Schnittfläche entfernt einschneiden. Alle verkohlten Stellen an der Schnittfläche abkratzen oder abschneiden. Mit einem Löffel das Fruchtfleisch herausheben, dabei überall einen 5 mm breiten Rand stehen lassen, und in eine große Schüssel geben. Die ausgehöhlten Kartoffelschalen beiseitestellen, während Sie die Füllung zubereiten.

4. Mit einem Kartoffelstampfer das Fruchtfleisch in der Schüssel zerdrücken. Den Sauerrahm dazugeben und gut vermengen. 150 g von dem Käse und die restlichen Zutaten untermischen. Abschmecken und gegebenenfalls mehr Wasabi, Salz und Pfeffer hinzufügen. Die Mischung zurück in die Schalen löffeln, dabei leicht anhäufen, und den restlichen Käse darüberstreuen.

5. Holzkohle für mittlere Hitze nachlegen. Wenn die erforderliche Temperatur erreicht ist, die gefüllten Kartoffeln über ***indirekter mittlerer Hitze*** bei geschlossenem Deckel 10–15 Min. garen, bis der Käse geschmolzen und die Füllung durch und durch heiß ist. Vom Grill nehmen und sofort servieren.

Gegrillte Möhren

Zubereitungszeit: 10 Min.
Grillzeit: etwa 5 Min.

Für 4 Personen

8 mittelgroße junge Möhren, je etwa 15–20 cm lang
60 g Butter
½ TL Rotweinessig
¼ TL frisch geriebene Muskatnuss
½ TL grobes Meersalz
¼ TL frisch gemahlener schwarzer Pfeffer
1 TL fein gehackte frische glatte Petersilie

1. Die Möhren schälen, anschließend in einem Topf mit Wasser 4–6 Min. auf dem Herd vorgaren. Abgießen und unter fließendem kaltem Wasser mind. 10 Sek. abspülen.

2. Eine Zwei-Zonen-Glut für starke Hitze vorbereiten (siehe Seite 14–15).

3. Die Möhren auf eine Arbeitsfläche legen. Die Butter zusammen mit dem Essig und dem Muskat in einem kleinen Topf auf mittlerer Stufe zerlassen, anschließend die Möhren mit etwa der Hälfte der Buttermischung bepinseln und mit der Hälfte des Salzes und Pfeffers würzen.

4. Den Grillrost gründlich reinigen. Die Möhren über ***direkter starker Hitze*** bei geöffnetem Deckel etwa 5 Min. grillen, bis sie stellenweise gebräunt sind, dabei gelegentlich wenden und umplatzieren, damit sie gleichmäßig garen. Auf einer Servierplatte anrichten, mit der übrigen Butter bestreichen und mit dem restlichen Salz und Pfeffer würzen. Mit der Petersilie bestreut warm servieren.

Mit Butter bestrichen und karamellisiert – so schmecken gegrillte junge Möhren perfekt. Hier kommt ein wenig Essig ins Spiel, um ihre natürliche Süße auszugleichen, und die frische Petersilie rundet den Geschmack ab.

Eichelkürbis mit Butterglasur und Knoblauch

Zubereitungszeit: 10 Min.
Grillzeit: 40–60 Min.

Für 4 Personen

Für die Glasur
3 EL Butter
2 EL Vollrohrrohzucker
2 TL fein gehackter Knoblauch
1 TL grobes Meersalz
¼ TL frisch gemahlener schwarzer Pfeffer
¼ TL frisch geriebene Muskatnuss
1 EL Apfelweinessig

2 kleine Eichelkürbisse, je etwa 650 g, Ø etwa 10 cm

1. In einem Topf alle Zutaten für die Glasur außer dem Essig vermischen. Auf mittlerer bis hoher Stufe 2–3 Min. unter gelegentlichem Rühren kochen lassen. Vom Herd nehmen und auf Zimmertemperatur abkühlen lassen.

2. Eine Zwei-Zonen-Glut für starke Hitze vorbereiten (siehe Seite 14–15).

3. Die Kürbisse längs halbieren. Mit einem Löffel die Kerne und das faserige Innere aus den Hälften schaben. Den Essig unter die abgekühlte Glasur rühren und das Kürbisfruchtfleisch mit der Glasur bestreichen.

4. Den Grillrost gründlich reinigen. Die Kürbishälften mit der Schale nach unten über ***indirekter starker Hitze*** bei geschlossenem Deckel 40–60 Min. grillen, bis die Oberseite gebräunt und das Fruchtfleisch weich ist – ein Messer sollte sich mühelos hineinschieben und wieder herausziehen lassen. Während des Garens gelegentlich mit der Glasur, die sich in den Kürbishälften angesammelt hat, bestreichen, und die Kürbisse nach Bedarf umplatzieren, damit sie gleichmäßig garen und nicht zu schnell bräunen. Vom Grill nehmen und warm servieren.

GEGRILLTE MÖHREN

EICHELKÜRBIS MIT BUTTERGLASUR UND KNOBLAUCH

Salat mit gebratenem Speck und gegrillten Tomaten

Zubereitungszeit: 20 Min.
Grillzeit: 5–7 Min.

Für 4 Personen

225 g Frühstücksspeck in dicken Scheiben, in mundgerechte Stücke geschnitten
Olivenöl
2 EL fein gewürfelte Schalotten
1 ½ EL Sherry-Essig
1 TL fein gehackte frische Thymianblättchen
¼ TL grobes Meersalz
1 kräftige Prise frisch gemahlener schwarzer Pfeffer
500 g Kirschtomaten, Stielansatz entfernt
1 knuspriges Baguettebrötchen, längs aufgeschnitten
1–2 mittelgroße, sehr frische Kopfsalate
2–3 Frühlingszwiebeln, nur die weißen und hellgrünen Teile in feine Scheiben geschnitten

1 Grillpfanne

Eine Grillpfanne verhindert, dass die kleinen Tomaten durch den Rost fallen.

1. Eine Zwei-Zonen-Glut für mittlere Hitze vorbereiten (siehe Seite 14–15).

2. In einer großen Pfanne den Speck bei mittlerer Hitze auf dem Herd knusprig braten. Mit einem Schaumlöffel herausheben und auf Küchenpapier abtropfen lassen. So viel Olivenöl zum ausgelassenen Fett in die Pfanne gießen, dass sich 6 EL ergeben.

3. In einer kleinen Schüssel Schalotten, Essig, Thymian, Salz und Pfeffer verrühren. Das Fett aus der Pfanne in einem gleichmäßigen Strahl unter ständigem Rühren einarbeiten, bis Sie ein Dressing erhalten.

4. Die Tomaten mit etwas Dressing überziehen, anschließend in einer Grillpfanne über ***direkter mittlerer Hitze*** bei geschlossenem Deckel 4–6 Min. grillen, bis die Haut stark zu bräunen und zu platzen beginnt. Zum Wenden der Tomaten die Pfanne kräftig rütteln (dabei Grillhandschuhe tragen). Die Pfanne vorsichtig vom Grill nehmen und die Tomaten in eine Schüssel umfüllen.

5. Die Schnittflächen der Brötchenhälften mit ein wenig Dressing bestreichen und über ***direkter mittlerer Hitze*** bei geöffnetem Deckel etwa 1 Min. rösten. Vom Grill nehmen, etwas abkühlen lassen und in große Würfel schneiden.

6. Den Salat waschen und verlesen und eine Schüssel mit den Salatblättern auslegen. Die Tomaten mit dem angesammelten Saft und die Brotwürfel einfüllen. Das Dressing kurz durchrühren und nach Geschmack über den Salat träufeln. Die Speckstücke dazugeben und den Salat zuletzt mit den Frühlingszwiebeln bestreuen. Sofort servieren.

Fenchel-Paprika-Salat mit Mozzarella

Zubereitungszeit: 15 Min.
Grillzeit: 20–25 Min.

Für 6 Personen

Für das Dressing
3 EL Olivenöl
1 EL Rotweinessig
1 TL fein gehackter Knoblauch
¾ TL Sardellenpaste
¼ TL zerstoßene rote Chiliflocken
¼ TL grobes Meersalz

Für den Salat
2 mittelgroße Fenchelknollen, je 250–280 g, die grünen Stängel und das fedrige Grün entfernt, den Wurzelansatz nicht abgeschnitten
2 geröstete rote Paprikaschoten, in 1 cm große Würfel geschnitten
250 g Mozzarella, in 1 cm große Würfel geschnitten
100 g entsteinte schwarze Oliven, abgetropft und grob gehackt
3 EL grob gehackte frische Basilikumblätter

Grobes Meersalz
Frisch gemahlener schwarzer Pfeffer

1. In einer kleinen Schüssel die Zutaten für das Dressing mit einem Schneebesen verrühren.

2. Jede Fenchelknolle längs durch den Wurzelansatz halbieren, dann die Hälften rundum mit ein wenig Dressing bestreichen.

3. In einer Schüssel die restlichen Zutaten für den Salat vermischen.

4. Eine Zwei-Zonen-Glut für mittlere Hitze vorbereiten (siehe Seite 14–15).

5. Den Grillrost gründlich reinigen. Die Fenchelhälften mit der Schnittfläche nach unten über ***direkter mittlerer Hitze*** bei geschlossenem Deckel 5–7 Min. grillen, bis sie schön gebräunt, aber nicht schwarz sind. Dabei gegebenenfalls umplatzieren, damit sie gleichmäßig garen. Die Hälften wenden und weitere 3 Min. grillen. Anschließend über ***indirekte mittlere Hitze*** legen und bei geschlossenem Deckel 12–15 Min. weitergaren, bis sie außen knusprig und innen zart sind. Bei Bedarf in dieser Zeit nochmals umplatzieren. Die Fenchelhälften vom Grill nehmen und abkühlen lassen.

6. Wenn der Fenchel etwas abgekühlt ist, jeweils den Strunk herausschneiden und wegwerfen. Den Fenchel in 1 ½ cm große Stücke schneiden und in die Schüssel zu den Salatzutaten geben. Den Salat nach Geschmack mit dem Dressing anmachen und mit Salz und Pfeffer würzen. Raumtemperiert servieren.

Tomatensalat mit gegrillten Auberginen

Zubereitungszeit: 30 Min.
Grillzeit: 15–20 Min.

Für 4–6 Personen

Für das Dressing
3 EL Olivenöl
2 EL frisch gepresster Zitronensaft
½ EL fein geriebener frischer Ingwer
½ TL fein gehackter Knoblauch
½ TL gemahlener Kreuzkümmel
½ TL grobes Meersalz
1 kräftige Prise Cayennepfeffer

300 g entkernte, 1 cm große Tomatenwürfel
½ TL grobes Meersalz
2 mittelgroße Auberginen, je etwa 450 g
4 EL in feine Scheiben geschnittene Frühlingszwiebeln
4 EL grob gehacktes frisches Koriandergrün oder glatte Petersilie

1. In einer kleinen Schüssel die Zutaten für das Dressing verrühren und 30 Min. bei Zimmertemperatur beiseitestellen.

2. In einer zweiten kleinen Schüssel die Tomaten mit dem Salz vermischen und 20–30 Min. ziehen lassen. Abseihen und die Tomaten in eine große Schüssel umfüllen.

3. Eine Zwei-Zonen-Glut für starke Hitze vorbereiten (siehe Seite 14–15).

Die Auberginen mit rundum verkohlter Haut und weichem Inneren.

4. Den Grillrost gründlich reinigen. Die Auberginen mehrmals mit einer Gabel einstechen, dann über ***direkter starker Hitze*** bei geschlossenem Deckel 15–20 Min. grillen, dabei gelegentlich wenden, bis die Schalen rundum verkohlt sind und das Fruchtfleisch sehr weich ist. Vom Grill nehmen und auf einem Teller abkühlen lassen.

5. Die Auberginen längs halbieren und mit einem großen Löffel das Fruchtfleisch herauslösen. Die verkohlte Haut wegwerfen, größere Kerne im Fruchtfleisch entfernen und ebenfalls wegwerfen. Das Fruchtfleisch grob hacken.

6. Auberginen und Frühlingszwiebeln zu den Tomaten geben und behutsam vermischen. Den Salat nach Geschmack mit dem Dressing anmachen und kurz vor dem Servieren mit Koriandergrün oder Petersilie bestreuen.

LIVE FIRE WISDOM

In Indien verleihen glühende Kokosnussschalen gegrilltem Gemüse ein dezentes Raucharoma.

Salat mit Kritharaki und gegrilltem Gemüse

Zubereitungszeit: 20 Min.
Grillzeit: 10–15 Min.

Für 4–6 Personen

225 g Kritharaki (reisförmige griechische Nudeln)
6 EL Olivenöl, 2 EL Balsamico-Essig
2 TL fein gehackter Knoblauch
2 TL Dijon-Senf
1 TL grobes Meersalz
1 TL frisch gemahlener schwarzer Pfeffer
2 Maiskolben, Hüllblätter entfernt
2 mittelgroße Zucchini, längs halbiert
1 mittelgroße rote Paprikaschote, geputzt, geviertelt
250 g Cocktail- oder Kirschtomaten
125 g Feta-Käse, zerbröckelt
4 EL grob gehackte frische glatte Petersilie oder Basilikumblätter

1. Eine Zwei-Zonen-Glut für mittlere Hitze vorbereiten (siehe Seite 14–15).

2. Die Nudeln nach Packungsanweisung garen, abseihen und in einer großen Schüssel beiseitestellen.

3. In einer kleinen Schüssel Öl, Essig, Knoblauch, Senf, Salz und Pfeffer zu einem glatten Dressing verrühren. Mais, Zucchini und Paprikaschote mit der Hälfte davon bestreichen, den Rest für den Salat beiseitestellen.

4. Den Grillrost gründlich reinigen. Das gesamte Gemüse über ***direkter mittlerer Hitze*** bei geschlossenem Deckel grillen, bis es rundum leicht gebräunt und weich ist. Dabei immer wieder wenden, damit es nicht verbrennt, und für ein gleichmäßiges Garen bei Bedarf umplatzieren. Rechnen Sie für den Mais 10–15 Min., für die Zucchini und Paprikaschote 5–6 Min. Das fertig gegarte Gemüse vom Grill nehmen und abkühlen lassen. Eventuell verkohlte Stellen abkratzen.

5. Von den Maiskolben die Körner abschneiden und in die Schüssel zu den Nudeln geben. Die Kolben anschließend über die Schüssel halten und mit dem Messerrücken die restliche »Maismilch« abschaben. Die Kolben wegwerfen. Zucchini und Paprikaschote quer in 1 ½ cm große Stücke schneiden und ebenfalls in die Schüssel geben. Die Tomaten halbieren oder vierteln und zusammen mit dem Käse und der Petersilie dazugeben. Den Salat nach Geschmack mit dem restlichen Dressing anmachen und mit Salz und Pfeffer würzen. Raumtemperiert servieren.

Hier werden die Zucchini längs halbiert und nicht in dünne Streifen geschnitten. Sie bleiben so im Kern ein wenig fest, auch wenn sie an der Oberfläche gebräunt und gar sind. Das verleiht dem Salat eine schöne bissfeste Konsistenz.

B

Käse-Nudel-Auflauf mit Chili und Frühlingszwiebeln

Zubereitungszeit: 30 Min.
Grillzeit: 35–40 Min.

Für 6–8 Personen

3–4 mittelgroße Poblano-Chilischoten
250 g gekochter Schinken, in 1 cm dicke Scheiben geschnitten
6 Frühlingszwiebeln
Olivenöl
4 EL Butter, plus Butter für die Auflaufform
4 EL Mehl
1 l kalte Milch
350 g geriebener milder Cheddar (vorzugsweise kalifornischer Monterey Jack)
50 g geriebener Parmesan
¾ TL grobes Meersalz
¼ TL frisch gemahlener schwarzer Pfeffer
300 g kurze glatte Nudeln (vorzugsweise Maccheroncini)
8 EL frisch geriebene Semmelbrösel
2 TL fein gehackte frische Thymianblättchen

1. Eine geteilte Drei-Zonen-Glut für mittlere Hitze vorbereiten (siehe Seite 17).

2. Chilis, Schinkenscheiben und Frühlingszwiebeln mit ein wenig Öl bestreichen. Den Grillrost gründlich reinigen. Die Chilis über ***direkter mittlerer Hitze*** bei geschlossenem Deckel etwa 10 Min. grillen, bis sie rundum verkohlt sind, dabei nach Bedarf wenden. Gleichzeitig den Schinken und die Frühlingszwiebeln über ***direkter mittlerer Hitze*** 4–5 Min. grillen, bis sie leicht gebräunt sind, dabei ein- bis zweimal wenden und gegebenenfalls umplatzieren, damit sie gleichmäßig garen. Vom Grill nehmen und abkühlen lassen. Die verkohlte Haut der Chilischoten abziehen, Stiel und Samen entfernen und wegwerfen. Das Fruchtfleisch grob hacken. Den Schinken in 1 cm große Würfel schneiden. Die Frühlingszwiebeln in feine Scheiben schneiden, dabei den Wurzelansatz entfernen.

3. Die Butter in einem großen Topf bei mittlerer Hitze auf dem Herd zerlassen. Sobald sie aufschäumt, das Mehl zugeben und in 3–4 Min. unter Rühren zu einer glatten braunen Mehlschwitze verarbeiten. Jetzt die Milch unter ständigem Rühren mit einem Schneebesen zufügen und weiterschlagen, damit sich keine Klümpchen bilden. Die Hitze ein wenig erhöhen. Nach und nach 250 g von dem Cheddar, den gesamten Parmesan, das Salz und den Pfeffer unterrühren. Wenn der Käse zu schmelzen und die Sauce zu kochen beginnt, auf niedrige Temperatur schalten und die Sauce 4–5 Min. sanft köcheln lassen. Vom Herd nehmen und die Käsesauce in eine eingefettete feuerfeste Auflaufform (mit 2 ½–3 l Inhalt) umfüllen.

4. Die Nudeln nach Packungsanweisung auf dem Herd garen. 3 Min. vor Ende der Garzeit abseihen und in der Form mit der Käsesauce vermischen. Chilis, Schinken und Frühlingszwiebeln zufügen und durchmischen.

5. In einer kleinen Schüssel die Semmelbrösel mit dem restlichen Cheddar und dem Thymian vermengen. Die Mischung über die Käsenudeln streuen und ein wenig andrücken.

6. Bei Bedarf Holzkohle für mittlerer Hitze nachlegen.

7. Wenn die Glut die erforderliche Temperatur erreicht hat, die Form mittig auf den Grillrost über ***indirekte mittlere Hitze*** stellen und bei geschlossenem Deckel 25–30 Min. garen, bis die Käsenudeln goldbraun überbacken sind. Die Form in dieser Zeit bei Bedarf drehen, damit alles gleichmäßig gart. Mit Grillhandschuhen vom Grill nehmen und den Auflauf warm servieren.

DESSERTS

208 Himbeer-Kirsch-Auflauf

208 Karamellisierte Pfirsiche mit Lemon Curd und Blaubeeren

210 Ananas mit Rumbutter und Kokosnusseis

211 Bratäpfel vom Grill

212 Gestürzter Pflaumenkuchen

214 Gegrillte Aprikosen mit Sandkuchen und Mandelblättchen

216 In der Schale gegrillte Bananen mit Himbeersorbet

216 Mango-Eistorte mit Kokosraspel

Himbeer-Kirsch-Auflauf

Zubereitungszeit: 15 Min.
Grillzeit: 40–60 Min.

Für 6–8 Personen

8 EL Zucker
1 EL Speisestärke
350 g entsteinte TK-Süßkirschen, angetaut
(oder 450 g entsteinte frische Kirschen)
350 g TK-Himbeeren, angetaut
(oder 250–350 g frische Himbeeren)
70 g Weizenmehl
½ TL Backpulver
¼ TL Salz
100 g kalte Butter, 1 cm groß gewürfelt
1 großes Ei
500 ml Vanilleeis

1. Mit Holzkohlebriketts eine geteilte Drei-Zonen-Glut für mittlere Hitze vorbereiten (siehe Seite 17).

2. In einer großen Schüssel 5 EL Zucker mit der Speisestärke vermischen. Die Früchte gegebenenfalls mit dem aufgetauten Saft behutsam unterheben und alles in eine 25 x 35 cm große extra starke Aluschale umfüllen.

3. Mehl, Backpulver, Salz und die restlichen 3 EL Zucker in der Küchenmaschine vermischen. Die Butterwürfel hinzufügen und mehrmals kurz durchmixen, bis sie von der Mehlmischung überzogen sind. Zuletzt kurz das Ei einarbeiten. Mit einem Löffel 6 gleich große Teighäufchen in regelmäßigen Abständen auf die Früchte setzen.

4. Die Aluschale so auf den Grillrost stellen, dass sich keine Holzkohle darunter befindet. Den Auflauf über ***indirekter mittlerer Hitze*** bei geschlossenem Deckel 40–60 Min. garen, bis die Früchtemischung leise blubbert und die Teigoberfläche goldgelb ist. In dieser Zeit die Schale hin und wieder drehen, damit alles gleichmäßig gart.

5. Die Schale mit Grillhandschuhen vorsichtig vom Rost nehmen und den Auflauf 20–30 Min. abkühlen lassen. Warm mit dem Vanilleeis servieren.

Karamellisierte Pfirsiche mit Lemon Curd und Blaubeeren

Zubereitungszeit: 10 Min.
Grillzeit: 10–12 Min.

Für 4 Personen

4 große reife feste Pfirsiche, halbiert und entsteint
3 EL Butter, in kleine Stücke geschnitten
1 Päckchen Vanillezucker
2 EL Vollrohrrohzucker
6 EL Lemon Curd (Zitronenaufstrich) aus dem Glas
30–60 g Sahne
150 g frische Blaubeeren

1. Mit Holzkohlebriketts eine Zwei-Zonen-Glut für mittlere Hitze vorbereiten (siehe Seite 14–15).

2. Die Pfirsiche in einer Lage mit der Schnittfläche nach unten in eine 25 x 35 cm große extra starke Aluschale legen. Die Butterstücke, den Vanillezucker und den braunen Zucker darüber verteilen.

3. In einer kleinen Schüssel den Lemon Curd mit der Sahne zu einer glatten löffelfesten Mischung verrühren.

4. Die Aluschale über ***direkte mittlere Hitze*** stellen und die Pfirsiche bei geschlossenem Deckel 10–12 Min. garen, bis sie weich und karamellisiert sind, dabei die Pfirsiche einmal behutsam in der Buttermischung schwenken. Die Pfirsiche anschließend bis zum Servieren über indirekter Hitze und bei geöffnetem Deckel warm halten.

5. Die Pfirsiche in Viertel oder kleine Stücke schneiden. In Dessertschalen mit den Blaubeeren anrichten und warm mit einem Klecks Lemon-Curd-Sahne servieren.

LIVE FIRE WISDOM

Sobald die Pfirsiche karamellisiert und weich sind, können Sie sie problemlos über indirekter Hitze und bei geöffnetem Deckel warm halten, bis der Hauptgang beendet ist.

HIMBEER-KIRSCH-AUFLAUF

KARAMELLISIERTE PFIRSICHE MIT LEMON CURD UND BLAUBEEREN

Ananas mit Rumbutter und Kokosnusseis

Zubereitungszeit: 20 Min.
Grillzeit: 5–6 Min.

Für 6 Personen

- 3 EL Butter
- 3 EL Rum
- 1 EL Honig
- 1 kräftige Prise gemahlener Zimt
- 6 Scheiben reife Ananas, je etwa 1 cm dick
- ½ l Kokosnusseis (oder gefrorener Kokosnussjoghurt)
- 6 Kekse (nach Belieben)
- 6 Minzezweige (nach Belieben)

1. Mit Holzkohlebriketts eine Zwei-Zonen-Glut für mittlere Hitze vorbereiten (siehe Seite 14–15).

2. In einem kleinen Topf die Butter mit dem Rum, dem Honig und Zimt auf niedriger Stufe schmelzen. Den Topf vom Herd nehmen und die Ananasscheiben auf beiden Seiten leicht mit der Rumbutter bestreichen. Den Rest beiseitestellen.

3. Den Grillrost gründlich reinigen. Die Ananasscheiben über ***direkter mittlerer Hitze*** bei geschlossenem Deckel 5–6 Min. grillen, dabei gelegentlich wenden und mit der übrigen Rumbutter bepinseln, bis sie auf beiden Seiten das typische Grillmuster angenommen haben. Die Ananasscheiben bei Bedarf auf dem Rost umplatzieren, damit sie gleichmäßig garen. Vom Grill nehmen und auf einem Schneidbrett in mundgerechte Stücke schneiden.

4. Das Eis in Desserschalen anrichten und die Ananasstücke daraufgeben. Nach Belieben jeweils mit 1 Keks und 1 Minzezweig dekorieren.

D

Bratäpfel vom Grill

Zubereitungszeit: 15 Min.
Grillzeit: 30–45 Min.

Für 4 Personen

4 reife festfleischige Äpfel (Braeburn, Jonagold), je etwa 250 g
1 Zitrone

Für die Füllung
4 EL Aprikosenkonfitüre
4 EL Sultaninen
1 EL Weinbrand oder Rum
¼ TL gemahlener Piment

4 TL Butter
Sahne oder Vanilleeis

1. Mit Holzkohlebriketts eine geteilte Drei-Zonen-Glut für mittlere Hitze vorbereiten (siehe Seite 17).

2. Mit einem Apfelausstecher das Kerngehäuse der Äpfel entfernen, dabei aber nicht durchstechen. Mit einem Sparschäler jeden Apfel vom Stielansatz her quer bis zur Mitte schälen.

3. Die Zitrone halbieren und mit den Schnittflächen jeweils das Fruchtfleisch der Äpfel einreiben, damit es nicht braun anläuft.

4. In einer kleinen Schüssel die Zutaten für die Füllung vermischen. Jeden Apfel auf ein 30 x 30 cm großes Stück extra starke Alufolie setzen, in die Aushöhlung jeweils etwas von der Füllung geben und obendrauf 1 TL Butter setzen. Die Seiten der Alufolie hochklappen und über den Äpfeln verschließen.

5. Die Äpfel in der Folie über ***indirekter mittlerer Hitze*** bei geschlossenem Deckel 30–45 Min. garen, bis sie weich sind (stechen Sie mit der Spitze eines Messers hinein). Vom Grill nehmen und in der Folie 5–10 Min. abkühlen lassen. Die Päckchen öffnen und die warmen Äpfel in der Folie servieren oder in einzelnen Dessertschalen mit dem in der Folie angesammelten Saft anrichten. Dazu Sahne oder Vanilleeis reichen.

Gestürzter Pflaumenkuchen

Zubereitungszeit: 25 Min.
Grillzeit: 40–45 Min.

Ergibt 8 Stücke

100 g Weizenmehl (Type 405)
2 gehäufte EL Speisestärke
1 TL Backpulver
¼ TL Salz
135 g Zucker
110 g weiche Butter, plus 1 EL für die Form
1 großes Ei
1 Päckchen Vanillezucker
80 ml Vollmilch
50 g brauner Zucker
450 g große reife festfleischige Pflaumen, entsteint, geviertelt
250 g Sahne, steif geschlagen

1. In einer mittelgroßen Schüssel Mehl, Speisestärke, Backpulver und Salz vermischen.

2. In einer großen Schüssel den Zucker und die Butter mit einem Handrührgerät auf höchster Stufe schaumig schlagen, dabei anhaftende Reste an den Seiten der Schüssel immer wieder in die Mischung einarbeiten.

3. Das Ei und den Vanillezucker hinzufügen und gründlich unterrühren. Auf niedriger Stufe nach und nach die Mehlmischung abwechselnd mit der Milch einarbeiten, bis sich die Zutaten zu einem Teig verbunden haben.

4. Mit Holzkohlebriketts eine geteilte Drei-Zonen-Glut für mittlere Hitze vorbereiten (siehe Seite 17). Zwischen den Briketts ausreichend Platz lassen für eine 23 cm große runde Kuchenform.

5. Die Form mit 1 EL Butter einfetten und mit dem braunen Zucker ausstreuen.

6. Die Kuchenform in konzentrischen Kreisen mit den Pflaumen auslegen, die Pflaumenviertel dabei auf ihren Seiten dicht nebeneinanderlegen. Den vorbereiteten Teig darübergeben und mit dem Rücken eines Löffels glatt streichen.

7. Die Kuchenform mittig auf den Grillrost setzen und über den Kuchen ***indirekter mittlerer Hitze*** bei geschlossenem Deckel 40–45 Min. backen, bis er sich am Rand von der Form löst und ein Holzspieß beim Einstechen in die Kuchenmitte sauber wieder herauskommt.

8. Den Kuchen in der Form 15 Min. abkühlen lassen. Anschließend auf einen Servierteller stürzen und raumtemperiert mit der Schlagsahne servieren.

Gegrillte Aprikosen mit Sandkuchen und Mandelblättchen

Zubereitungszeit: 15 Min.
Grillzeit: 5–6 Min.

Für 6 Personen

Zum Garnieren
125 g kalte Sahne
1 EL Zucker
1 TL fein abgeriebene Bio-Orangenschale

12 mittelgroße feste reife Aprikosen
6 EL Butter
3 EL Zucker
Einige Tropfen Bittermandelaroma
6 Scheiben Sandkuchen, je etwa 1 ½ cm dick
Puderzucker
5 EL Mandelblättchen, geröstet

1. Mit Holzkohlebriketts eine Zwei-Zonen-Glut für mittlere Hitze vorbereiten (siehe Seite 14–15).

2. In einer mittelgroßen Schüssel die Sahne mit dem Zucker und der Orangenschale steif schlagen, bis weiche Spitzen stehen bleiben. In den Kühlschrank stellen.

3. Die Aprikosen halbieren und die Kerne herauslösen. Die Butter in einem kleinen Topf auf niedriger Stufe zerlassen, dann den Zucker und das Bittermandelaroma hinzufügen und in etwa 1–2 Min. zu einer glatten Mischung verrühren. Vom Herd nehmen und die Aprikosenhälften rundum mit der aromatisierten Butter bestreichen.

4. Den Grillrost gründlich reinigen. Die Aprikosenhälften über ***direkter mittlerer Hitze*** bei geöffnetem Deckel 5–6 Min. grillen, bis sie an einigen Stellen braun und durch und durch warm sind, dabei ein- bis zweimal wenden und gegebenenfalls umplatzieren, damit sie gleichmäßig garen. In der Zwischenzeit die Kuchenscheiben auf beiden Seiten leicht mit Puderzucker bestauben und überschüssigen Zucker behutsam abklopfen. Die Kuchenscheiben über ***direkter mittlerer Hitze*** bei geöffnetem Deckel 30–60 Sek. rösten, dabei einmal wenden, bis sie auf beiden Seiten schön gemustert sind.

5. Jeweils 1 Kuchenscheibe in einzelnen Dessertschalen anrichten und mit gegrillten Aprikosenhälften belegen. Mit einem Klecks Schlagsahne garnieren und zuletzt die gerösteten Mandelblättchen darüberstreuen.

Grillen Sie die Aprikosen bei geöffnetem Deckel, damit der Rauch nicht die süßen Geschmacksnoten zerstört, die die Früchte über der heißen Glut entwickeln. Verwenden Sie außerdem keine Holzkohlestücke oder Briketts aus Hartholz.

In der Schale gegrillte Bananen mit Himbeersorbet

Zubereitungszeit: 10 Min.
Grillzeit: etwa 5 Min.

Für 4 Personen

4 kleine feste reife Bananen, nicht geschält
2 EL Butter
1 EL Vollrohrrohzucker
1 EL frisch gepresster Limettensaft
4 Kugeln Himbeersorbet (aus dem Tiefkühlfach)
150 g Pistazien, grob gehackt

1. Mit Holzkohlebriketts eine Zwei-Zonen-Glut für mittlere Hitze vorbereiten (siehe Seite 14–15).

2. Die ungeschälten Bananen der Länge nach halbieren.

3. Den Grillrost gründlich reinigen. In einer 25 x 35 cm großen extra starken Aluschale Butter, Zucker und Limettensaft vermischen. Die Aluschale über ***direkte mittlere Hitze*** stellen, bis die Butter geschmolzen und der Zucker sich aufgelöst hat. Dabei den Deckel nicht schließen.

4. Die Aluschale über indirekte Hitze stellen. Mit einer Grillzange die Bananen nacheinander mit der Schnittfläche nach unten in die Buttermischung tauchen, überschüssige Butter zurück in die Aluschale tropfen lassen, anschließend mit der Schnittfläche nach unten bei ***direkter mittlerer Hitze*** und geöffnetem Deckel 2–3 Min. grillen, bis sie goldbraun und warm sind, dabei nicht wenden. Die Bananen in die Aluschale legen und bei Bedarf ein paar Minuten darin warm halten.

5. Die Aluschale auf eine hitzebeständige Arbeitsfläche stellen. Die Bananen behutsam herausnehmen und schälen, ohne sie zu zerbrechen, dann quer in 2–3 Stücke schneiden. Das Sorbet und die Bananen in Dessertschalen anrichten, mit den Pistazien bestreuen und servieren.

Ungeschälte Bananen behalten beim Grillen ihre Form.

Mango-Eistorte mit Kokosraspel

Zubereitungszeit: 20–30 Min.
Gefrierzeit: 2 Std.

Ergibt 12 Stücke

1 l Vanilleeis
½ l Mangosorbet (aus dem Tiefkühlfach)
1 fertiger Mürbeteig-Tortenboden
(Ø 20–23 cm)
40 g süße Kokosraspel
250 g Sahne
2 EL Zucker
1 Päckchen Vanillezucker

1. Den Backofen auf 175 °C vorheizen.

2. Das gesamte Vanilleeis und das Mangosorbet in einer mittelgroßen Schüssel einige Minuten weich werden lassen, dann das Eis mit dem Sorbet durchziehen. Die Mischung behutsam auf den Tortenboden löffeln und gleichmäßig glatt streichen. In das Gefrierfach stellen, während Sie den Belag vorbereiten.

3. Die Kokosraspel in einer Lage auf einem Backblech ausbreiten. Das Blech in den vorgeheizten Ofen schieben und die Kokosraspel darin 5–10 Min. leicht rösten. Nach 3 Min. den Bräunungsgrad der Kokosraspel immer wieder prüfen, damit sie nicht zu dunkel werden.

4. In einer mittelgroßen Schüssel die Sahne mit dem Zucker und dem Vanillezucker steif schlagen, bis sich feste Spitzen bilden. Die Schlagsahne gleichmäßig auf dem Eis-Sorbet verstreichen und mit den gerösteten Kokosraspel bestreuen. Für 2 Std. ins Gefrierfach stellen, bis die Torte fest ist. Eisgekühlt servieren.

Mit Zitronen-, Orangen- oder Ananassorbet gelingt diese Eistorte ebenso gut.

IN DER SCHALE GEGRILLTE BANANEN MIT HIMBEERSORBET

MANGO-EISTORTE MIT KOKOSRASPEL

D

GRILLPRAXIS

220 Rind und Lamm

224 Schwein

226 Geflügel

228 Fisch

230 Gemüse

232 Sicherheitshinweise

RIND UND LAMM

TEILSTÜCKE VON RIND UND LAMM FÜR DEN GRILL

Zarte Teilstücke für kurzes direktes Grillen	Festere Teilstücke für direktes Grillen	Größere Teilstücke zum Anbraten und indirekten Grillen	Zähere Teilstücke für indirektes Grillen
Rinderfiletsteaks (Filets Mignon) Rindersteaks aus der Hochrippe / Rib-Eye-Steaks Porterhouse-Steaks T-Bone-Steaks New York Strip Steaks (aus dem hohen Roastbeef) Kalbskoteletts (aus der Lende) Lammkoteletts (aus der Lende) Lammsteaks (aus der Keule)	Sirloin-Steaks (aus dem flachen Roastbeef) Flank-Steaks (aus dem Rinderlappen) Skirt-Steaks (aus dem Bauchlappen) Kalbskoteletts (aus der Schulter) Lammkoteletts (aus der Schulter)	Rinderfilet am Stück Bürgermeister- / Pastorenstück Rinderbraten aus der Hochrippe Lendenbraten Kalbskarree Lammkarree Lammkeule	Rinderbrust Rippenbraten vom Rind Lammschulter

Eine Rinderbrust küchenfertig vorbereiten

1. Die weiche Fettauflage auf der Oberseite schützt das darunterliegende Fleisch, während es 10–15 Stunden gart.

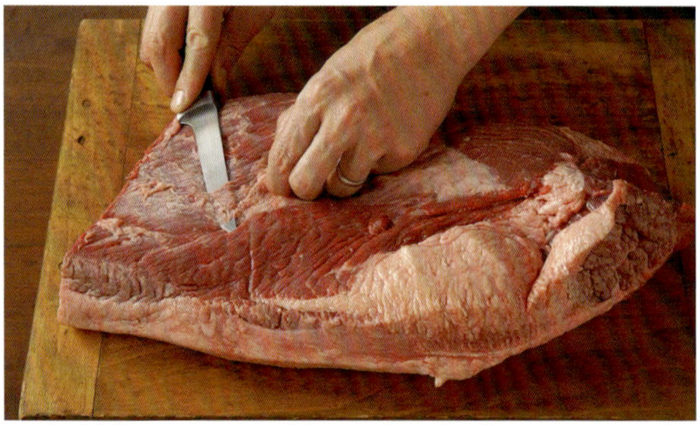

2. Ein scharfes Messer unter die Haut an der Unterseite einführen und die Haut entfernen.

3. Auch das harte Fett am spitz zulaufenden Ende der Unterseite abschneiden.

4. So sollte eine küchenfertige Rinderbrust aussehen, bevor sie gewürzt und gegrillt wird.

Qualitätskriterien für Rindfleisch

Die Fleischreife und der Fettgehalt sind zwei wichtige Kriterien beim Kauf von Rindfleisch. Insbesondere die Marmorierung, also das intramuskuläre Fett, das das Muskelfleisch zwischen den Fasern wie feine Adern durchzieht, ist ein wesentlicher Anhaltspunkt dafür, ob beispielsweise ein Steak nach dem Grillen saftig und geschmackvoll ist.

Auch die sachgemäße Reifung von Rindfleisch hat großen Einfluss darauf, ob es nach dem Garen zart und aromatisch ist. Während der Reifung schließen Enzyme das Muskelgewebe auf und machen es mürbe.

Wann ist es gar?

Mit Hilfe eines Fleischthermometers können Sie ganz einfach den gewünschten Gargrad von einem größeren Stück Fleisch prüfen. Das Thermometer sollte an der dicksten Stelle des Fleisches die Kerntemperatur messen: Liegt sie 3–5 Grad unterhalb der gewünschten Temperatur, sollte das Fleisch vom Grill genommen werden. Größere Teilstücke wie Rinderbraten oder Lammkeulen garen nämlich noch weiter, während sie eingewickelt in Alufolie bei Raumtemperatur ruhen und sich der Fleischsaft im Inneren verteilt.

Bei Steaks und Koteletts ist es schwieriger, den Gargrad mit Hilfe eines Fleischthermometers zu ermitteln, da bei beiden exakt in der Mitte des Fleisches gemessen werden muss. Einfacher geht es mit dem von mir bevorzugten »**Fingerdruck-Test**«, bei dem Sie mit einem Finger in das Fleisch drücken, um dann an der eigenen Hand Anhaltspunkte für die Festigkeit und damit den Garzustand eines Steaks zu bekommen: Die meisten rohen Steaks sind so weich wie der fleischigste Teil des Daumenballens, wenn die Hand entspannt ist, und werden im Lauf des Garens zunehmend fester. Werden Zeigefinger und Daumen an der Spitze leicht aufeinandergelegt, entspricht die Festigkeit bzw. Weichheit des Daumenballens der eines blutig (rare) gebratenen Steaks. Drücken Sie Mittelfinger und Daumen aufeinander, gleicht die Festigkeit des Daumenballens dem eines rosa/rot (medium rare) gebratenen Steaks.

Sind Sie noch immer nicht sicher, wie gar Ihr Steak ist, bleibt Ihnen nichts anderes übrig, als es vom Grill zu nehmen und es auf seiner Unterseite mit der Spitze eines scharfen Messers einzuschneiden: Die Farbe im Kern gibt an, welchen Gargrad das Steak erreicht hat. Gegebenenfalls muss es anschließend noch weitergaren, wenn es zu rot ist. Bedenken Sie bei dieser Methode jedoch, dass wertvoller Fleischsaft austreten kann.

Ein üppig marmoriertes Steak.

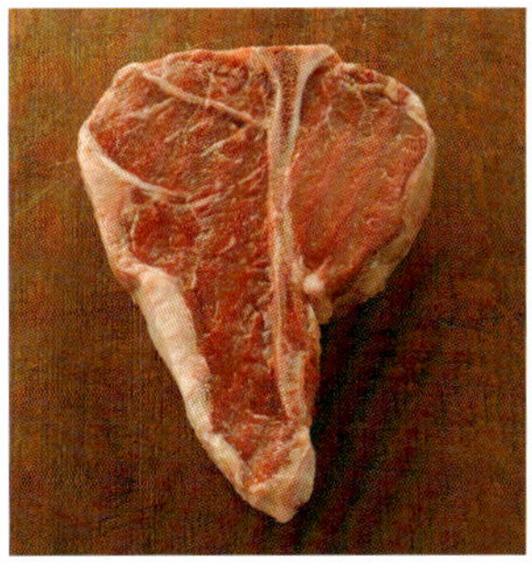

Ein etwas magereres Steak.

Der Gargrad wird mit einem Fleischthermometer gemessen.

Den Gargrad mit dem »Fingerdruck-Test« prüfen.

Der Gargrad wird anhand der Farbe des Fleisches festgestellt.

GARGRAD VON STEAKS	KERN-TEMPERATUR	FARBE IM KERN
Rare / Blutig	49–52 °C	Blaurot bis rot
Medium rare / Rosa bis blutig	52–57 °C	Rot bis rosa
Medium / Halb durch	57–63 °C	Rosa
Medium well / Fast durch	63–68 °C	Rosa bis graubraun
Well done / Durchgebraten	68 °C +	Graubraun

Knusprig gebräunt schmeckt besser

Unabhängig davon, für welches Teilstück Sie sich entscheiden, Sie erzielen am meisten Geschmack, wenn es außen dunkel gebräunt, das heißt scharf »angegrillt« wird, denn Zucker und Eiweiß im Fleisch entwickeln bei großer Hitze eine Vielfalt von Geschmacksnuancen und Aromen. Die Theorie, dass Fleisch dadurch trocken wird, ist längst widerlegt. Im Gegenteil, das scharfe Anbraten verleiht ihm überdies eine wunderbare Kruste.

Tupfen Sie Fleisch vor dem Grillen immer mit Küchenpapier trocken, da es bei zu viel Feuchtigkeit mehr gedämpft, als scharf angebraten wird.

Rindfleisch sollte erst 20–30 Min. vor dem Grillen gesalzen werden, da ein längeres Einwirken von Salz Blut und Fleischsaft aus dem Inneren zieht und die Fleischoberfläche feucht oder gar matschig macht. Salzen Sie aber auf jeden Fall vor dem Grillen, da Salz nachträglich nicht mehr gut ins Fleisch eindringen kann.

RINDFLEISCH	DICKE / GEWICHT	GRILLZEIT
Steaks: Porterhouse, Rib-Eye, T-Bone, Filet und Lende	2 cm	**4–6 Min.** bei direkter starker Hitze
	2 ½ cm	**5–8 Min.:** 4–6 Min. bei direkter starker Hitze, anschließend 1–2 Min. bei indirekter starker Hitze
	3 cm	**8–10 Min.:** 6 Min. bei direkter starker Hitze, anschließend 2–4 Min. bei indirekter starker Hitze
	3 ½ cm	**10–15 Min.:** 6–8 Min. bei direkter starker Hitze, anschließend 4–7 Min. bei indirekter starker Hitze
	5 cm	**15–18 Min.:** 6–8 Min. bei direkter starker Hitze, anschließend 9–10 Min. bei indirekter starker Hitze
Skirt-Steak	½–1 cm	**5–6 Min.** bei direkter starker Hitze
Flank-Steak	700 –1000 g, 2 cm	**8–10 Min.** bei direkter starker Hitze
Kebabs (Hackfleischröllchen)	2 ½–3 ½ cm	**5–6 Min.** bei direkter starker Hitze
Rinderfilet am Stück	1 ½–1 ¾ kg	**35–45 Min.:** 15 Min. bei direkter mittlerer Hitze, anschließend 20–30 Min. bei indirekter mittlerer Hitze
Burger	2 cm	**8–10 Min.** bei direkter starker Hitze
Braten aus der Hochrippe, ausgelöst	2 ¼–2 ¾ kg	**1 ¼–1 ¾ Std.** bei indirekter mittlerer Hitze
Rippenbraten mit Knochen	3 ½ kg	**2 ½–3 Std.:** 10 Min. bei direkter mittlerer Hitze, anschließend 2 ½–3 Std. bei indirekter niedriger Hitze
Lendenbraten, ausgelöst	1 ¾–2 ¼ kg	**50–60 Min.:** 10 Min. bei direkter mittlerer Hitze, anschließend 40–50 Min. bei indirekter mittlerer Hitze
Bürgermeister- / Pastorenstück	1–1 ¼ kg	**30–45 Min.:** 10–15 Min. bei direkter mittlerer Hitze, anschließend 20–30 Min. bei indirekter mittlerer Hitze
Kalbskotelett (Lende)	2 ½ cm	**5–8 Min.:** 4–6 Min. bei direkter starker Hitze, anschließend 1–2 Min. bei indirekter starker Hitze

Hinweis: Alle Garzeiten beziehen sich auf den Gargrad rosa/rot (medium rare), bei Hackfleisch auf halb durch (medium).

Lammfleisch

Lammfleisch sollte hellrot und feinfaserig sein, das Fett weiß und nicht gelblich. Das Fleisch einer Lammkeule eignet sich für eine Vielzahl von Zubereitungen.

Sie können die Keule im Ganzen am Spieß garen, Steaks aus der oberen Keulenhälfte grillen, die ausgelöste Keule scharf anbraten und dann bei indirekter Hitze zu Ende grillen oder das Fleisch in Würfel schneiden und auf Holzspießen grillen.

Eine ausgelöste Lammkeule vorbereiten

1. Hochschlagende Flammen, die durch herabtropfendes Fett beim Grillen entstehen, können Sie vermeiden, wenn Sie das Fleisch von überschüssigem Fett befreien.

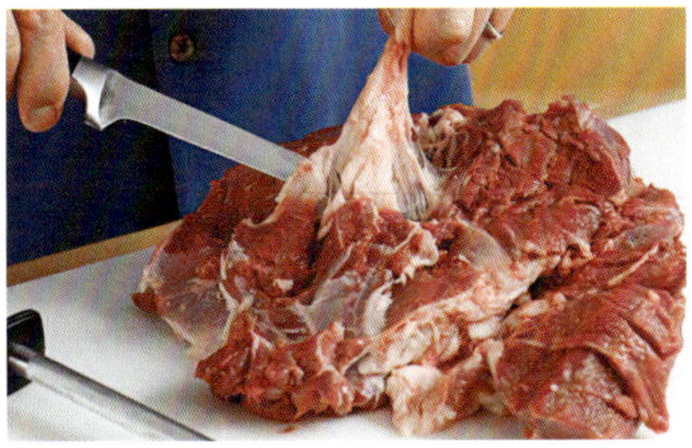

2. Drehen Sie die Keule um und schneiden Sie auch hier größere Fettpartien ab.

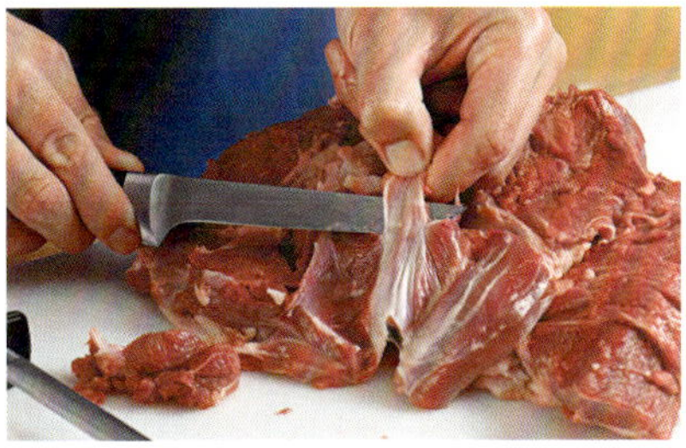

3. Die Spitze des Messer zwischen Sehnen und Fleisch schieben und die Sehnen behutsam vom Fleisch abtrennen.

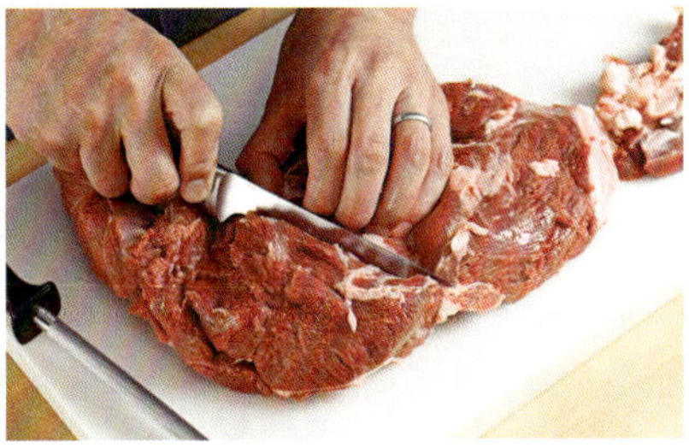

4. Etwas dickere Fleischpartien schneiden Sie diagonal ein und klappen Sie schmetterlingsartig auf.

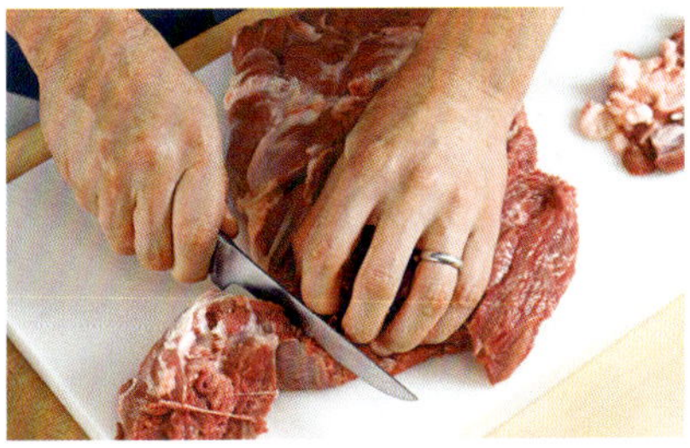

5. Sehr dicke Teile des Fleisches müssen gegebenenfalls abgeschnitten und separat gegrillt werden.

6. Am Ende sollte das Fleisch eine möglichst gleichmäßige Dicke haben.

LAMMFLEISCH	DICKE / GEWICHT	GRILLZEIT
Kotelett: Lende, Rippe, Schulter	2–3½ cm dick	**8–12 Min.** bei direkter mittlerer Hitze
Ausgelöste Lammkeule, als Rollbraten in Form gebunden	1¼–1½ kg	**30–45 Min.:** 10–15 Min. bei direkter mittlerer Hitze, anschließend 20–30 Min. bei indirekter mittlerer Hitze
Ausgelöste Lammkeule, Schmetterlingsschnitt	1½–1¾ kg	**30–45 Min.:** 10–15 Min. bei direkter mittlerer Hitze, anschließend 20–30 Min. bei indirekter mittlerer Hitze
Burger (Hackfleisch)	2 cm	**8–10 Min.** bei direkter mittlerer Hitze
Lammkarree	450–650 g	**15–20 Min.:** 5 Min. bei direkter mittlerer Hitze, anschließend 10–15 Min. bei indirekter mittlerer Hitze

Hinweis: Alle Garzeiten beziehen sich auf den Gargrad rosa/rot (medium rare), bei Hackfleisch auf halb durch (medium).

SCHWEIN

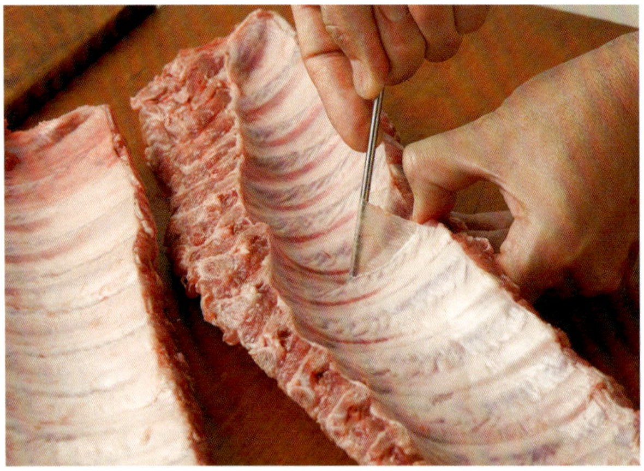

Damit Gewürze und Raucharomen ins Fleisch der Rippchen eindringen können, sollte die dünne, zähe Haut an der Knochenseite entfernt werden.

Baby Back Ribs (oben) und Spareribs sind ideal zum langsamen Grillen und Räuchern.

Qualitätskriterien für Schweinefleisch

Achten Sie beim Kauf von Schweinefleisch auf die Farbe und Festigkeit des Fleisches. Es sollte hell bis rötlich rosafarben sein, sein Fett cremefarben und glatt. Meiden Sie Fleisch, das blass oder grau aussieht. Die Struktur sollte kompakt und fest sein, mit feinen, glatten Fasern. Weisen Sie Fleisch zurück, das weich oder wässrig ist. Vorverpacktes Fleisch sollte nicht im eigenen Saft liegen, der darüber hinaus immer klar sein muss, nicht trüb.

Schweinerippchen vorbereiten

Schweinerippen haben auf ihrer Knochenseite eine dünne, zähe Haut, die entfernt werden sollte, damit Würzmischungen oder Marinaden ins Fleisch eindringen können. Schieben Sie dafür die Spitze eines Fleischthermometers oder auch eines Schraubenziehers direkt an einem Knochen so weit unter die Haut, dass Sie sie anheben können. Lockern Sie sie ein wenig, sodass sie reißt. Halten Sie jetzt eine Ecke mit einem Stück Küchenpapier fest und ziehen Sie die Haut vollständig von den Rippen.

Spareribs und Baby Back Ribs

Schälrippchen (Spareribs) sind etwas größer als die schmal geschnittenen Kotelettrippen (Baby Back Ribs), ihr Fleisch ist zäher, dafür aber auch geschmacksintensiver. Spareribs sind ein zum Kotelettstrang hin gelegenes Teilstück des Schweinebauchs, Baby Back Ribs schneidet man aus dem hinteren Kotelettstrang.

TEILSTÜCKE VOM SCHWEIN FÜR DEN GRILL

Zarte Teilstücke zum Grillen	Festere Teilstücke zum Grillen	Größere Teilstücke zum Anbraten und indirekten Grillen	Zähere Teilstücke für indirektes Grillen
Stiel- und Lendenkotelett Steak aus der Lende Filet am Stück oder in Medaillons geschnitten	Nackenkotelett Steak aus der Schulter Schinkensteak	Rippenbraten Lendenbraten Schinkenbraten Spanferkel	Kotelettrippchen (Baby Back Ribs) Schälrippchen (Spareribs) Schulter

Wann ist es gar?

Perfekt zubereitetes Schweinefleisch sollte meiner Meinung nach im Kern noch leicht rosa, also nicht komplett durchgegart sein (vorausgesetzt, es ist ganz frisch), was einer Kerntemperatur zwischen 65 °C und 70 °C entspricht. Welchen Gargrad Sie bevorzugen, bleibt selbstverständlich ganz Ihnen überlassen.

Das Kotelett links auf nebenstehender Abb. zeigt im Kern noch rohes Fleisch und sollte so nicht verzehrt werden. Das Kotelett ganz rechts wiederum sieht bereits trocken und grau aus und ist offensichtlich übergart. Das Kotelett in der Mitte dagegen hat bei einer Kerntemperatur von 65 °C leicht rosafarbenes, saftiges Fleisch und gibt auf Fingerdruck ein wenig nach.

SCHWEINEFLEISCH	DICKE / GEWICHT	GRILLZEIT
Bratwurst, frisch		**20–25 Min.** bei direkter mittlerer Hitze
Bratwurst, gebrüht		**10–12 Min.** bei direkter mittlerer Hitze
Kotelett, ausgelöst oder mit Knochen	1 cm	**5–7 Min.** bei direkter starker Hitze
	2 cm	**6–8 Min.** bei direkter starker Hitze
	2 ½ cm	**8–10 Min.** bei direkter mittlerer Hitze
	3–4 cm	**10–12 Min.:** 6 Min. bei direkter starker Hitze, anschließend 4–6 Min. bei indirekter starker Hitze
Filet am Stück	450–500 g	**15–20 Min.** bei direkter mittlerer Hitze
Lendenbraten, ausgelöst	1 ¼ kg	**40–50 Min.** bei direkter mittlerer Hitze
Lendenbraten, mit Knochen	1 ½–2 ¼ kg	**1 ¼–1 ¾ Std.** bei indirekter mittlerer Hitze
Schulterbraten, ausgelöst	2 ¼–2 ¾ kg	**5–7 Std.** bei indirekter niedriger Hitze
Frikadelle (Hackfleisch)	1 cm	**8–10 Min.** bei direkter mittlerer Hitze
Kotelettrippchen (Baby Back Ribs)	1 kg	**3–4 Std.** bei indirekter niedriger Hitze
Schälrippchen (Spareribs)	1 ¼–1 ½ kg	**3–4 Std.** bei indirekter niedriger Hitze
Spanferkel aus der Keule, vorgegart	800 g	**1 ½–2 Std.** bei indirekter mittlerer Hitze

G

GEFLÜGEL

Qualitätskriterien für Hähnchen

Zwischen preisgünstigen Hühnern aus Massentierhaltung und einem artgerecht aufgezogenen Huhn liegen geschmacklich gesehen Welten. Vögel aus Massentierhaltung, die meist im Supermarkt oder bei den Discountern zu finden sind, garen zwar schnell und sind relativ zart, haben jedoch in puncto Geschmack nicht viel zu bieten. Mit ein wenig Öl, einigen Gewürzen und eventuell einer Sauce können Sie allerdings auch mit ihnen ein annehmbares Ergebnis auf dem Grill erzielen.

Artgerecht gehaltene Hähnchen oder Vögel aus Bio-Aufzucht sind in der Regel ihren höheren Preis wert. Sie haben Auslauf und damit viel Bewegung, was zu festerem, geschmacksintensiverem Fleisch führt. Auch Hähnchen aus alten Zuchtrassen, die zwar weniger mit einer fülligen Brust oder regelmäßigen Form aufwarten können, sind geschmacklich den Tieren aus Massenhaltung vorzuziehen. So oder so sollten Sie jedoch stets auf bestimmte Qualitätskriterien achten. Ein Hähnchen sollte eine straff anliegende, unversehrte Haut haben, die weder eingeschrumpft, noch zu weit wirkt und keine trockenen Stellen aufweist. Da die Farbe der Haut kaum Hinweise auf die Qualität gibt, ist es am besten, sich an den Geruch halten. Er wird Ihnen verlässlich über die Frische des Vogels Auskunft geben. Wenn das Hähnchen merkwürdig riecht, lassen Sie es links liegen. Tabu sind außerdem Blut oder Schmutz am Körper, Quetschungen oder gebrochene Knochen.

Ein Hähnchen dressieren

1. Das Hähnchen mit der Brustseite nach oben legen und 1 m Küchengarn mittig unter Rücken und Schenkel schieben.

2. Den Faden wie abgebildet über den Schenkeln kreuzen.

3. Die Fadenenden jeweils um einen Schenkel wickeln und nach außen ziehen, damit die Schenkel am Körper anliegen.

4. Den Faden an den Seiten eng an den Schenkeln entlang zu den Flügeln führen.

5. Die beiden Fadenenden zwischen Nackenknochen und Brustspitze verknoten. Dabei fest anziehen, um die Keulen hoch an die Brust zu ziehen.

6. Die losen Fadenenden abschneiden. Jetzt ist das Hähnchen bereit für den Grill oder das Garen am Rotisserie-Spieß.

Das weiße Brustfleisch schmeckt ausgezeichnet bei einer Kerntemperatur von 75 °C. Das dunklere Schenkelfleisch dagegen entfaltet erst bei 82 °C seinen intensiven, reichhaltigen Geschmack.

Wann ist es gar?

Geflügel sollte grundsätzlich durchgegart werden, seine Kerntemperatur auf jeden Fall zwischen 75 °C und 80 °C liegen. Bedenken Sie dabei, dass die Kerntemperatur während des Ruhens um weitere 3–5 Grad steigt.

Prüfen Sie die Temperatur immer an der dicksten Stelle eines Schenkels, indem Sie dort ein Fleischthermometer hineinstecken ohne dabei den Knochen zu berühren (er ist heißer als das Fleisch). Andernfalls stechen Sie mit einem kleinen scharfen Messer in das Fleisch am Schenkelansatz: Der Vogel ist gar, wenn der austretende Fleischsaft klar und das Fleisch am Knochen nicht mehr rosa ist.

GEFLÜGEL	DICKE / GEWICHT	GRILLZEIT
Hähnchenbrustfilets	180 –225 g	**8–12 Min.** bei direkter mittlerer Hitze
Hähnchenschenkel, ausgelöst, ohne Haut	125 g	**8–10 Min.** bei direkter starker Hitze
Hähnchenbrust, mit Knochen	300–350 g	**30–40 Min.** bei indirekter mittlerer Hitze
Hähnchenfleisch, mit Knochen, Keule / Schenkel		**30–40 Min.** bei indirekter mittlerer Hitze
Hähnchenflügel (Chicken Wings)	60–85 g	**18–20 Min.** bei direkter mittlerer Hitze
Schweres Hähnchen, ganz	1 ½–2 kg	**1–1 ½ Std.** bei indirekter mittlerer Hitze
Kleines Hähnchen, ganz	800 g	**50–60 Min.** bei indirekter starker Hitze
Putenbrust, ausgelöst	1 kg	**1–1 ¼ Std.** bei indirekter mittlerer Hitze
Truthahn, ganz, ohne Füllung	4 ½–5 ½ kg	**2 ½–3 ½ Std.** bei indirekter niedriger Hitze
	5 ¾–6 ¾ kg	**3 ½–4 ½ Std.** bei indirekter niedriger Hitze
Entenbrust, ausgelöst	300–350 g	**10–12 Min.:** 3–4 Min. bei direkter niedriger Hitze, anschließend 7–8 Min. bei indirekter starker Hitze
Ente, ganz	2 ½ kg–2 ¾ kg	**40 Min.** bei indirekter starker Hitze

G

FISCH

Der Unterschied zwischen Zuchtlachs (links) und Wildlachs (rechts) beginnt bereits mit dem Aussehen. Wildlachs hat darüber hinaus einen weit intensiveren Geschmack.

Dickere Filets sollten zunächst mit der Hautseite nach oben gegrillt werden. Die Filets erst wenden, wenn sie sich leicht vom Grill lösen lassen.

Den perfekten Fisch auswählen

Festfleischige Fische und Meeresfrüchte eignen sich am besten zum Grillen, da sie während des Garens und Wendens ihre Form behalten. Aber auch zartere Teilstücke lassen sich gut auf dem Grill zubereiten, erfordern allerdings etwas mehr Aufmerksamkeit. In der unten stehenden Tabelle finden Sie eine entsprechende Einteilung.

Anhaften am Grillrost vermeiden

1. Starke Hitze. Fisch löst sich vom Rost, wenn seine Unterseite karamellisiert und mit einer dünnen Kruste überzogen ist. Hierzu bedarf es üblicherweise starker Hitze.

2. Ein sauberer Rost. Verwenden Sie eine Drahtbürste, um den Grillrost gründlich zu reinigen.

3. Ein wenig Öl. Bepinseln Sie den Fisch auf allen Seiten leicht mit Öl, aber ölen Sie nicht den Rost ein.

4. Viel Geduld. Die Karamellisierung findet schneller statt, wenn der Fisch nur an einer Stelle auf dem heißen Rost liegt. Halten Sie den Deckel dabei möglichst geschlossen und wenden Sie den Fisch nicht öfter als einmal.

5. Perfektes Timing. Grillen Sie die Seite des Fisches, die zuerst auf den Rost kommt, ein paar Minuten länger als die zweite. Sie lässt sich dann leichter vom Rost lösen und wird mit einem hübschen Grillmuster später auf dem Teller beeindrucken.

FISCH FÜR DEN GRILL

Festfleischige Filets und Steaks	Zartere Filets und Steaks	Zarte Filets	Ganze Fische	Meeresfrüchte
Schwertfisch Thunfisch Lachs Rotbarsch Zackenbarsch Tintenfisch	Seeteufel Heilbutt Makrele Seebarsch Red Snapper	Felsenbarsch Wolfsbarsch Blaufisch Forelle	Red Snapper Felsen-, Wolfs- und Zackenbarsch Blaufisch Makrele Forelle	Garnelen Jakobsmuscheln Hummer Austern Miesmuscheln Venusmuscheln

Gargrad

Fisch sollte auf keinen Fall zu lange gegart werden. Er muss vom Grill, sobald sein Fleisch blättrig auseinanderzufallen droht. Da es schwierig ist, seine Kerntemperatur, die idealerweise zwischen 52 °C und 54 °C liegt, zu messen, muss der Gargrad anhand der Farbe des Fleisches geprüft werden: Es darf im Kern nicht mehr durchsichtig sein. Orientieren Sie sich darüber hinaus an den Zeiten, die in den Rezepten angegeben sind.

Schalentiere wie Garnelen sind gar, wenn ihr Fleisch eine perlweiße Farbe angenommen hat und ebenfalls nicht mehr durchsichtig ist (siehe Abb. rechts).

Die Garnele links wurde zu früh vom Grill genommen, das Exemplar rechts ist übergart, das in der Mitte genau richtig.

FISCH UND MEERESFRÜCHTE	DICKE / GEWICHT	GRILLZEIT
Fischfilet oder -steak: Heilbutt, Red Snapper, Lachs, Seebarsch, Schwertfisch und Thunfisch	½–1 cm	**3–5 Min.** bei direkter starker Hitze
	1–2 ½ cm	**5–10 Min.** bei direkter starker Hitze
	2 ½–3 cm	**10–12 Min.** bei direkter starker Hitze
Fisch, ganz	500 g	**15–20 Min.** bei indirekter mittlerer Hitze
	1 kg	**20–30 Min.** bei indirekter mittlerer Hitze
	1 ½ kg	**30–45 Min.** bei indirekter mittlerer Hitze
Garnele	45 g	**5 Min.** bei direkter starker Hitze
Jakobsmuschelfleisch	45 g	**5–6 Min.** bei direkter starker Hitze
Miesmuscheln (nicht geöffnete Muscheln wegwerfen)		**5–10 Min.** bei direkter starker Hitze
Venusmuscheln (nicht geöffnete Muscheln wegwerfen)		**5–8 Min.** bei direkter starker Hitze
Austern		**2–5 Min.** bei direkter starker Hitze
Hummerschwänze		**8–12 Min.** bei direkter mittlerer Hitze

Hinweis: Als Faustregel für das Grillen von Fisch gelten 4–5 Min. je 1 cm Dicke und 8–10 Min. je 2 ½ cm Dicke

G

GEMÜSE

Der Schärfegrad der Schoten erstreckt sich von feurig scharf (ganz links) bis süßlich mild (ganz rechts): Habañero, Thai, Cayenne, Serrano, Fresno, Jalapeño, Poblano und rote Paprikaschote.

Fünf Grundsätze

1. Grillen Sie Gemüse, das gerade Saison hat und überwiegend aus der Region stammt. Diese Gemüsesorten sind reif und schmecken deutlich besser als Ware, die auf dem Transportweg reifen muss. Sie lassen sich mit hervorragendem Ergebnis ganz einfach auf dem Grill zubereiten.

2. Bereiten Sie Gemüse für den Grill so vor, dass eine möglichst große Oberfläche mit dem heißen Rost in Kontakt kommt. Je direkter der Kontakt, umso besser der Geschmack. Schneiden Sie beispielsweise eine Zucchini nicht quer, sondern der Länge nach in Scheiben.

3. Gemüse muss mit einer feinen Schicht Öl überzogen sein, damit es nicht am Grillrost haften bleibt oder verbrennt. Verwenden Sie dafür immer gutes Öl. Neutrale Öle wie Rapsöl funktionieren zwar gut, aber nur hochwertiges Olivenöl unterstreicht den Eigengeschmack einer jeden Gemüsesorte. Bestreichen Sie die Gemüsestücke mit gerade so viel Öl, dass sie gut davon bedeckt sind, aber nichts heruntertropft. Dies würde beim Grillen zu Flammenbildung führen. Würzen Sie das Gemüse vor dem Grillen großzügig mit Salz und Pfeffer. Noch mehr Geschmack erhalten Sie, wenn Sie es bei Zimmertemperatur 20 Min. bis hin zu 1 Std. in eine Marinade aus Olivenöl, Essig, Knoblauch, Kräutern und Gewürzen legen.

4. Bestreichen Sie bestimmte Gemüsesorten gelegentlich während des Grillens mit weiterem Öl. Gemüse besteht zum großen Teil aus Wasser, das auf dem heißen Grill schnell verdunstet. Das intensiviert zwar einerseits den Eigengeschmack des Gemüses, bestimmte Sorten aber, allen voran Pilze, neigen dazu, auszutrocknen und zu verschrumpeln, wenn sie zu viel Wasser verlieren. Sobald Sie Anzeichen dafür sehen, müssen diese Sorten mit etwas Öl bepinselt werden.

5. Fast jede Gemüsesorte, von der Aubergine bis zur Zucchini, gart am besten über direkter mittlerer Hitze, also zwischen etwa 175 °C und 230 °C. Wenn Gemüsestücke dabei stellenweise zu dunkel werden, sollten Sie sie wenden. Ansonsten gilt für das Wenden von Gemüse: Weniger ist mehr!

Wann ist es gar?

Welcher Gargrad für welche Gemüsesorte der richtige ist, hat, ähnlich wie bei Rind- und Lammfleisch, auch etwas mit Ihrer persönlichen Vorliebe zu tun. Ich zum Beispiel bevorzuge es, wenn festeres Gemüse wie Zwiebeln oder Fenchel knusprig-zart, also noch ein wenig bissfest ist. Sollten Sie das Gemüse weicher mögen, grillen Sie es einfach ein paar Minuten länger, müssen dann aber darauf achten, dass es nicht zu dunkel wird beziehungsweise verbrennt. Schneiden Sie das Gemüse darüber hinaus in möglichst gleich große Stücke, damit es gleichmäßig garen kann. Mit einer Dicke von rund 1 ¼ cm liegen Sie bei den meisten Sorten genau richtig. In der nebenstehenden Tabelle finden Sie Richtwerte, wie lange die einzelnen Gemüsesorten und bei welcher Hitze gegrillt werden sollten.

GEMÜSESORTEN	DICKE / GEWICHT	GRILLZEIT
Artischocke, ganz	300–350 g	**15–18 Min.:** 10–12 Min. in Salzwasser vorgaren, halbieren, anschließend die Hälften 5 Min. bei direkter mittlerer Hitze
Aubergine, in Scheiben	1 cm	**8–10 Min.** bei direkter mittlerer Hitze
Fenchel, in Scheiben	½ cm	**10–12 Min.** bei direkter mittlerer Hitze
Frühlingszwiebel	ganz	**3–5 Min.** bei direkter mittlerer Hitze
Maiskolben, ohne Hüllblätter		**10–15 Min.** bei direkter mittlerer Hitze
Maiskolben, mit Hüllblättern		**25–30 Min.** bei direkter mittlerer Hitze
Möhre, ganz	ø 2½ cm	**8–10 Min.:** 5 Min. in Salzwasser vorgaren, anschließend 3–5 Min. bei direkter mittlerer Hitze
Kartoffel, in Scheiben	1 cm	**15–16 Min.** bei direkter mittlerer Hitze
Kartoffel, ganz		**45–60 Min.** bei indirekter mittlerer Hitze
Knoblauchknolle, ganz		**45–60 Min.** bei indirekter mittlerer Hitze
Paprikaschote, ganz		**10–15 Min.** bei direkter mittlerer Hitze
Paprika- / Chilischote, in Scheiben	½ cm	**5–8 Min.** bei direkter mittlerer Hitze
Pilz, Shiitake oder Champignon		**8–10 Min.** bei direkter mittlerer Hitze
Pilz, Riesenchampignon / Portabello		**10–15 Min.** bei direkter mittlerer Hitze
Rote oder Gelbe Bete	180 g	**1–1½ Std.** bei indirekter mittlerer Hitze
Spargel, ganze Stangen	ø 1 cm	**5 Min.** bei direkter mittlerer Hitze
Süßkartoffel, in Scheiben	½ cm	**8–10 Min.** bei direkter mittlerer Hitze
Süßkartoffel, ganz		**50–60 Min.** bei indirekter mittlerer Hitze
Tomate, in Scheiben	½ cm	**2–5 Min.** bei direkter mittlerer Hitze
Tomate, halbiert		**5–8 Min.** bei direkter mittlerer Hitze
Eiertomate, halbiert		**5–8 Min.** bei direkter mittlerer Hitze
Eiertomate, ganz		**8–10 Min.** bei direkter mittlerer Hitze
Zucchini, in Scheiben	1 cm	**3–5 Min.** bei direkter mittlerer Hitze
Zucchini, halbiert		**5–6 Min.** bei direkter mittlerer Hitze
Zwiebel, in Scheiben	1 cm	**8–12 Min.** bei direkter mittlerer Hitze
Zwiebel, halbiert		**35–40 Min.** bei indirekter mittlerer Hitze

SICHERHEITSHINWEISE

Gefahren

1. Holzkohlegrills dürfen nur im Freien verwendet werden. Bei einem Gebrauch in geschlossenenen Räumen sammeln sich giftige Gase an, die zu ernsthaften Beeinträchtigungen der Gesundheit bis hin zum Tod führen können.

2. Geben Sie niemals flüssige Anzünder oder bereits mit Anzünder imprägnierte Holzkohle auf die warme oder heiße Glut.

3. Niemals Benzin, Alkohol oder andere feuergefährliche Flüssigkeiten zum Anzünden von Holzkohle verwenden. Wenn Sie flüssigen Anzünder benutzen, muss sämtliche Flüssigkeit, die sich gegebenenfalls in den unteren Lüftungsschieber angesammelt hat, entfernt werden, bevor Sie die Holzkohle anzünden.

4. Lassen Sie Kinder oder Haustiere niemals in der Nähe eines heißen Grills spielen oder unbeobachtet allein.

5. Der Grill muss in einem Mindestabstand von 1½ Metern von brennbaren Materialien entfernt stehen. Dazu gehören u. a. Holzverkleidungen, Holzveranden und -terrassen.

6. Verwenden Sie Ihren Grill nur mit allen vollständig montierten Teilen, die zudem unversehrt sein müssen. Vergewissern Sie sich darüber hinaus, dass der Aschekasten korrekt unterhalb des Grills befestigt ist.

Tipps zur Lebensmittelsicherheit

1. Das Grillgut immer mit sauberen Händen vorbereiten. Waschen Sie sich zudem sorgfältig die Hände, nachdem Sie rohes Fleisch, Fisch und Geflügel vorbereitet haben.

2. Tauen Sie Fleisch, Fisch oder Geflügel stets im Kühlschrank auf, nicht bei Zimmertemperatur.

3. Richten Sie gegarte Speisen nicht auf denselben Tellern an, auf denen sie vorher roh gelegen haben.

4. Spülen Sie Geschirr, Besteck und alle Arbeitsflächen, die in Kontakt mit rohem Fleisch, Geflügel oder Fisch gekommen sind, mit heißem Wasser und Spülmittel ab, bevor sie weiterverwendet werden.

Grilltipps

1. Widerstehen Sie der Versuchung, während des Grillens mit einem Pfannenwender auf Grillgut wie Hamburger zu drücken. Sie würden damit den wunderbaren Geschmack herausdrücken, mit dem Sie später belohnt werden.

2. Eine leichte Ölschicht auf dem Grillgut verhilft zu gleichmäßiger Bräune und verhindert das Anhaften auf dem Rost.

Warnung

1. Stellen Sie den Grill immer ebenerdig auf.

2. Nehmen Sie den Deckel ab, wenn Sie die Holzkohle anzünden und vorglühen.

3. Breiten Sie die Holzkohle immer auf dem Kohlerost aus, nicht direkt auf dem Boden des Kessels.

4. Stellen Sie den Anzündkamin nicht auf oder neben feuergefährliche Flächen.

5. Berühren Sie nie den Kessel, Grill- oder Holzkohlerost, um zu prüfen, ob sie heiß sind.

6. Tragen Sie Grillhandschuhe beim Grillen und zum Regulieren der Lüftungsschieber.

7. Verwenden Sie ausgewiesenes Grillwerkzeug mit langen, hitzebeständigen Griffen.

8. Hängen Sie den Grilldeckel immer vorschriftsmäßig an der Deckelhalterung auf. Legen Sie einen heißen Deckel nie auf Teppich oder Gras. Der Grilldeckel darf nicht an die Griffe des Kessels gehängt werden.

9. Um die Glut zu löschen, setzen Sie den Deckel auf und schließen Sie vollständig alle oberen und unteren Lüftungsschieber. Löschen Sie die Glut niemals mit Wasser, da es die Porzellanbeschichtung des Kessels beschädigen könnte.

10. Bekämpfen Sie auflodernde Flammen, indem Sie den Deckel aufsetzen und die oberen Lüftungsschieber zur Hälfte schließen. Auch hier gilt: niemals mit Wasser löschen.

11. Bedienen und lagern Sie heiße Elektrostarter sehr sorgfältig. Stellen Sie den Starter nie auf oder neben feuergefährliche Flächen.

12. Halten Sie elektrische Kabel vom heißen Grill fern.

REGISTER

A

Ananas mit Rumbutter und Kokosnusseis 210
Andys Jerk-Chicken 149
Anis: Im Holzrauch gegrillte Lammkarrees mit Anis-Knoblauch-Paste 90
Anzündkamin 13
  Weber® RapidFire® 13
Anzündwürfel 13
Apfel siehe Bratäpfel
Aprikosen: Gegrillte Aprikosen mit Sandkuchen und Mandelblättchen 214
Artischocke: Gegrillte Artischockenböden 193
Asche 19
  Aschekasten 19, 232
Asia-Entenbrust mit Senfsauce 152
Asia-Würzmischung 32
Aubergine: Tomatensalat mit gegrillten Auberginen 202
Auflauf
  Himbeer-Kirsch-Auflauf 208
  Käse-Nudel-Auflauf mit Chili und Frühlingszwiebeln 204
Auf Zedernholz gegrillter, glasierter Lachs 170
Avocado
  Chili-Cheeseburger mit Avocado 85
  Hähnchen und Chili-Quesadillas mit Guacamole 42
  Rinderbraten mit Avocado-Sauce 88
  T-Bone-Steaks mit Avocado-Salsa 60

B

Baby Back Ribs 108
  grillen 109
  Klassische Baby Back Ribs 110
  Ribs vom Ranch House BBQ 112
  vorbereiten 108
  siehe auch Spareribs
Bachforelle mit Zitrone und Rosmarin 176
Balsamico
  Gegrillter grüner Spargel mit Balsamico 194
  Schweinekoteletts mit Balsamico-Paste 122
Bananen: In der Schale gegrillte Bananen mit Himbeersorbet 216
Barbecue
  Barbecue-Hähnchen mit Pfirsich-Chutney 156
  Barbecue-Sauce 56
  Barbecue-Würzmischung 32
  Klassische Cheeseburger mit Barbecue-Gewürzen 86
  Rote Barbecue-Sauce 34
  Weiße Barbecue-Sauce 34
Beilagen 188–205
  Butterweiche Zwiebeln vom Grill 192
  Eichelkürbis mit Butterglasur und Knoblauch 196
  Fenchel-Paprika-Salat mit Mozzarella 200
  Gefüllte Kartoffeln mit Wasabi 195
  Gegrillte Artischockenböden 193
  Gegrillte Maiskolben mit Chili-Butter 190
  Gegrillte Möhren 196
  Gegrillter grüner Spargel mit Balsamico 194
  Käse-Nudel-Auflauf mit Chili und Frühlingszwiebeln 204
  Salat mit gebratenem Speck und gegrillten Tomaten 198
  Salat mit Kritharaki und gegrilltem Gemüse 203
  Tomatensalat mit gegrillten Auberginen 202
Bierdosen-Hähnchen mit Knoblauch und Oregano 160
Blaubeeren: Karamellisierte Pfirsiche mit Lemon Curd und Blaubeeren 208
Boerewors 102
Bohnen
  Flank-Steak mit Bohnensalat 76
  Schinkensteaks mit Honig-Senf-Glasur und Bohnen-Salsa 130
  Schweinefilets auf Cajun-Art mit Bohnensalat 118
Bourbon: Gegrillte Entenkeulen mit Bourbon-Würzsauce 151
Bratäpfel vom Grill 211
Bratwürste mit pikantem Paprika-Zwiebel-Gemüse 104
Brennmaterialien 10
  Holzkohlebriketts 10
  Holzkohlestücke 10
  Weber®-Briketts 10
Brot
  Bruschetta mit gegrillten Gelben Beten und Ziegenkäse 40
  Knuspriges Pita-Brot mit Zwiebel-Dip 41
  siehe auch Panini
Bruschetta mit gegrillten Gelben Beten und Ziegenkäse 40
Burger
  Chili-Cheeseburger mit Avocado 85
  Klassische Cheeseburger mit Barbecue-Gewürzen 86
  mit Steinpilzen, Tomaten und Pesto-Mayonnaise 84
  Puten-Burger mit Frühlingszwiebeln und Pilzen 162
  siehe auch Hackfleisch
Butter
  Ananas mit Rumbutter und Kokosnusseis 210
  Gegrillte Maiskolben mit Chili-Butter 190
  Gegrillte Möhren 196
  Mandel-Knoblauch-Butter 35
  Schwertfischsteaks mit Mandel-Knoblauch-Butter 179
  Eichelkürbis mit Butterglasur und Knoblauch 196
Butterweiche Zwiebeln vom Grill 192

C

Cajun
  Cajun-Würzmischung 32
  Schweinefilets auf Cajun-Art mit Bohnensalat 118
Cheeseburger
  Chili-Cheeseburger mit Avocado 85

Klassische Cheeseburger mit Barbecue-Gewürzen 86
siehe auch Burger
Chicken siehe Hähnchen
Chili
Chicken Wings mit Chili-Glasur und gerösteten Sesamsamen 44
Chili-Cheeseburger mit Avocado 85
Gegrillte Maiskolben mit Chili-Butter 190
Gekühlte grüne Chilisauce 35
Hähnchen und Chili-Quesadillas mit Guacamole 42
Rotbarsch texanisch mit Chili-Salsa 182
Vietnamesische Rindsröllchen mit süßer Chilisauce 46
Käse-Nudel-Auflauf mit Chili und Frühlingszwiebeln 204
Chinesischer Hähnchensalat 142
Curry
Curry-Thunfischsteaks mit warmem Spinat-Bohnen-Salat 180
Curry-Wurst-Spieße 106

D

Daves Fisch-Tacos 185
Daves Spareribs im neuen Memphis-Stil 116
Desserts 206–217
Ananas mit Rumbutter und Kokosnusseis 210
Bratäpfel vom Grill 211
Gegrillte Aprikosen mit Sandkuchen und Mandelblättchen 214
Gestürzter Pflaumenkuchen 212
Himbeer-Kirsch-Auflauf 208
In der Schale gegrillte Bananen mit Himbeersorbet 216
Karamellisierte Pfirsiche mit Lemon Curd und Blaubeeren 208
Mango-Eistorte mit Kokosraspel 216
Drei-Zonen-Glut 16

E

Eichelkürbis mit Butterglasur und Knoblauch 196
Ein ganzes Hähnchen vom Spieß 161
Eingelegte Schweinesteaks mit süßem Papaya-Relish 127
Ente
Asia-Entenbrust mit Senfsauce 152
Gegrillte Entenkeulen mit Bourbon-Würzsauce 151
siehe auch Geflügel, Hähnchen
Erdnusssauce 35
Hähnchenspieße mit Erdnusssauce 136
Essig siehe Balsamico, Weißweinessig
Estragon: Steak-Salat mit Estragon-Vinaigrette 78

F

Fajitas 74
Fenchel
Fenchel-Paprika-Salat mit Mozzarella 200
Fenchelwürziger Lachs mit Gazpacho-Salat 172
Fenchel-Würzmischung 32
Steaks aus der Lammkeule mit gerösteten Fenchelsamen 92
Filetkoteletts mit Whisky-Barbecue-Sauce 124
Fingerdruck-Test 221
Flammenbildung im Grill 21
Flank-Steak
Fajitas 74
mit Bohnensalat 76
Fisch 168–187, 228–229
Auf Zedernholz gegrillter, glasierter Lachs 170
Bachforelle mit Zitrone und Rosmarin 176
Curry-Thunfischsteaks mit warmem Spinat-Bohnen-Salat 180
Daves Fisch-Tacos 185
Fenchelwürziger Lachs mit Gazpacho-Salat 172
Gegrillte Garnelen mit süß-saurer Sauce 187
Griechischer Meeresfrüchtesalat 186
Rotbarsch texanisch mit Chili-Salsa 182
Saiblingfilets mit gegrilltem Gemüse-Konfetti 176
Sardinen in Weißweinessig mit Johannisbeeren 174
Schwertfischsteaks mit Mandel-Knoblauch-Butter 179
Über Hickoryholz geräucherte Makrele 174
Würziger Zackenbarsch mit Gelber-Paprika-Sauce 178
siehe auch Grillpraxis, Miesmuscheln
Fischkorb 29
Forelle siehe Bachforelle
Frühlingszwiebeln
Käse-Nudel-Auflauf mit Chili und Frühlingszwiebeln 204
Miesmuscheln mit Tomaten und Frühlingszwiebeln 50
Puten-Burger mit Frühlingszwiebeln und Pilzen 162

G

Gargrad
Fisch 229
Geflügel 227
Gemüse 230, 231
Lammfleisch 223
Rindfleisch 221–222
Schweinefleisch 225
Garnelen
Gegrillte Garnelen mit süß-saurer Sauce 187
Paella mit Hähnchen, Wurst und Garnelen 144
Gazpacho
Fenchelwürziger Lachs mit Gazpacho-Salat 172
Gekühlte Gazpacho aus Gemüse vom Grill 38
Geflügel 134–167, 226–227
Asia-Entenbrust mit Senfsauce 152
Gegrillte Entenkeulen mit Bourbon-Würzsauce 151
Puten-Burger mit Frühlingszwiebeln und Pilzen 162
Saftiger Truthahn vom Grill mit Bratensauce 166
siehe auch Grillpraxis, Hähnchen
Gefüllte Kartoffeln mit Wasabi 195
Gegrillte Aprikosen mit Sandkuchen und Mandelblättchen 214
Gegrillte Artischockenböden 193
Gegrillte Entenkeulen mit Bourbon-Würzsauce 151
Gegrillte Garnelen mit süß-saurer Sauce 187
Gegrillte Hähnchen-Käse-Panini mit Rucola 141
Gegrillte Hähnchenschenkel Hong Kong 146
Gegrillte Maiskolben mit Chili-Butter 190
Gegrillte Möhren 196
Gegrillter grüner Spargel mit Balsamico 194
Gegrillter Rippenbraten au Jus 72
Gegrillte Schinken-Käse-Panini 128
Gegrilltes Spanferkel 132
Gekühlte Gazpacho aus Gemüse vom Grill 38
Gekühlte grüne Chilisauce 35

Gelbe Beten: Bruschetta mit gegrillten Gelben Beten und Ziegenkäse 40
Gemüse 230–231
Bratwürste mit pikantem Paprika-Zwiebel-Gemüse 104
Saiblingfilets mit gegrilltem Gemüse-Konfetti 176
Salat mit Kritharaki und gegrilltem Gemüse 203
siehe auch Gazpacho, Grillpraxis
Geräucherte und gewürzte Nüsse 50
Gestürzter Pflaumenkuchen 212
Geteilte Drei-Zonen-Glut 17
Gorgonzola: Schweinekoteletts mit Gorgonzola 123
Griechische Marinade 33
Griechischer Meeresfrüchtesalat 186
Grillen am Spieß 28
Grillen auf einem Holzbrett 27, 170
Grillen im Fischkorb und in der Grillpfanne 29
Grillpraxis 218–232
Fisch 228–229
Anhaften am Grillrost vermeiden 228
Den perfekten Fisch auswählen 228
Fisch für den Grill 228
Gargrad 229
Geflügel 226–227
Ein Hähnchen dressieren 226
Gargrad 227
Qualitätskriterien für Hähnchen 226
Gemüse 230–231
Fünf Grundsätze 230
Gargrad 230
Rind und Lamm 220–223
Eine ausgelöste Lammkeule vorbereiten 223
Eine Rinderbrust küchenfertig vorbereiten 220
Gargrad 221
Knusprig gebräunt schmeckt besser 222
Qualitätskriterien für Rindfleisch 221
Teilstücke von Rind und Lamm für den Grill 220
Schwein 224–225
Gargrad 225
Qualitätskriterien für Schweinefleisch 224
Schweinerippchen vorbereiten 224
Spareribs und Baby Back Ribs 224
Teilstücke vom Schwein für den Grill 224
Sicherheitshinweise 232
Grillsauce: Hähnchenschenkel mit Alabama-Grillsauce 150
siehe auch Barbecue, Saucen
Grillschinken mit Orangen-Glasur 131
Grundkurs Grillbretter (Grillmethode) 27
Guacamole siehe Avocado

H

Hackfleisch
Kebabs vom Lamm mit Tomaten-Tsatsiki 98
Vietnamesische Rindsröllchen mit süßer Chilisauce 46
siehe auch Burger
Hähnchen
Andys Jerk-Chicken 149
Barbecue-Hähnchen mit Pfirsich-Chutney 156
Bierdosen-Hähnchen mit Knoblauch und Oregano 160
Chicken Wings mit Chili-Glasur und gerösteten Sesamsamen 44
Chinesischer Hähnchensalat 142
Ein ganzes Hähnchen vom Spieß 161
Gegrillte Hähnchen-Käse-Panini mit Rucola 141
Gegrillte Hähnchenschenkel Hong Kong 146
Hähnchenbrust mit Rosmarin und Oliven-Mayonnaise 143
Hähnchen-Burritos 140
Hähnchenschenkel mit Alabama-Grillsauce 150
Hähnchenspieße mit Erdnusssauce 136
Hähnchen-Tortillas mit Tomatillo-Salsa 138
Hähnchen und Chili-Quesadillas mit Guacamole 42
In Tequila marinierte Hähnchenschenkel 146
Johns Grillhähnchen mit Würzpaste 154
Paella mit Hähnchen, Wurst und Garnelen 144
Räucherhähnchen 158
Yakitori-Spieße 45
siehe auch Geflügel
Handtest (Temperaturmessung) 15
Himbeere
Himbeer-Kirsch-Auflauf 208
In der Schale gegrillte Bananen mit Himbeersorbet 216
Hitze der Glut 10–29
Direkte Hitze 14
halten 18
Hochschlagende Flammen 21
Indirekte Hitze 14, 17
kontrollieren 18
messen 15
Handtest 15
Mittlere Hitze 15
Niedrige Hitze 15
Starke Hitze 15
siehe auch Holzkohleglut
Holzchips und Holzstücke 23
Welches Holz für welche Zutat? 23
Holzkohle 10–29
anzünden 13
Briketts 10
Kohlestücke 10
Menge 13
siehe auch Holzkohleglut
Holzkohle-Fans
Amy Anderson 112
Andy Griffith 148
Dave Biondi 116
Dave Scully 184
Jim Minion 82
John Gerald Gleeson 154
Mike McGrath 66
Holzkohleglut 13–17
Die Drei-Zonen-Glut 16
Die geteilte Drei-Zonen-Glut 17
Die Zwei-Zonen-Glut 14
In der Glut garen 14
siehe auch Hitze der Glut
Honig: Schinkensteaks mit Honig-Senf-Glasur und Bohnen-Salsa 130
Hot Dogs mit Mayonnaise-Krautsalat 86

I

Im Holzrauch gegrillte Lammkarrees mit Anis-Knoblauch-Paste 90
In der Glut garen 27
In der Schale gegrillte Bananen mit Himbeersorbet 216
Ingwer: In Orangensaft und Ingwer marinierte Stielkoteletts 126
In Orangensaft und Ingwer marinierte Stielkoteletts 126
In Tequila marinierte Hähnchenschenkel 146

J

Japanisches Rindfleisch »Yakiniku« 70
Jerk-Chicken: Andys Jerk-Chicken 149
Jims geräucherte Rinderbrust 83

Johannisbeeren: Sardinen in Weißweinessig mit Johannisbeeren 174
Johns Grillhähnchen mit Würzpaste 154

K

Käse
Bruschetta mit gegrillten Gelben Beten und Ziegenkäse 40
Gegrillte Hähnchen-Käse-Panini mit Rucola 141
Gegrillte Schinken-Käse-Panini 128
Käse-Nudel-Auflauf mit Chili und Frühlingszwiebeln 204
Schweinekoteletts mit Gorgonzola 123
Kaffee: Rib-Eye-Steaks in einer Kaffeekruste 68
Kalbskoteletts mit einer Zitronen-Salbei-Marinade 64
Karamellisierte Pfirsiche mit Lemon Curd und Blaubeeren 208
Kartoffel: Gefüllte Kartoffeln mit Wasabi 195
Kebabs vom Lamm mit Tomaten-Tsatsiki 98
Kirsche
Himbeer-Kirsch-Auflauf 208
Über Kirschholz geräucherte vietnamesische Spareribs 114
Klassische Baby Back Ribs 110
Klassische Cheeseburger mit Barbecue-Gewürzen 86
Knoblauch
Bierdosen-Hähnchen mit Knoblauch und Oregano 160
Eichelkürbis mit Butterglasur und Knoblauch 196
Im Holzrauch gegrillte Lammkarrees mit Anis-Knoblauch-Paste 90
Mandel-Knoblauch-Butter 35
Schwertfischsteaks mit Mandel-Knoblauch-Butter 179
Knusprige Pizza mit Räucherwurst und Mozzarella 48
Knuspriges Pita-Brot mit Zwiebel-Dip 41
Kokosnuss
Ananas mit Rumbutter und Kokosnusseis 210
Mango-Eistorte mit Kokosraspel 216
Kotelett
Lammkoteletts mit Senfglasur und gerösteten Pinienkernen 94
In Orangensaft und Ingwer marinierte Stielkoteletts 126
Kalbskoteletts mit einer Zitronen-Salbei-Marinade 64
Filetkoteletts mit Whisky-Barbecue-Sauce 124
Schweinekoteletts mit Balsamico-Paste 122
Schweinekoteletts mit Gorgonzola 123
Kotelettrippchen siehe Baby Back Ribs
Krautsalat: Hot Dogs mit Mayonnaise-Krautsalat 86
Kreuzkümmel: Lammkeule mit Minze und Kreuzkümmel 96
Kritharaki: Salat mit Kritharaki und gegrilltem Gemüse 203
Kuchen
Gegrillte Aprikosen mit Sandkuchen und Mandelblättchen 214
Gestürzter Pflaumenkuchen 212
siehe auch Desserts
Kürbis: Eichelkürbis mit Butterglasur und Knoblauch 196
Kürbiskerne: Schweinenackensteaks mit Kürbiskernen 121

L

Lachs
Auf Zedernholz gegrillter, glasierter Lachs 170
Fenchelwürziger Lachs mit Gazpacho-Salat 172
Lamm 52–99, 223
Im Holzrauch gegrillte Lammkarrees mit Anis-Knoblauch-Paste 90
Kebabs vom Lamm mit Tomaten-Tsatsiki 98
Lammkeule mit Minze und Kreuzkümmel 96
Lammkoteletts mit Senfglasur und gerösteten Pinienkernen 94
Steaks aus der Lammkeule mit gerösteten Fenchelsamen 92
siehe auch Grillpraxis
Lebensmittelsicherheit 232
Lemon Curd: Karamellisierte Pfirsiche mit Lemon Curd und Blaubeeren 208
Luftzufuhr 18, 21, 24

M

Mais
Daves Fisch-Tacos 185
Gegrillte Maiskolben mit Chili-Butter 190
Makrele: Über Hickoryholz geräucherte Makrele 174
Mandeln
Gegrillte Aprikosen mit Sandkuchen und Mandelblättchen 214
Mandel-Knoblauch-Butter 35
Schwertfischsteaks mit Mandel-Knoblauch-Butter 179
Mango
Mango-Eistorte mit Kokosraspel 216
Mango-Schweinefleisch-Spieße 128
Marinaden 33
Griechische Marinade 33
Kalbskoteletts mit einer Zitronen-Salbei-Marinade 64
Mojo-Marinade 33
Rinderfiletsteaks mit einer Martini-Marinade 62
Teriyaki-Marinade 33
Zitronen-Salbei-Marinade 33
Mayonnaise
Hähnchenbrust mit Rosmarin und Oliven-Mayonnaise 143
Hot Dogs mit Mayonnaise-Krautsalat 86
Meeresfrüchte
Griechischer Meeresfrüchtesalat 186
Siehe auch Garnelen, Miesmuscheln
Meerrettich
Gefüllte Kartoffeln mit Wasabi 195
New York Strip Steaks mit schwarzem Pfeffer und Meerrettichsauce 54
Meerrettichsauce 34
Miesmuscheln mit Tomaten und Frühlingszwiebeln 50
Mikes Rib-Eye-Steaks mit preisgekrönter Würzmischung 66
Minze: Lammkeule mit Minze und Kreuzkümmel 96
Mit Pflaumen gefüllte Grillwürste 102
Möhren: Gegrillte Möhren 196
Mojo-Marinade 33
Mozzarella
Fenchel-Paprika-Salat mit Mozzarella 200
Knusprige Pizza mit Räucherwurst und Mozzarella 48

N

New York Strip Steaks
mit Barbecue-Sauce 56
mit schwarzem Pfeffer und Meerrettichsauce 54
Nudeln: Käse-Nudel-Auflauf mit Chili und Frühlingszwiebeln 204
Nüsse: Geräucherte und gewürzte Nüsse 50

O

Oliven-Mayonnaise 34, 142
Orangen
  Grillschinken mit Orangen-Glasur 131
  In Orangensaft und Ingwer marinierte Stielkoteletts 126
Oregano: Bierdosen-Hähnchen mit Knoblauch und Oregano 160

P

Paella mit Hähnchen, Wurst und Garnelen 144
Panini
  Gegrillte Hähnchen-Käse-Panini mit Rucola 141
  Gegrillte Schinken-Käse-Panini 128
  siehe auch Brot
Papaya: Eingelegte Schweinesteaks mit süßem Papaya-Relish 127
Paprikaschote
  Bratwürste mit pikantem Paprika-Zwiebel-Gemüse 104
  Fenchel-Paprika-Salat mit Mozzarella 200
  Würziger Zackenbarsch mit Gelber-Paprika-Sauce 178
Pesto: Burger mit Steinpilzen, Tomaten und Pesto-Mayonnaise 84
Pfeffer
  New York Strip Steaks mit schwarzem Pfeffer und Meerrettichsauce 54
  Pfefferige Steak-Tortillas mit Pico de Gallo 80
Pfirsich
  Barbecue-Hähnchen mit Pfirsich-Chutney 156
  Daves Fisch-Tacos 185
  Karamellisierte Pfirsiche mit Lemon Curd und Blaubeeren 208
Pflaumen
  Gestürzter Pflaumenkuchen 212
  Mit Pflaumen gefüllte Grillwürste 102
Pico de Gallo: Pfefferige Steak-Tortillas mit Pico de Gallo 80
Pilze
  Burger mit Steinpilzen, Tomaten und Pesto-Mayonnaise 84
  Puten-Burger mit Frühlingszwiebeln und Pilzen 162
Pinienkerne: Lammkoteletts mit Senfglasur und gerösteten Pinienkernen 94
Pita-Brot siehe Brot
Pizza: Knusprige Pizza mit Räucherwurst und Mozzarella 48
Planking (Grillmethode) 27
Porterhouse-Steaks mit Rosmarin und Rotwein 58
Puten-Burger mit Frühlingszwiebeln und Pilzen 162
  siehe auch Truthahn

R

Räuchergrill 24–25
  Weber® Smokey Mountain Cooker™ 24, 82–83, 112
Räucherhähnchen 158
Räuchern
  auf dem Holzkohlegrill 22
  Holzchips oder Holzstücke 23
  in einem Räuchergrill 15
Rib-Eye-Steaks
  Rib-Eye-Steaks in einer Kaffeekruste 68
  Mikes Rib-Eye-Steaks mit preisgekrönter Würzmischung 66
  Würzige Rib-Eye-Steak-Spieße mit Salsa Verde 69
Ribs siehe Baby Back Ribs, Spareribs
Rind 52–99, 220–222
  Burger mit Steinpilzen, Tomaten und Pesto-Mayonnaise 84
  Chili-Cheeseburger mit Avocado 85
  Fajitas 74
  Flank-Steak mit Bohnensalat 76
  Gegrillter Rippenbraten au Jus 72
  Hot Dogs mit Mayonnaise-Krautsalat 86
  Japanisches Rindfleisch »Yakiniku« 70
  Jims geräucherte Rinderbrust 83
  Kalbskoteletts mit einer Zitronen-Salbei-Marinade 64
  Klassische Cheeseburger mit Barbecue-Gewürzen 86
  Mikes Rib-Eye-Steaks mit preisgekrönter Würzmischung 66
  New York Strip Steaks mit Barbecue-Sauce 56
  New York Strip Steaks mit schwarzem Pfeffer und Meerrettichsauce 54
  Pfefferige Steak-Tortillas mit Pico de Gallo 80
  Porterhouse-Steaks mit Rosmarin und Rotwein 58
  Rib-Eye-Steaks in einer Kaffeekruste 68
  Rinderbraten mit Avocado-Sauce 88
  Rinderfiletsteaks mit einer Martini-Marinade 62
  Steak-Salat mit Estragon-Vinaigrette 78
  T-Bone-Steaks mit Avocado-Salsa 60
  Vietnamesische Rindsröllchen mit süßer Chilisauce 46
  Würzige Rib-Eye-Steak-Spieße mit Salsa Verde 69
  siehe auch Grillpraxis
Rosmarin
  Bachforelle mit Zitrone und Rosmarin 176
  Hähnchenbrust mit Rosmarin und Oliven-Mayonnaise 143
  Porterhouse-Steaks mit Rosmarin und Rotwein 58
Rotbarsch texanisch mit Chili-Salsa 182
Rote Barbecue-Sauce 34
Rote Bete siehe Gelbe Bete
Rotisserie-Grillen 28
Rotwein: Porterhouse-Steaks mit Rosmarin und Rotwein 58
Rucola: Gegrillte Hähnchen-Käse-Panini mit Rucola 141
Rum: Ananas mit Rumbutter und Kokosnusseis 210

S

Saftiger Truthahn vom Grill mit Bratensauce 166
Saiblingfilets mit gegrilltem Gemüse-Konfetti 176
Salate
  Chinesischer Hähnchensalat 142
  Curry-Thunfischsteaks mit warmem Spinat-Bohnen-Salat 180
  Fenchel-Paprika-Salat mit Mozzarella 200
  Flank-Steak mit Bohnensalat 76
  Hot Dogs mit Mayonnaise-Krautsalat 86
  Salat mit gebratenem Speck und gegrillten Tomaten 198
  Salat mit Kritharaki und gegrilltem Gemüse 203
  Schweinefilets auf Cajun-Art mit Bohnensalat 118
  Steak-Salat mit Estragon-Vinaigrette 78
  Tomatensalat mit gegrillten Auberginen 202
Salbei
  Kalbskoteletts mit einer Zitronen-Salbei-Marinade 64
  Zitronen-Salbei-Marinade 33
Salsa
  Hähnchen-Tortillas mit Tomatillo-Salsa 138
  Pico de Gallo 80
  Rotbarsch texanisch mit Chili-Salsa 182
  Schinkensteaks mit Honig-Senf-Glasur und Bohnen-Salsa 130
  T-Bone-Steaks mit Avocado-Salsa 60

R

Tomatillo-Salsa 35
Würzige Rib-Eye-Steak-Spieße mit Salsa Verde 69
Sardinen in Weißweinessig mit Johannisbeeren 174
Saucen 34–35
Asia-Entenbrust mit Senfsauce 152
Erdnusssauce 35
Filetkoteletts mit Whisky-Barbecue-Sauce 124
Gekühlte grüne Chilisauce 35
Gegrillte Entenkeulen mit Bourbon-Würzsauce 151
Gegrillte Garnelen mit süß-saurer Sauce 187
Hähnchenspieße mit Erdnusssauce 136
Meerrettichsauce 34
New York Strip Steaks mit Barbecue-Sauce 56
Rinderbraten mit Avocado-Sauce 88
Rote Barbecue-Sauce 34
Saftiger Truthahn vom Grill mit Bratensauce 166
Vietnamesische Rindsröllchen mit süßer Chilisauce 46
Weiße Barbecue-Sauce 34
Würziger Zackenbarsch mit Gelber-Paprika-Sauce 178
siehe auch Salsa
Schälrippchen siehe Spareribs
Schinken
Gegrillte Schinken-Käse-Panini 128
Grillschinken mit Orangen-Glasur 131
Käse-Nudel-Auflauf mit Chili und Frühlingszwiebeln 204
Schinkensteaks mit Honig-Senf-Glasur und Bohnen-Salsa 130
siehe auch Wurst
Schwein 100–133, 224–225
Boerewors 102
Bratwürste mit pikantem Paprika-Zwiebel-Gemüse 104
Curry-Wurst-Spieße 106
Daves Spareribs im neuen Memphis-Stil 116
Eingelegte Schweinesteaks mit süßem Papaya-Relish 127
Filetkoteletts mit Whisky-Barbecue-Sauce 124
Gegrillte Schinken-Käse-Panini 128
Gegrilltes Spanferkel 132
Grillschinken mit Orangen-Glasur 131
In Orangensaft und Ingwer marinierte Stielkoteletts 126
Klassische Baby Back Ribs 110
Mango-Schweinefleisch-Spieße 128
Mit Pflaumen gefüllte Grillwürste 102
Ribs vom Ranch House BBQ 112
Salat mit gebratenem Speck und gegrillten Tomaten 198
Schinkensteaks mit Honig-Senf-Glasur und Bohnen-Salsa 130
Schweinefilets auf Cajun-Art mit Bohnensalat 118
Schweinefilet texanisch 120
Schweinekoteletts mit Balsamico-Paste 122
Schweinekoteletts mit Gorgonzola 123
Schweinenackensteaks mit Kürbiskernen 121
Über Kirschholz geräucherte vietnamesische Spareribs 114
Würstchen im Schlafrock 106
siehe auch Grillpraxis
Schwertfischsteaks mit Mandel-Knoblauch-Butter 179
Senf
Asia-Entenbrust mit Senfsauce 152
Lammkoteletts mit Senfglasur und gerösteten Pinienkernen 94
Schinkensteaks mit Honig-Senf-Glasur und Bohnen-Salsa 130
Steak-Salat mit Estragon-Vinaigrette 78
Sesam: Chicken Wings mit Chili-Glasur und gerösteten Sesamsamen 44
Sicherheitshinweise 232
Skirt-Steak: Pfefferige Steak-Tortillas mit Pico de Gallo 80
Spanferkel siehe Schwein
Spareribs
Daves Spareribs im neuen Memphis-Stil 116
St.-Louis-Stil 114
Über Kirschholz geräucherte vietnamesische Spareribs 114
siehe auch Baby Back Ribs
Spargel: Gegrillter grüner Spargel mit Balsamico 194
Speck: Salat mit gebratenem Speck und gegrillten Tomaten 198
Spieße
Curry-Wurst-Spieße 106
Mango-Schweinefleisch-Spieße 128
Würzige Rib-Eye-Steak-Spieße mit Salsa Verde 69
Yakitori-Spieße 45
Spinat: Curry-Thunfischsteaks mit warmem Spinat-Bohnen-Salat 180
Steak
Eingelegte Schweinesteaks mit süßem Papaya-Relish 127
Fajitas 74
Flank-Steak mit Bohnensalat 76
New York Strip Steaks mit Barbecue-Sauce 56
New York Strip Steaks mit schwarzem Pfeffer und Meerrettichsauce 54
Pfefferige Steak-Tortillas mit Pico de Gallo 80
Porterhouse-Steaks mit Rosmarin und Rotwein 58
Mikes Rib-Eye-Steaks mit preisgekrönter Würzmischung 66
Rinderfiletsteaks mit einer Martini-Marinade 62
Schinkensteaks mit Honig-Senf-Glasur und Bohnen-Salsa 130
Steak-Salat mit Estragon-Vinaigrette 78
Steaks aus der Lammkeule mit gerösteten Fenchelsamen 92
T-Bone-Steaks mit Avocado-Salsa 60
Würzige Rib-Eye-Steak-Spieße mit Salsa Verde 69
Steinpilze siehe Pilze

T

Tacos siehe Tortillas
T-Bone-Steaks mit Avocado-Salsa 60
Tequila: In Tequila marinierte Hähnchenschenkel 146
Teriyaki-Marinade 33
Thunfisch: Curry-Thunfischsteaks mit warmem Spinat-Bohnen-Salat 180
Tomaten
Burger mit Steinpilzen, Tomaten und Pesto-Mayonnaise 84
Kebabs vom Lamm mit Tomaten-Tsatsiki 98
Miesmuscheln mit Tomaten und Frühlingszwiebeln 50
Salat mit gebratenem Speck und gegrillten Tomaten 198
Tomatensalat mit gegrillten Auberginen 202
Tomatillo
Hähnchen-Tortillas mit Tomatillo-Salsa 138
Tomatillo-Salsa 35
Tortillas
Daves Fisch-Tacos 185
Hähnchen-Tortillas mit Tomatillo-Salsa 138
Hähnchen und Chili-Quesadillas mit Guacamole 42
Pfefferige Steak-Tortillas mit Pico de Gallo 80

Truthahn 164–165
Saftiger Truthahn vom Grill mit Bratensauce 166
siehe auch Pute
Tsatsiki: Kebabs vom Lamm mit Tomaten-Tsatsiki 98

U

Über Hickoryholz geräucherte Makrele 174
Über Kirschholz geräucherte vietnamesische Spareribs 114

V

Vietnamesisch
Vietnamesische Rindsröllchen mit süßer Chilisauce 46
Über Kirschholz geräucherte vietnamesische Spareribs 114
Vorspeisen 36–51
Bruschetta mit gegrillten Gelben Beten und Ziegenkäse 40
Chicken Wings mit Chili-Glasur und gerösteten Sesamsamen 44
Gekühlte Gazpacho aus Gemüse vom Grill 38
Geräucherte und gewürzte Nüsse 50
Hähnchen und Chili-Quesadillas mit Guacamole 42
Knusprige Pizza mit Räucherwurst und Mozzarella 48
Knuspriges Pita-Brot mit Zwiebel-Dip 41
Miesmuscheln mit Tomaten und Frühlingszwiebeln 50
Vietnamesische Rindsröllchen mit süßer Chilisauce 46
Yakitori-Spieße 45

W

Wasabi: Gefüllte Kartoffeln mit Wasabi 195
Water Smoker siehe Räuchergrill
Weiße Barbecue-Sauce 34
Weißweinessig: Sardinen in Weißweinessig mit Johannisbeeren 174
Whisky
Filetkoteletts mit Whisky-Barbecue-Sauce 124
Gegrillte Entenkeulen mit Bourbon-Würzsauce 151
Wurst/Würstchen
Boerewors 102
Bratwürste mit pikantem Paprika-Zwiebel-Gemüse 104
Curry-Wurst-Spieße 106
Hot Dogs mit Mayonnaise-Krautsalat 86
Knusprige Pizza mit Räucherwurst und Mozzarella 48
Mit Pflaumen gefüllte Grillwürste 102
Paella mit Hähnchen, Wurst und Garnelen 144
Würstchen im Schlafrock 106
siehe auch Schinken
Würzige Rib-Eye-Steak-Spieße mit Salsa Verde 69
Würziger Zackenbarsch mit Gelber-Paprika-Sauce 178
Würzmischung 32
Asia-Würzmischung 32
Barbecue-Würzmischung 32
Cajun-Würzmischung 32
Fenchel-Würzmischung 32
Mikes Rib-Eye-Steaks mit preisgekrönter Würzmischung 66
Würzsauce 33
Gegrillte Entenkeulen mit Bourbon-Würzsauce 151
siehe auch Saucen

X/Y/Z

Yakitori-Spieße 45
Zackenbarsch: Würziger Zackenbarsch mit Gelber-Paprika-Sauce 178
Ziegenkäse: Bruschetta mit gegrillten Gelben Beten und Ziegenkäse 40
Zitrone
Bachforelle mit Zitrone und Rosmarin 176
Kalbskoteletts mit einer Zitronen-Salbei-Marinade 64
Zitronen-Salbei-Marinade 33
Zubereitungsmethoden mit Holzkohle, Weitere 27, 28
Grillen auf einem Holzbrett 27
Grillen im Fischkorb und in der Grillpfanne 29
Grundkurs Grillbretter 27
In der Glut garen 27
Rotisserie-Grillen – Grillen am Spieß 28
Zwei-Zonen-Glut 14
Zwiebeln
Bratwürste mit pikantem Paprika-Zwiebel-Gemüse 104
Butterweiche Zwiebeln vom Grill 192
Knuspriges Pita-Brot mit Zwiebel-Dip 41

Impressum

Weber-Stephen Products Co.:
Mike Kempster Sr., Executive Vice President
Sherry L. Bale, Director, Public Relations

Titel der amerikanischen Orginalausgabe:
Weber's Charcoal Grilling. The Art of Cooking with Live Fire™

Autor und Rezepte: Jamie Purviance
Rezepte für die deutsche Ausgabe auf den Seiten 102, 106, 120–123, 132, 174: Swen Gläser, Koch, Weber Grillakademie Manager
Übersetzung: Karoline Kirst
Lektorat: Karen Dengler, Werkstatt München
Satz: Anja Dengler, Werkstatt München
Gesamtproduktion der dt. Ausgabe: Werkstatt München · Buchproduktion
Programmleitung: Doris Schmalhofer-Birk
Leitende Redakteurin: Stephanie Wenzel
Redaktion: Monika Greiner
Umschlaggestaltung und Innenlayout der deutschen Ausgabe: independent Mediendesign, Marta Olesniewicz (Layout der Orginalausgabe: rabble + rouser, inc.)
Herstellung: Markus Plötz
Reproduktion: Longo AG, Bozen
Druck: aprinta Druck, Firmengruppe Appl, Wemding
Bindung: Sellier, Firmengruppe Appl, Freising

Bildnachweis: Alle Fotos Tim Turner (Foodstyling Lynn Gagné) bis auf die Fotos der deutschen Ausgabe auf den Seiten 103, 107, 120–123, 133, 175: Studio L'EVEQUE Tanja und Harry Bischof.
Umschlagfoto: Studio L'EVEQUE Tanja und Harry Bischof

ISBN 978-3-8338-1581-2

1. Auflage 2009

GRÄFE UND UNZER

Ein Unternehmen der
GANSKE VERLAGSGRUPPE

Unsere Garantie

Alle Informationen in diesem Ratgeber sind sorgfältig und gewissenhaft geprüft. Sollte dennoch einmal ein Fehler enthalten sein, schicken Sie uns das Buch mit dem entsprechenden Hinweis an unseren Leserservice zurück. Wir tauschen Ihnen den GU-Ratgeber gegen einen anderen zum gleichen oder ähnlichen Thema um.

Liebe Leserin und lieber Leser,

wir freuen uns, dass Sie sich für ein GU-Buch entschieden haben. Mit Ihrem Kauf setzen Sie auf die Qualität, Kompetenz und Aktualität unserer Ratgeber. Dafür sagen wir Danke! Wir wollen als führender Ratgeberverlag noch besser werden. Daher ist uns Ihre Meinung wichtig. Bitte senden Sie uns Ihre Anregungen, Ihre Kritik oder Ihr Lob zu unseren Büchern. Haben Sie Fragen oder benötigen Sie weiteren Rat zum Thema? Wir freuen uns auf Ihre Nachricht!

Wir sind für Sie da!
Montag – Donnerstag:
8.00 – 18.00 Uhr;
Freitag: 8.00 – 16.00 Uhr
Tel.: 0180 - 5 00 50 54*
Fax: 0180 - 5 01 20 54*
E-Mail:
leserservice@graefe-und-unzer.de

*(0,14 €/Min. aus dem dt. Festnetz/ Mobilfunkpreise können abweichen.)

P.S.: Wollen Sie noch mehr Aktuelles von GU wissen, dann abonnieren Sie doch unseren kostenlosen GU-Online-Newsletter und/oder unsere kostenlosen Kundenmagazine.

GRÄFE UND UNZER VERLAG
Leserservice
Postfach 86 03 13
81630 München